Ros

Objektkonstitution und elementare Sprachhandlungsbegriffe

Arno Ros

Objektkonstitution und elementare Sprachhandlungsbegriffe

Hain
1979

CIP-Kurztitelaufnahme der Deutschen Bibliothek

Ros, Arno:
Objektkonstitution und elementare Sprachhandlungsbegriffe / Arno Ros. – Königstein/Ts. : Hain, 1979.
ISBN 3-445-01954-1

Reproduktion, Druck und Bindung: Hansen, Köln
Printed in Germany
ISBN 3-445-01954-1

Für Erik Kloberg

Inhaltsübersicht

0. Einleitung

Mit der Rede von "Objekten", die einem "Subjekt" gegenüberstehen, sind seit alters zwei verschiedene Ebenen verbunden worden: Die "praktische" des Hantierens mit ihnen, des Herstellens, Veränderns, Zerlegens, Zusammensetzens, Zerstörens, Erhaltens usw.; und die "theoretische", auf der ein Subjekt sie zum "Gegenstand" seiner Rede macht, ihnen Eigenschaften zu- oder abspricht, sie in Zusammenhänge räumlicher und zeitlicher Art einordnet, usw. Gelegentlich, insbesondere innerhalb der bewußtseinstheoretischen Tradition der neuzeitlichen Philosophie, ist diese Gegenüberstellung auch, statt mit Handlungsbegriffen, mit psychologischen Ausdrücken getroffen worden: Der Ebene des Empfindens und Wahrnehmens steht dann die des sprachlich artikulierbaren Wissens und Denkens gegenüber. Noch RUSSELL (1905; 1912, dt. S.42ff.) hat mit seiner Unterscheidung zwischen "acquaintance" und "knowledge", zwischen "Bekanntwerden" und "Wissen", an diese vor der "sprachkritischen Wende" der Philosophie des 20.Jahrhunderts liegende Tradition angeknüpft[1].

Darüber, daß es sinnvoll ist, jene zwei Ebenen der Konfrontation eines Subjekts mit einem Objekt zu unterscheiden, besteht weitgehend Einigkeit. Kontrovers hingegen ist die Antwort auf die Frage, in welchem Verhältnis die zur Artikulation beider erforderlichen Begriffsfelder zueinander stehen. Zwei radikale Positionen lassen sich grob unterscheiden:

Der einen zufolge liegt im Begriff der Sprachfähigkeit nichts, was die Kompetenz zur Unterscheidung von Objekten in einem wesentlichen Sinne erweitern würde. Sprechen lernen heißt für Vertreter dieser Auffassung daher lediglich, sich einen Bestand von Zeichen verfügbar machen, mit denen man das, was man ohnehin bereits zu erkennen vermag, innerhalb gewisser Grenzen intersubjektiv bezeichnen kann. Gegenständen bzw. Sachverhalten werden auf diese Weise gewissermaßen bloße "Etiketten" zugeordnet.

---

1) Ähnlich unterscheidet GERBER (1884) zwischen "vorsprachlichem Kennen" und "sprachlich artikulierbarem Erkennen". Vgl. zu GERBER und anderen Vertretern früher Versuche, die "Vernunftphilosophie" KANTS sprachtheoretisch umzuinterpretieren: S.J.SCHMIDT (1968).

Der anderen Auffassung nach hingegen hat die Rede von der Fähigkeit eines noch nicht sprachfähigen Individuums, "Objekte" unterscheiden zu können, keinen angebbaren nicht-metaphorischen Sinn. Der Spracherwerb ist innerhalb dieser Konzeption gleichbedeutend mit dem Erwerb von Kompetenzen zur Erkenntnis von Objekten, mit der "Konstitution" von Objekten für Subjekte.

Historisch gesehen ist die "Etikettentheorie"[1] die wesentlich ältere. Vorbereitet wurde sie durch die Ideenlehre PLATONS, in der zwischen Denken einerseits und Sprechen als bloßem Werkzeug des Denkens andererseits scharf getrennt wird. Ihre "klassisch" gewordene Ausprägung erhielt sie dann bereits durch ARISTOTELES' Überlegungen in "De interpretatione":

> "Es sind also die Laute, zu denen die Stimme gebildet wird, Zeichen der in der Seele hervorgerufenen Vorstellungen, und die Schrift ist wieder ein Zeichen der Laute. Und wie nicht alle dieselbe Schrift haben, so sind auch die Laute nicht bei allen dieselben. Was aber durch beide an erster Stelle angezeigt wird, die einfachen seelischen Vorstellungen, sind bei allen Menschen dieselben, und ebenso sind es die Dinge, deren Abbildungen die Vorstellungen sind." (De interpr., I, 16 a 1)

so heißt es dort zum Beispiel.

Die Grundthese dieser Position ist in der gesamten westlichen Tradition der Philosophie bis heute immer wieder vertreten worden, und zwar auch von Autoren, die, wie zum Beispiel LOCKE (169o), CHOMSKY (1964; 1966), KATZ (1966) und PIAGET (1959), um nur einige zu nennen, sich ansonsten auf recht deutliche Weise voneinander unterscheiden.

Die historisch erste Formulierung der gegenteiligen Auffassung, der, wie ich hier sagen möchte, "Konstitutionstheorie" der Sprache, stammt allem Anschein nach von HAMANN und HERDER (196o). Sie wurde in neuerer Zeit - nachdem W.v.HUMBOLDT (1827/29; 183o/35) bekanntlich wichtige Vorarbeiten geleistet hatte - von z.B. CASSIRER (1923/29), SAPIR (1921; 1931), WHORF (1956) und zahlreichen anderen weiterentwickelt.

---

1) Der Ausdruck "Etikette" für Wörter wird von F.M.MÜLLER (1892/93, II, S.411) verwendet, um die LOCKESCHE Sprachtheorie zu kennzeichnen.

Paradigmatisch für diese Überzeugung sind die Formulierungen HUMBOLDTS geworden, in denen er die Sprache als "Organ des inneren Seyns" (1830/35, S.383), als "das bildende Organ des Gedankens" (1827/29, S.191; 1830/35, S.426) bezeichnet. Die moderne Sprachkunde, so erklärt er in diesem Zusammenhang, setze sich von der Vorstellung ab,

> "dass die verschiedenen Sprachen nur dieselbe Masse der unabhängig von ihnen vorhandenen Gegenstände und Begriffe mit andren Wörtern bezeichnen und diese nach andren Gesetzen, die aber, ausser ihrem Einfluss auf das Verständniss, keine weitere Wichtigkeit besitzen, an einander reihen (...)." (1827/29, S.153).

Nun ist es streng genommen freilich eine unzulässige Vereinfachung, die genannten Autoren ausschließlich einer der beiden hier soeben einander idealtypisch gegenüber gestellten Positionen zuzuordnen. In Wirklichkeit haben die einen nämlich durchaus gelegentlich einen gewissen "Einfluß" des Sprachbesitzes auf die jeweiligen kognitiven Fähigkeiten eines Subjekts zugestanden; und die anderen haben meist nicht bestritten, daß es Sinn habe, von gewissen vorsprachlichen kognitiven Leistungen zu sprechen. Doch ist es m.E. bisher nicht gelungen, das Verhältnis zwischen beiden Begriffskomplexen in einer hinreichend präzisen Weise zu klären - was u.a. dazu geführt hat, daß man in der Regel vergeblich nach einer Antwort darauf suchen wird, in genau welchem Sinne die eben erwähnten Zugeständnisse die generell vertretenen Thesen beeinträchtigen.

Angesichts dieses Diskussionsstands halte ich es für sinnvoll, beide Auffassungen zunächst einmal so radikal wie möglich zu formulieren, und dann im Einzelnen zu prüfen, welche Revisionen, und mit welchen Konsequenzen, an ihnen erforderlich sind. Tut man das, so lassen sich sogleich gegen beide Auffassungen eine Reihe von gravierenden Einwänden formulieren. Um nur jeweils einen, und zwar einen für den hier zu verfolgenden Zusammenhang besonders bedeutsamen, zu erwähnen:

Einerseits gilt: Für unsere Rede von "Objekten", mit denen ein "Subjekt" umgeht, ist es u.a. charakteristisch, daß diese Gegenstände vom jeweiligen Individuum als Mittel für vielfältige Handlungsziele verwendet werden können, und zwar ohne daß wir aufgrund dieses Umstands genötigt wären, unsere Überzeugung aufzugeben, daß es sich jeweils um ein und dasselbe Objekt handelt: Die Kriterien für die Identität eines Objekts, die in unserer üblichen Redeweise "enthalten" sind, stammen mithin nicht von einem je-einzelnen nicht-sprachlichen Handlungszusammenhang, sondern von etwas anderem. Vertretern der Etikettentheorie der Sprache nun ist es bisher weder gelungen, diesen Umstand innerhalb ihrer Prämissen auf befriedigende Weise zu erklären, noch, plausibel zu machen, warum dieses üblicherweise zugestandene Kennzeichen unseres Objekt- (bzw. Subjekt-)begriffs vielleicht besser fallen gelassen werden sollte (wenn das ihre Meinung sein sollte).

Und andererseits ist festzustellen: Wer spricht, der vollzieht nach allgemeinem Verständnis eine speziell strukturierte Handlung: Er agiert nicht einfach drauflos, sondern bringt zum Beispiel auf in irgendeinem Sinne kontrollierte Weise "dieselben" Schemata von Tönen, Gesten, Körperbewegungen usw. bei verschiedenen Gelegenheiten hervor (bzw. ist in der Lage,die jeweiligen Töne, Gesten, Körperbewegungen usw. Anderer als Aktualisierungen von Schemata zu identifizieren). Nun reichen Fähigkeiten dieser Art allein zwar noch nicht aus, um davon reden zu dürfen, daß jemand sprechen könne; es muß noch etwas hinzukommen. Wenn derartiges aber als "Vorbedingung" für den Erwerb der Redefähigkeit zugestanden wird, so ist damit allem Anschein nach auch bereits eine Art von vorsprachlicher Unterscheidungsfähigkeit eingeräumt worden - und das mag den Einkönnen, an einer Stelle beansprucht, an der es nach den Prämissen der Konstitutionstheorie der Sprache noch nicht auftauchen dürfte[1].

Ich werde beide Positionen, nebst einer Reihe von innerhalb ihrer Grenzen wichtigen Varianten, später noch etwas ausführlicher darzustellen und auch die soeben angedeuteten Einwände etwas genauer zu entfalten versuchen. Für den Augenblick mögen diese skizzenhaften Bemerkungen genügen, um zunächst das _eine_ der hier verfolgten Untersuchungsziele zu umschreiben:

---

1) So z.B. TUGENDHAT (1976), S.2o2; VANDAMME (1976), S.77

Beabsichtigt ist als erstes, zu zeigen, welches Aussehen eine Alternative zu der in ihrer radikalen Form offensichtlich nicht haltbaren "Etikettentheorie" bzw. "Konstitutionstheorie" der Sprache haben sollte.

In einer gewissen Hinsicht läuft das, was unter Bezug auf dieses Problem darzustellen versucht werden wird, lediglich auf einen Kompromißvorschlag zwischen den beiden konkurrierenden Ansätzen hinaus. In anderer Hinsicht freilich steht das im Folgenden Vorzutragende in einem deutlicheren Gegensatz zu bisher in der Regel vertretenen Auffassungen. Die Aporien und Unklarheiten beider Traditionen haben nämlich, über alle Schwierigkeiten im Einzelnen hinaus, m.E. einen methodologischen Grund: Sie liegen in dem jeweils ausgesprochen oder unausgesprochen befolgten Selbstverständnis von den wesentlichen Kennzeichen und Prüfmaßstäben des eigenen Vorgehens als jemand, der eine bestimmte (begriffliche) Theorie, hier: Eine Sprachtheorie, zu entwickeln versucht.

Damit ist das zweite der hier verfolgten Untersuchungsziele angesprochen. Der spezifische Charakter grundlagentheoretischer - "philosophischer" - Argumentationen bringt es mit sich, daß bei ihnen, im Gegensatz zu anderen Argumentationen mit Anspruch auf Begründbarkeit im weitesten Sinne, nicht schon vorausgesetzt werden darf, der jeweilige Gesprächspartner teile das eigene Verständnis von den Hauptmerkmalen und Geltungsstandards der jeweils vorzubringenden Überlegungen. Sinnvolle philosophische Auseinandersetzungen verfolgen daher einen doppelten Zweck: Abgesehen davon, daß mit ihnen eine bestimmte Einzelthese vorgetragen und zu verteidigen versucht wird, zielen sie auch darauf, den Gesprächspartner davon zu überzeugen, daß das bei dem Vorstellen und Legitimieren dieser These befolgte Verfahren sinnvoll ist. Im Idealfall werden diese beiden Interessen nicht isoliert voneinander verfolgt, sondern sind miteinander verschränkt. Dieser Bezug auf methodologische Aspekte, die über die im Detail zu behandelnden Einzelprobleme hinausgehen, charakterisiert auch die folgenden Überlegungen.

Selbstverständlich gilt die Forderung, sich um die genannte Verschränkung zu bemühen, für jede grundlagentheoretische Einzeluntersuchung, ganz gleich, ob sie sich beispielsweise auf Grundbegriffe der Physik, wie etwa "Masse" und "Energie", der Psychologie, wie "Handlung" und "Intention", oder der Ethik, wie "gutes Ziel" usw., konzentriert. Im Zusammenhang mit einer Arbeit, die sich mit einigen Merkmalen unseres Sprachbegriffs befaßt, mag ihre Legitimität freilich besonders ins Auge fallen: Mit gutem Grund hat ein großer Teil der philosophischen Tradition sich seit LOCKE und LEIBNIZ, insbesondere aber seit dem "linguistic turn" in der Philosophie des 2o.Jahrhunderts, an dem Ziel zu orientieren versucht, unsere sprachlichen Mittel beim Reden über uns und unsere Umwelt zu "klären". Da dies seinerseits ersichtlich als eine spezielle Art sprachlicher Aktivität aufgefaßt werden sollte, liegt es auf der Hand, daß zwischen einem bestimmten Verständnis des Begriffs philosophischer Argumentation zum einen und einem bestimmten Verständnis des allgemeinen Begriffs sprachlichen Handelns zum anderen Beziehungen bestehen bzw. bestehen sollten. Um diesen Zusammenhang zu betonen, möchte ich im Folgenden zunächst einige Merkmale des hier als sinnvoll unterstellten Konzepts philosophischer Rede skizzieren (Kap.1 und 1.1), und werde erst dann auf die angedeuteten Einzelprobleme eingehen (Kap. 2ff.).

1. Zur Methodologie philosophischer Argumentationen

Philosophische Überlegungen beginnen, der hier vertretenen Auffassung nach, damit, einige Merkmale des üblichen Gebrauchs bestimmter Grundbegriffe zu konstatieren, die für unser Welt- wie Selbstverständnis besonders bedeutsam sind. Sie können, um zwei für unsere späteren Einzelüberlegungen relevanten Sachverhalte bereits zu erwähnen, z.B. mit der Feststellung von Folgendem anfangen:

(1) "Der übliche Begriff eines handlungsfähigen Subjekts schließt die Möglichkeit ein, an diesem Subjekt zwischen einem Körper und einer Seele zu unterscheiden."

Oder:

(2) "Es besteht ein wesentlicher Unterschied in dem jeweiligen Objektbezug, wenn wir einmal davon sprechen, daß ein Subjekt seine Augen aufschlägt, seinen rechten Arm hebt, die Knie beugt usw., und zum anderen sagen, daß ein Subjekt eine Nuß aufschlägt, ein Kind (hoch-)hebt, eine Eisenstange beugt, usw."

Derartige Äußerungen sind Behauptungen über das Bestehen bestimmter sprachlicher Sachverhalte. Es ist nun m.E. _nicht_ die primäre Aufgabe philosophischer Argumentationen, zu überprüfen, ob diese Behauptungen _empirisch triftig_ sind; vielmehr wird von ihnen in der Regel unterstellt (bzw. sollte von ihnen unterstellt werden), daß entsprechende empirische Untersuchungen zu positiven Ergebnissen gelangen würden. Wohl aber ist es eine zentrale Aufgabe philosophischer Erörterungen, diese Sachverhalte zu _erklären_. Es genügt nicht, etwas allein festzustellen; man muß auch verstehen - und das heißt in diesem Fall: Erklären können - warum das Festgestellte so ist, wie es ist. Das gilt für die Philosophie ebenso wie für die Einzelwissenschaften.

Beim Ausdruck "erklären" sind im hier interessierenden Kontext allerdings zumindest zwei Bedeutungen auseinanderzuhalten. Man mag einmal mit Sinn davon sprechen, daß die _Entste-_

hung eines bestimmten Begriffsgebrauchs erklärt werde. Dieser Fall einer kausalen, hier: Einer i.w.S. soziohistorischen linguistischen Erklärung mag z.B. bemüht werden, um zu verstehen, wie es dazu gekommen ist, daß in bestimmten Schichten europäischer und nordamerikanischer Gesellschaften des 18.Jahrhunderts ein neuer Begriff der individuellen Autonomie sich gebildet hat.

Zum anderen mag man davon reden, es werde erklärt, aus welchen sinnvoll strukturierten Zusammenhängen zwischen dem Begriff, dessen Gebrauch zur Debatte steht, und dem Gebrauch anderer Begriffe sich ein zuvor angegebener begrifflicher Sachverhalt ergibt. Dieser Fall einer i.w.S. begrifflichen Erklärung mag z.B. herangezogen werden, wenn man versucht, den im 18.Jahrhundert zum ersten Mal auftretenden Begriff der individuellen Autonomie mit den für ihn geltenden Besonderheiten in einen Zusammenhang mit den Begriffen bestimmter Handlungsfähigkeiten zu bringen, um zu verstehen, wie jene Besonderheiten sich aus gewissen Konstellationen der im zu explizierenden Begriff "enthaltenen" anderen Begriffe ergeben.

Es sind Erklärungen dieses zweiten Typs, die in der hier befolgten Konzeption zum Kern philosophischer Überlegungen gehören.

POPPER hat in seiner "Logik der Forschung" gezeigt, daß kausale Erklärungen sich als eine Art von Argumentation verstehen lassen, deren Teile ihren Zusammenhang u.a. durch bestimmte logische Beziehungen erhalten (auf einige Besonderheiten dieses Erklärungsbegriffs wird an späterer Stelle noch eingegangen werden). Das gilt für den hier ins Auge gefaßten Begriff der philosophisch-begrifflichen Erklärung ebenfalls. Er besitzt jedoch außerdem eine ihn von jenem deutlich trennende Eigentümlichkeit, die im Zusammenhang steht mit der Forderung, den betreffenden sprachlichen Sachverhalt auf "sinnvoll strukturierte" Begriffszusammenhänge zurückzuführen. Es scheinen sich nämlich gute Gründe dafür angeben zu lassen, mit dieser Forderung im einzelnen drei verschiedene Geltungskriterien für gelingende begrifflich-philosophische Erklärungen zu verknüpfen:

- Das Kriterium, logisch einwandfrei zu sein, d.h. begriffliche Zusammenhänge auf widerspruchsfreie und nicht-zirkuläre Weise zu artikulieren;
- das Kriterium, empirisch triftig zu sein, d.h. unter anderem, auf begriffliche Sachverhalte zurückzugreifen, deren Bestehen sich (ebenso wie das des zu explizierenden Sachverhalts) zumindest in der Regel empirisch belegen läßt; und
- das Kriterium, normativ gesehen haltbar zu sein, d.h. unter anderem, rechtfertigbare Begriffsgebräuche zu explizieren.

Befolgt man diese Kriterien, so mag man - und daraus ergibt sich die angedeutete Eigentümlichkeit - auf einen Fall stoßen, in dem sich nachweisen läßt, daß ein bestimmter (empirisch vielleicht durchaus "belegbarer") begrifflicher Sachverhalt erst dann erklärbar wird, wenn man ihn auf logisch nicht einwandfreie Weise, also z.B. zirkulär, expliziert. Akzeptiert man nun die Forderung, sich eines in sich widerspruchsfreien Systems von Begriffen zu bedienen, so wäre mit einem solchen Nachweis ein Grund dafür geliefert, vorzuschlagen, in Zukunft das in jenem Sachverhalt zur Sprache kommende Verständnis eines Begriffsgebrauchs - wenn nicht gar diesen Gebrauch selbst - aufzugeben. M.a.W.: Im Fall der philosophisch-begrifflichen Erklärung steht das, was als zu erklärende Tatsache gelten soll, bis zu einem bestimmten Ausmaß zur Disposition. Für eine kausale Erklärung hingegen gilt dies selbstverständlich nicht (wo dies so scheint, ist vielmehr eine genauere Differenzierung des begrifflichen und des kausal-empirischen Aspekts der angestrebten Erklärung vonnöten).

Ein besonders anschauliches Beispiel für den Ausgangspunkt begrifflich-philosophischer Erklärungen im hier gemeinten Sinn ist natürlich der Fall des logischen Rätsels, das durch die philosophische "Theorie" aufgelöst wird - ganz im Sinne der "klassischen" Auffassung RUSSELLS in seinem frühen Aufsatz "On denoting" (1905, zit. 1966):

> "A logical theory may be tested by its capacity for dealing with puzzles, and it is a wholesome plan, in thinking about logic, to stock the mind with as many puzzles as possible, since these serve much the same purpose as is served by experiments in physical science." (S.47)

Vergleichbar mit diesen Bemühungen sind die "Therapie"-Absichten des späten WITTGENSTEIN, genau so, wie sich die Versuche zur Auflösung philosophischer Antinomien durch KANT in seiner "Kritik der reinen Vernunft" als Vorläufer einer solchen Philosophiekonzeption verstehen lassen. Freilich sind das Extremfälle: An ihnen wird lediglich deutlich, daß das Bemühen, das zu verstehen, was wir mit dem Gebrauch bestimmter Begriffe tun, in seinem primär rekapitulierenden Charakter auch kritische Aspekte enthält.

Philosophisch-begriffliche Erklärungen beziehen sich daher, auch wenn sie vielleicht beim üblichen Gebrauch eines bestimmten Begriffs einsetzen, letztlich immer auf seinen sinnvollen Gebrauch. Man kann das sprachlich augenfällig machen, indem man in die Formulierung des gemeinten Sachverhalts den Modalausdruck "sollte" einfügt, statt (1) also z.B. sagt:

(1.1) "Der Begriff eines handlungsfähigen Subjekts wird so gebraucht, und sollte auch so gebraucht werden, daß er die Möglichkeit einschließt, an diesem Subjekt zwischen einem Körper und einer Seele zu unterscheiden."

Noch einfacher ist es, ein bloßes "sinnvollerweise" oder "vernünftigerweise" einzuschieben, z.B. in der folgenden Form:

(1.2) "Der Begriff eines handlungsfähigen Subjekts wird sinnvollerweise so gebraucht, daß ...".

Ich werde mich im Folgenden meist an die durch (1.1) und (1.2) veranschaulichte Redeweise halten.

Es soll gleich noch versucht werden, diese kurzen Andeutungen zumindest etwas zu präzisieren, und zwar indem auf den einen oder anderen Unterschied zu einigen der heute vorherrschenden philosophischen bzw. wissenschaftstheoretischen Positionen eingegangen wird. Zuvor sei jedoch noch eine bestimmte Eigentümlichkeit des Gegenstands begrifflich-philosophischer Erklärungen im hier gemeinten Sinne hervorgehoben.

Dieser Gegenstand, so die bereits vorgetragene These, besteht aus bestimmten Charakteristika des Gebrauchs von Ausdrücken, die in der einen oder anderen Hinsicht für grundbegriffliche Überlegungen relevant sind. Das schließt eine gewisse Vorentscheidung zugunsten eines ganz bestimmten Konzepts begrifflicher Erklärungen ein. Allgemein gesprochen kennen wir nämlich, syntaktisch gesehen, mindestens zwei solcher Konzepte: Der erste ist dreistellig ("jemand erklärt jemandem einen Ausdruck/den sinnvollen Gebrauch eines Ausdrucks"), der zweite hingegen schließt den Bezug auf zwei Individuen ein, und verlängt darüber hinaus noch einen durch ein Fragepronomen eingeleiteten Nebensatz, mit dem ein bestimmter Sachverhalt artikuliert wird ("jemand erklärt jemandem, warum ein Ausdruck S die Eigenheit p besitzt"[1]). Der hier vertretenen Ansicht nach nun eignet sich die erste Fassung lediglich für Fälle, in denen unmittelbar "praktische" Fragen eines Begriffsgebrauchs in Rede stehen: Die Erklärung zielt hier darauf, den Angesprochenen in die Lage zu versetzen, bestimmte Unterscheidungsmöglichkeiten allererst zu bemerken. Die zweite Fassung dagegen scheint eher als Titel für mehr "theoretische" Unternehmen geeignet, in denen es nicht mehr darum geht, bestimmte Begriffsgebräuche erst zu erwerben, sondern darum, einiges von dem zu erörtern, was mit bereits beherrschten Begriffsgebräuchen verbunden ist. Auf einige der Gründe, die dafür sprechen, sich innerhalb philosophischer Überlegungen gerade an dem zweiten Konzept von "Erklärung" zu orientieren, werde ich an etwas späterer Stelle noch eingehen.

Über diesen Aspekt hinaus sei noch angemerkt, daß, wenn hier von "Ausdrücken" gesprochen wird, damit nicht bloße einzelne Wörter sondern Sätze gemeint sind, und zwar Sätze, die in "formaler" Hinsicht zwei Besonderheiten besitzen.

Eine Bedeutungserklärung der einen oder anderen Eigenheit von <u>spezifischen</u> Sätzen müßte, angesichts der zahllosen hier denkbaren Varianten, dazu führen, daß man sich an eine Unzahl verschiedener Fälle verliert. Deswegen wird hier jeweils unter Bezug auf Sätze argumentiert, die in ihrer Subjekt- und Objekt-, bzw. ihrer Propositionsstelle verallgemeinert sind. Ein "Ausdruck" besteht dieser Regelung nach mithin nicht aus einem einzelnen Wort wie z.B. "werfen", aber auch nicht aus einem

---

1) Eine Form wie "jemand erklärt jemandem die Eigenheit p des Ausdrucks S" halte ich, im Gegensatz zu dem zuvor erwähnten Beispiel, für eine von der propositionalen Fassung abzuleitende Variante.

spezifischen Satz wie "Hans wirft einen Speer", sondern aus einem in der genannten Hinsicht verallgemeinerten Satz wie "jemand wirft etwas".

Nun ist die Bedeutung eines Prädikats wie "werfen", wie die jedes einzelnen Worts, aber nicht gänzlich unabhängig von der Bedeutung der anderen Wörter, die im konkreten Fall zur Bezeichnung der Subjekt- und Objekt- bzw. Propositionsstelle verwendet werden: Es macht trivialerweise einen wesentlichen Unterschied aus, ob man z.B. einem physikalischen Körper oder einem menschlichen Erwachsenen zuspricht, er "bewege sich".[1] Um diesen Sachverhalt zu berücksichtigen, wird in den folgenden Ausführungen davon ausgegangen, daß man es bei den "Ausdrücken", deren Bedeutung zu erklären ist, zwar mit verallgemeinerten Sätzen zu tun hat; daß die zur Variablenbezeichnung verwendeten Wörter wie "jemand", "etwas", "daß p" usw. jedoch im einzelnen Fall nicht bloße Leerstellen bezeichnen helfen, sondern bestimmte allgemeine Eingrenzungen des Bereichs der hier einsetzbaren Hinweise auf Individuen bzw. Sachverhalte. Mit dem "jemand" ist beispielsweise die Klasse der zu sprachlichen Handlungen eines bestimmten Komplexitätsgrads fähigen Individuen gemeint, mit dem "etwas" die Klasse der mit physikalischen Grundbegriffen unterscheidbaren Objekte, usw. Ich werde, um diesen Sachverhalt abkürzend benennen zu können, davon sprechen, daß es sich bei den Gegenständen der begrifflich-philosophischen Überlegungen jeweils um Sätze handelt, deren Subjektstelle, usw., zwar verallgemeinert, aber kategorial interpretiert zu denken ist.

---

1) Ein besonders augenfälliges Beispiel für diesen Sachverhalt stammt von G.A.MILLER (1970, dt.S.218): Die beiden Sätze "John füllte das Glas" und "Wein füllte das Glas" werden, betrachtet man jeden für sich, gemeinhin als grammatisch korrekt aufgefaßt. Gleichwohl stellt "John und Wein füllen das Glas" einen grammatischen Regelverstoß dar - der der hier vertretenen Ansicht nach geklärt werden kann, wenn man "Wein" und "John" als Exempel zweier verschiedener kategorialer Klassen auffaßt, die in die erste Stelle des Relators "etwas füllt etwas" eingesetzt werden mögen.

1.1 Abweichende Auffassungen: Die evolutionstheoretische Transformation der Erkenntnistheorie KANTS; Analytische Philosophie; später WITTGENSTEIN; Philosophischer Konstruktivismus

Folgt man dem mit den soeben angedeuteten Überlegungen umrissenen Selbstverständnis von "Philosophie", so ergeben sich, bei allen im einzelnen festzustellenden Übereinstimmungen, eine Reihe von wichtigen Differenzen gegenüber heute in der Regel bevorzugten i.w.S. erkenntnistheoretischen Richtungen. Diese Differenzen betreffen sowohl von vornherein als "philosophisch" deklarierte Bemühungen, wie auch einige Positionen, deren Vertreter sich als in erster Linie "empirisch" arbeitende Wissenschaftler verstehen, die aber bei genauerer Betrachtung m.E. keine i.e.S. erfahrungsbezogenen Untersuchungen allein anstellen, sondern Momente der Empirie lediglich als einen Teilaspekt in ihre Erörterungen einfließen lassen - auf vergleichbare, wenn eben auch nicht dieselbe Weise, wie dies hier angestrebt wird.

Grundmerkmal jeder Art von Erklärungen ist es, daß mit ihrer Hilfe zunächst als nur partikulär erfahrene Momente in einen Zusammenhang gebracht werden sollen. Das Grundproblem eines jeden Versuchs, genauer zu verstehen - zu "erklären" -, was man unter dem Begriff der Erklärung verstehen sollte, ist es daher, das Zusammenhang stiftende Moment genauer zu explizieren, welches in dieser Argumentationsform zur Sprache kommt.

Im Fall kausaler Erklärungen wird der jeweilige Zusammenhang durch die Anwendung eines Schemas einer Sequenz von Ereignissen - eines "Naturgesetzes" z.B. -, und durch die Anwendung logischer Regeln gesichert. Dabei werden letztere als unproblematisch unterstellt, ersteres hingegen besitzt anscheinend diese Immunität gegenüber dem Anwendungsfall nicht immer. Zumindest besteht zwischen gelingender und nicht gelingender Anwendung einerseits und der Etablierung dieser Ereignisschemata andererseits ein so diffiziles Verhältnis, daß darüber in der heutigen Wissenschaftstheorie noch keine Einigkeit erreicht ist.

Bei begrifflich-philosophischen Erklärungen spielen Schemata von Ereignissequenzen keine unmittelbare Rolle. Stattdessen wird bei ihnen der bei kausalen Erklärungen als unproblematisch unterstellte logische Zusammenhang zum Gegenstand der Diskussion - was zumindest ebenso komplexe Fragen aufwirft. In der Tat lassen sich die oben angedeuteten Unterschiede des hier vertretenen Ansatzes gegenüber einigen der wichtigsten aktuellen erkenntnistheoretischen Positionen zu einem wesentlichen Teil daraus ableiten, daß jeweils verschiedene Wege verfolgt werden, um eben jenes Problem der Einheitsstiftung eines logischen Konnexes lösen zu können. Ich werde daher in den folgenden Bemerkungen diesen Gesichtspunkt verwenden, um einen kurzen Überblick über die für das hier verfolgte Vorhaben wichtigsten Ansätze zu geben, und um anzudeuten, welche Unterschiede ihnen gegenüber bestehen.

Insgesamt empfiehlt es sich, zunächst grob zwischen zwei Gruppen zu unterscheiden. Für die erste von ihnen ist es charakteristisch, daß das den jeweiligen Zusammenhang stiftende Moment auf der Ebene gesucht wird, die bei Erörterungen des hier gemeinten Typs im engeren Sinne "Gegenstand" der Überlegung ist, während für die zweite Gruppe das Gegenteil zutrifft: Die "Synthesis" wird hier dem begriffliche Argumentationen vollziehenden Philosophen zugeschrieben. Im einzelnen lassen sich innerhalb dieser beiden Gruppen dann - selbstverständlich neben zahlreichen anderen, hier im Moment indes weniger bedeutsamen - folgende Positionen unterscheiden:[1)]

a) Versuche einer evolutionstheoretischen Transformation der Erkenntnistheorie KANTS, wie sie von HEGEL ausgehend über MARX bis hin zu G.H.MEAD, PIAGET, KOHLBERG, HABERMAS u.a. unternommen worden sind;

b) die Analytische Philosophie, und zwar sowohl in ihrer mehr "idealsprachlich" wie in ihrer mehr "alltagssprachlich" orientierten Variante, einschließlich der skeptischen Konsequenzen, zu denen z.B. QUINE sich angesichts gewisser Schwierigkeiten dieser Konzeption

---

1) Ausführlichere Darstellungen des im Folgenden nur skizzenhaft Ausgeführten finden sich in ROS (1979).

genötigt glaubt;

c) die Philosophie des späten WITTGENSTEIN; und

d) der Philosophische Konstruktivismus, wie er von DINGLER initiiert, LORENZEN fortgeführt und heute von einer Reihe jüngerer Autoren weiter differenziert worden ist.

Im Folgenden werde ich die Differenzen gegenüber der unter (a) genannten Position etwas ausführlicher darstellen, weil sich dabei das hier Beabsichtigte zugleich am leichtesten und in der gebotenen Kürze philosophiehistorisch einordnen läßt. Die Unterschiede gegenüber den anderen Richtungen werden sich dann in wesentlich knapperer Form umreißen lassen.

Zu (a): Man versteht die Entwicklungslinie von KANT bis hin zu den Untersuchungen z.B. PIAGETS vielleicht am besten, wenn man sich zunächst vor Augen führt, daß die Rede von kausalen Erklärungen, wie sie oben vollzogen wurde, auf eine Vereinfachung zurückgeht: Im Grunde sind nämlich zwei Arten von kausalen Erklärungen zu unterscheiden: Veränderungsbezogene und entstehungsbezogene, wie ich hier sagen möchte, und die Überlegungen POPPERS und vieler anderer Wissenschaftstheoretiker gelten zunächst nur ersterem Typ.

"Veränderungsbezogene"Erklärungen zielen, wie der Name bereits andeutet, darauf, die Veränderung zu erklären, die mit einem Gegenstand einer bestimmten Art vorgegangen ist; "entstehungsbezogene" Erklärungen hingegen sind darauf aus, die Entstehung eines Gegenstands einer bestimmten Art zu erklären . Die Unterscheidung zwischen beiden ist wichtig, weil sie Konsequenzen hat für die Art des logischen Zusammenhangs, der mit dem jeweils für die Erklärung heranzuziehenden Schema einer Sequenz von Ereignissen angesprochen wird. Im ersten Fall wird dieser Zusammenhang zu einem wesentlichen Teil durch die Identität des sich verändernden Gegenstands bestimmt: Die Annahme, daß zwischen dem Reißen eines Fadens der Art F und dem Belasten eines solchen Fadens durch ein Gewicht der Größe von mindestens G ein Konnex besteht, wird zu einem wesentlichen Teil dadurch gestützt, daß man es sowohl vor wie nach der Belastung mit einem Faden zu tun hat, der sich in seinen wesentlichen, die Art F bestimmenden Merkmalen nicht verändert hat.

Sehr viel schwieriger aber ist die Etablierung eines solchen Zusammenhangs im zweiten Fall, in dem qua Definition gerade keine Artidentität zwischen dem Gegenstand vorliegt, mit dem zum Zeitpunkt t1 der Ereignissequenz etwas geschieht, und dem, dessen Existenz zum Zeitpunit t2 dieser Sequenz zu konstatieren ist.

Angesichts der Bedeutung, welche die Fähigkeit, etwas in einem Zusammenhang mit etwas sehen zu können, für jede auch nur halbwegs differenziert entwickelte Gesellschaft von sprachfähigen Individuen besitzt, ist diese strukturelle Ungleichheit zwischen Veränderungs- und Entstehungserklärungen in ihrer Bedeutung kaum zu unterschätzen. In der Tat hat es wohl kaum je eine Gesellschaft gegeben, in der nicht auf mehr oder weniger bewußte Weise Bemühungen angestellt worden sind, dem Typ der Entstehungserklärungen ihre Rätselhaftigkeit zu nehmen. Pauschal gesprochen lassen sich zwei Strategien dabei unterscheiden: Die erste läuft darauf hinaus, Entstehungserklärungen als Spezialfall von Veränderungserklärungen zu begreifen; die zweite versucht, das Problem, das überhaupt zu Entstehungserklärungen zu nötigen scheint, verschwinden zu lassen - wobei es natürlich häufig zu Kombinationen beider Verfahren gekommen ist.[1)]

Ein besonders häufig anzutreffendes Exempel der ersten Strategie ist die mehr oder weniger extensive Benutzung des Handwerkermodells: Wer ein Handwerk betreibt, läßt ja etwas "entstehen": Er stellt Tische, Stühle, Schränke usw. her, errichtet ein Haus, fabriziert Tontöpfe usw. - warum also sollte man, wo es doch hier möglich zu sein scheint, die Entstehung von Gegenständen unter bezug auf die Tätigkeit eines solchen Subjekts zu erklären, nicht auch bei der Erklärung der Entstehung aller anderen Arten von Gegenständen, von denen der unbelebten Natur bis hin zum Menschen, auf analoge Weise verfahren? Theologische Kosmogonien sind seit jeher so vorgegangen: Der Zusammenhang zwischen verschiedenen Arten von Gegenständen schien sich so unter bezug auf jeweils veränderte Hand-

1) Vgl. zum Folgenden das Schema I

Schema I

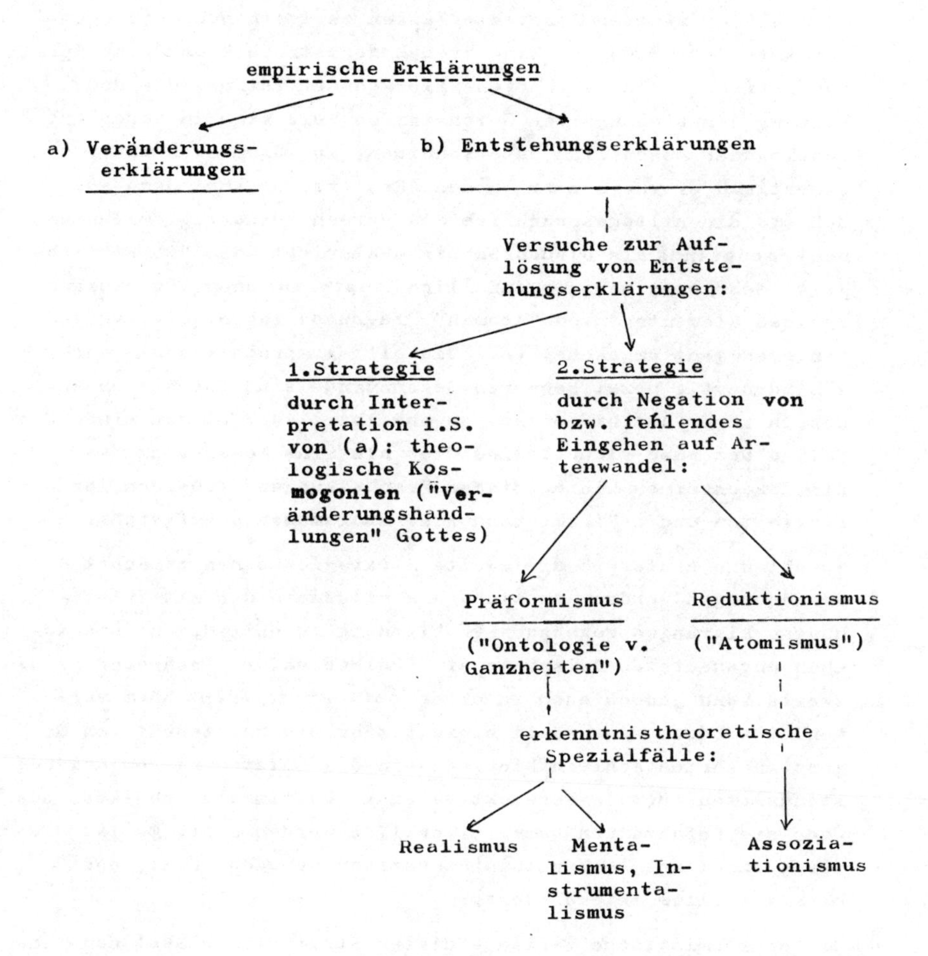

empirische Erklärungen
a) Veränderungs-erklärungen
b) Entstehungserklärungen
Versuche zur Auflösung von Entstehungserklärungen:
1.Strategie
durch Interpretation i.S. von (a): theologische Kosmogonien ("Veränderungshandlungen" Gottes)
2.Strategie
durch Negation von bzw. fehlendes Eingehen auf Artenwandel:
Präformismus
("Ontologie v. Ganzheiten")
Reduktionismus
("Atomismus")
erkenntnistheoretische Spezialfälle:
Realismus
Mentalismus, Instrumentalismus
Assoziationismus

lungen eines Gottes oder mehrerer Götter erklären zu lassen.

Exempel der zweiten Strategie lassen zwei einander entgegengesetzte Varianten zu: Eine "reduktionistische" und eine "präformistische". Das verborgene Ziel beider ist es, die Rede von der "Entstehung" von Gegenständen, die sich in ihrer Art voneinander wesentlich unterscheiden, in ihrem Sinn als problematisch erscheinen zu lassen. Erstere verfährt dazu so, daß sie die alltagssprachlich als verschiedenartig empfundenen Gegenstände als bloßen Schein deklariert, dem "in Wirlichkeit" mehr oder weniger zufällige Konstellationen von einigen wenigen Elementen, von "Atomen", zugrunde lägen. Die zweite hingegen geht umgekehrt vor: Die alltagssprachlich als verschiedenartig bezeichenbaren Gegenstände sind für sie entweder in ihrer Art historisch unwandelbar, oder wo man einen Wandel zu bemerken glaubt, wird dies als eine Konsequenz des Einwirkens eines hinter diesen Erscheinungen stehenden, präformierten und präformierenden Wirkungsmoments aufgefaßt.

Sowohl die erste wie die zweite Strategie können zunächst herangezogen werden, um sich ganz allgemein der mit Entstehungserklärungen gegebenen Problematik zu entledigen; die soeben angedeuteten Beispiele sind Belege dafür. Insbesondere die zweite kann jedoch auch in einer reflektierteren Form verwendet werden: Wenn nämlich nicht mehr die Entstehung von Gegenstandsarten schlechthin, sondern die Entstehung von Gegenstandsarten für die Perspektive eines bestimmten Subjekts, das über sie Erfahrungen sammelt, erklärt werden soll. Es ist dieser speziellere, erkenntnistheoretisch bezogene Fall, der hier vor allem interessiert.

Die präformistische Variante dieser Strategie erlaubt dann ihrerseits zwei verschiedene Möglichkeiten: Man geht davon aus, daß die Gegenstände der Erfahrung zumindest tendenziell gesehen von vornherein so beschaffen sind, wie sie uns erscheinen, daß es allenfalls noch "induktiv" zu gewinnender Verallgemeinerungen bedarf, um sie "angemessen" wahrzunehmen (Realismus). Oder man meint, daß das, was wahrgenommen wird, lediglich ein Rohmaterial ist: Zum Produkt einer Erfahrung, in der Gegenstände mit verschiedenen Eigenschaften in distinkter

Weise auftreten, werde es erst durch bestimmte dem Subjekt innewohnende "geistige" Fähigkeiten des Vergleichs, der Symmetrieherstellung, der Analyse, der Etablierung von Ursache-Wirkung-Beziehungen, von Relationen zwischen Teilen und Ganzen, Gattungen und Arten, usw. (Mentalismus).

In ihrer reduktionistischen Variante entspricht der zweiten der oben erwähnten Strategien hier eine assoziationistische Position: Die Ganzheiten, Beziehungskomplexe, die Subjekte zu erfahren glauben, sind der bloße Schein von kontingent zusammentretenden Momenten, so meint man hier.

Dies, in zugestandenermaßen sehr groben Strichen, waren die Möglichkeiten, die im Laufe der Geistesgeschichte der europäischen Kultur bis etwa ins 18.Jahrhundert hin entwickelt worden waren, um den Schwierigkeiten beizukommen, die mit Versuchen zur Erklärung der Entstehung von Arten begrifflich verknüpft sind. Bekanntlich haben sie dieses Jahrhundert in der damaligen Form nicht überleben können. Die Ursache dafür liegt zu einem wesentlichen Teil im Aufsteigen eines um ein Vielfaches erweiterten und differenzierteren historischen Bewußtseins, darin, daß man begann, die Gegenstände der unbelebten und belebten Natur aufgrund zahlreicher Befunde als Resultat einer historischen Entwicklung - und nicht eines, sich zu einem bestimmten Zeitpunkt vielleicht gar jeweils wiederholenden, göttlichen Schöpfungsaktes - zu sehen[1].

Dem theologischen Versuch, Entstehungserklärungen ihre Rätselhaftigkeit zu nehmen, indem man sie als eine Art von Veränderungserklärungen auffaßt, war damit der Boden entzogen. Das Gleiche galt, zumindest zunächst, für mentalistische Ansätze: Diese waren in ihrer damaligen Form nämlich noch sehr eng mit theologischen Denktraditionen verknüpft. Auf die Frage, wie Menschen in den Besitz der erwähnten Strukturierungsfähigkeiten kommen mögen, berief man sich durchweg darauf, daß es sich hier um "angeborene", "von unserem Schöpfer uns eingepflanzte" Ideen handle - dies aber ließ sich nicht mehr halten, denn wenn zuzugestehen war, daß der Mensch ein Teil der Geschichte der Natur ist, mußte man auch seine Strukturierungsfähigkeiten

1) Vgl. GOODFIELD und TOULMIN (1965), LEPENIES (1976)

als historisch wandelbar begreifen. Spätere historische und ethnologische Untersuchungen sollten die Bestätigung für diese Auffassung liefern.

Das Werk KANTS dokumentiert in einem gewissen Sinne den Übergang von der vorhistorischen Epoche zu heutigen, methodologisch reflektierteren Auffassungen. Einerseits ist KANT zwar noch mentalistischer Instrumentalist: Realistischen Erkenntnistheorien hält er entgegen, daß sie nicht zu erklären vermöchten, wie es kommt, daß Menschen universell bezogene Einsichten, und sogar Einsichten, die durch Einzelerfahrungen nicht widerlegbar zu sein scheinen, gewinnen können: Unter Bezug auf bloß "induktiv" gewonnene Informationen lasse sich nicht verständlich machen, wie man zu Thesen gelangen kann wie "alle Metalle schmelzen bei einer gewissen Temperatur", usw., ganz zu schweigen von "notwendig" geltenden Überzeugungen wie "jedes Geschehen ist ein Ereignis in einer endlosen Kette von Ursachen und Wirkungen", "alle Gegenstände der Natur lassen sich zwanglos in ein Netz von Gattungen und Arten einordnen", usw. Es bedürfe daher eines Rückgriffs auf dem Menschen innewohnende geistige Vermögen, welche für derartige Transformationen von Einzelmomenten der Erfahrung zu einem Ganzen verantwortlich sind.

Andererseits aber, und das trennt ihn vom Mentalismus der älteren Tradition, betont KANT, daß der Rekurs auf diese Vermögen im Rahmen eines anderen Argumentationstyps gesehen werden müsse als der, der bei den üblichen empirischen Erklärungen, und zwar auch bei den evolutionsbezogenen Erklärungen, vorliegt, ganz zu schweigen davon, daß auch der Rückgriff auf theologisch zu verstehende angeborene Ideen für ihn nicht mehr als akzeptable Erklärungsmöglichkeit in Frage kommt. Statt dessen handle es sich hier um Erklärungen der "transzendentalen Bedingungen der Möglichkeit von etwas", in erkenntnistheoretischen Zusammenhängen: Von Bedingungen der Möglichkeit von Erfahrung.

Mit diesen Überlegungen wird also nicht nur, wie zuvor durchweg, auf den Unterschied zwischen Veränderungs- und Entstehungserklärungen lediglich reagiert, sondern dieser Unterschied wird, zumindest ansatzweise, theoretisch reflektiert. Darüber hinaus wird sogar versucht, auf eine Differenz zwischen "empirischen" Entstehungserklärungen und, in einem weiten Sinne, "grundlagentheoretischen" Entstehungserklärungen hinzuarbeiten - ein Umstand, der das gesamte KANTISCHE Konzept auch heute noch, über alle bedeutsamen Einzeleinsichten hinaus, so interessant macht.

Gleichwohl wird man nicht sagen können, daß der "transzendentallogische" Ansatz KANTS, beim derzeitigen Stand unseres Wissens, weiterhin ohne entscheidende Revisionen tragfähig ist. Das gilt nicht so sehr deswegen, weil der psychologisch-introspektionistische Charakter seiner Überlegungen heute mit Gewinn in einen sprachtheoretischen Ansatz umformuliert werden kann - dieser Umstand, so vorteilhaft er auch in zahlreichen Einzelheiten ist, führt nämlich noch nicht per se dazu, daß wesentliche Merkmale des Versuchs, philosophische Argumentationen als Erklärungen der "transzendentalen Bedingungen der Möglichkeit von etwas" aufgegeben werden[1]. Gerade dieser Versuch aber ist äußerst problematisch. Nimmt man die KANTISCHEN Bemerkungen - und die Bemerkungen seiner sprachtheoretischen Nachfolger - zum Status dieser "Bedingungen" beim Wort, so zeigt sich nämlich, daß der Rückgriff auf derartiges Gefahr läuft, uninformativ zu werden.

Deutlich wird das, wenn man sich vergegenwärtigt, daß eine gelingende Erklärung für die Entstehung einer bestimmten neuen Art von Gegenständen ersichtlich zumindest einer Forderung genügen muß: Das, was jeweils erklärt werden soll, darf nicht unter bezug auf etwas erklärt werden, dessen Begriff den des Explanandums in irgendeiner Weise logisch impliziert. Genau gegen diese Forderung nun verstoßen die Ausführungen KANTS, in denen ja auf ein "transzendentales Subjekt" zurückgegriffen wird, das bestimmte "transzendentale Vermögen" zur Strukturierung von Empfindungen und Wahrnehmungen besitzt, so daß im Grunde die Fähigkeit, Erfahrungen von Beziehungen und Ganzheiten zu machen, bereits vorausgesetzt wird, nur auf einer ande-

1) So ganz ausgeprägt in den Arbeiten CASSIRERS und, in neuerer Zeit, K.-O.APELS (1973).

ren Ebene. Erklärungen solchen Typs sind in wichtigen Punkten nicht anders als die Erklärung, Wasser steige deswegen in einer Pumpe nach oben, weil die Natur einen horror vacui hat - nur daß in diesem "klassischen" Beispiel lediglich von einer Veränderung, und nicht von einer Entstehung, die Rede ist.

Es ist freilich aufgrund der Texte nicht immer klar, ob man KANT genau so interpretieren darf, wie dies eben unterstellt worden ist. Sei dem aber wie auch immer: Zumindest ist der theoretische Status der von ihm herausgestellten "Bedingungen" so undeutlich, daß er nicht einmal immer vor dem Vorwurf sicher war, mentalistisch-theologische Relikte mitzuschleppen[1). In der evolutionstheoretischen Transformation seiner Erkenntnistheorie jedenfalls hat man - sofern man einmal von HEGEL absieht - den philosophie-methodologischen Konnex, in dem jene "Bedingungen" stehen, nicht mehr wahrnehmen wollen, und sie als Indiz für einen mentalistischen Präformismus gedeutet[2). Damit erlagen sie dem Einwand, der bereits oben im Zusammenhang mit der Erwähnung des Niedergangs des vorkritischen Mentalismus angeführt wurde.

Der evolutionstheoretische Ansatz versteht sich als eine Alternative zu sowohl präformistischen wie reduktionistischen Auffassungen. Auf den ersten Blick sind die Chancen gegenüber beiden freilich durch einen bestimmten Einwand eingeschränkt: Setzt man die Zeitspanne, die z.B. einem menschlichen Subjekt zum Erlernen einer Sprache normalerweise zur Verfügung steht, in Beziehung zu dem Komplexitätsgefälle zwischen der Äußerung einzelner Laute, die vielleicht einmal als Morpheme verwendbar sein mögen, und dem Vollzug wohl geordneter Diskussionsbeiträge in einem Gespräch, so wird der Übergang von der einfacheren Stufe zur komplexeren so extrem unwahrscheinlich, daß er praktisch unmöglich sein müßte.

Man mag deswegen zu der Annahme neigen, daß es im Prinzip eines einem jeden menschlichen Subjekt innewohnenden Vermögens bedarf, um eine derartige Evolution in so kurzer Zeit, und ohne allzuviele Irrwege zu beschreiten, realisieren zu können, und daß dieses Vermögen in irgendeiner Weise bereits im vorhinein sehr stark determiniert sein müßte - um die mißlichen

1) Vgl. z.B. TOPITSCH (1961).
2) Vgl. z.B. KONRAD LORENZ (1973), PIAGET (1967, dt.S.118).

theologischen Implikationen des Mentalismus des 17.Jahrhunderts zu vermeiden, mag man ja darüber hinaus entsprechende genetische Grundlagen dieser Vermögen postulieren: CHOMSKY ist bekanntlich so verfahren.

Oder man mag die Ansicht vertreten, daß sich jener Begriff der Fähigkeit zu einer wohl geordneten Rede bei entsprechenden Fortschritten der wissenschaftlichen Forschung so werde auflösen lassen, daß zwar nicht der Begriff selbst (denn der erweist sich dann als "ideologisches" Relikt), wohl aber die mit ihm "eigentlich" bezeichenbare Art von Gegenständen sich auf eine kontingente Konstellation von beispielsweise verhaltensphysiologisch erfaßbaren Geschehen "reduzieren" läßt. Eventuell noch verbleibende wesentliche Strukturierungsfähigkeiten von Subjekten mag man darüber hinaus darauf zurückführen, daß die Welt der Gegenstände in der Tat diese Strukturen besitzt: Bekanntlich haben zahlreiche Vertreter des psychologischen Behaviorismus sowie der idealsprachlich orientierten Analytischen Philosophie, von CARNAP über SKINNER bis hin zu QUINE, in dieser reduktionistisch-realistischen Weise argumentiert.

Diese Positionen besitzen ihre eigenen Aporien, auf die ich jedoch erst an etwas späterer Stelle eingehen möchte. Entscheidend für den im Augenblick verfolgten Zusammenhang ist, daß es Vertretern des evolutionstheoretischen Ansatzes, und unter ihnen insbesondere PIAGET, gelungen ist, das auf Wahrscheinlichkeitsüberlegungen beruhende Bedenken gegenüber ihrem Ansatz auszuräumen. Grundlegend dafür ist der Versuch, verschiedene Schichten der Evolution - und zwar sowohl in der Ontogenese wie in der Phylogenese - zu unterscheiden.

Jede dieser Schichten ist dadurch gekennzeichnet, daß es auf ihr zu Ereignissen einer bestimmten Komplexitätsstufe kommen kann. Der Art dieser Ereignisse entsprechend unterscheidet sich auch die der Subjekte i.w.S., denen solche Ereignisse zuschreibbar sind, sowie die der Objekte , mit denen jene Subjekte es zu tun haben. Entscheidend ist nun: Zwischen diesen Schichten bestehen bestimmte Inklusionsbeziehungen. Was ein Individuum einer bestimmten Evolutionsstufe - einer "Schicht" -

seiner Ontogenese beispielsweise an Strukturierungsfähigkeiten erworben hat, das bringt es auf die nächste Stufe mit, wo diese Fähigkeiten dann als ganze in neue Strukturierungsfähigkeiten integriert werden, so daß es zu neuen Arten von Ereignissen, Subjekten und Objekten kommt. Da zudem auf jeder Evolutionsstufe Selektionsprinzipien sui generis wirksam werden, können "Irrwege" sich bereits innerhalb eines relativ kleinen Variabilitätsspielraums eliminieren. Ja, mehr noch: Es lasse sich, so PIAGET, zeigen, daß zunehmende Komplexität eines Evolutionsniveaus nichts anderes bedeutet als sich verringerndeKontingenz in der Aktualisierung eines bestimmten Ereignisses.

Der Fehler reduktionistischer Konzepte, so wird man PIAGET interpretieren dürfen, besteht darin, daß sie Evolutionen als einen linearen Prozeß sehen, der durch die bloße Rekursivität von einander der Art nach gleich bleibenden Elementen gekennzeichnet ist. Setzt man die Art dieser Elemente zudem so elementar an, daß sie im strikten Sinne nur durch Zufall eine Aktivität zeigen - wie im Fall der Elementarteilchen der Mikrophysik -, so wird die Evolution zu komplexeren Geschehnissen in der Tat unerklärlich. In Wirklichkeit aber gehen zumindest einige dieser Aktivitäten als Teile in Wirkungsgefüge sui generis ein, für die jeweils auch, in ihrer Ganzheit gesehen, neuartige Struktuierungsprinzipien kennzeichnend sind.

So weit, so gut. Dadurch, daß Einwände wahrscheinlichkeitstheoretischer Art sich zurückweisen zu lassen scheinen, ist, so mag man meinen, auch der eigentliche Stein des Anstoßes bei Entstehungserklärungen bloß gelegt, und das nun wiederum sollte diese Art von Überlegungen von ihrer Rätselhaftigkeit befreien: Im Gegensatz zu Veränderungserklärungen lassen Entstehungserklärungen qua Definition nämlich anscheinend keine <u>deduktive</u> Argumentation i.e.S., sondern nur eine probabilistische zu: Der Übergang von einer Gruppe von Antecedensbedingungen zu Konsequenzen ist nur dann in Form einer deduktiven Beziehung formulierbar, wenn sich als verbindendes Glied zwischen beiden Zeitstadien ein Gegenstand angeben läßt, der sich in den seine Art- und Einzelidentität bestimmenden Merkmalen gleich bleibt. Das aber muß, nachdem der soeben skizzierte Diskussionsstand erreicht ist, keine Barriere mehr für die Einzelforschung sein: Man mag sich in Zukunft ja damit begnügen, die fördernden und hemmenden Bedingungen zu ermitteln, die für den einen oder anderen Evolutions"schritt" gelten, und mag zudem die mathematischen Regeln präzisieren, die Zufallsverteilungen bei der einen oder anderen Art von Ausgangskonstellation erklärbar machen. In der Tat wird in zahlreichen Forschungsstätten der Welt so verfahren, sei es, indem man derartige Bedingungen für die Entstehung von Lebewesen aus organischen Substanzen herauszustellen versucht, oder ein Gleiches für die Entwicklung von menschlichen Individuen zu "verantwortungsbewußten", "reifen" Persönlichkeiten, usw.[1].

Evolutionstheoretische Ansätze der Erkenntnistheorie haben sich damit eigentümlicherweise aber nicht begnügt, sondern sich weiterhin am Ideal einer deduktiven Erklärung auch für den "Übergang" von einer Art zu einer anderen orientiert. Das bedingt einen wesentlichen Teil der Unterschiede zwischen jenen Ansätzen und der hier befolgten Konzeption:

Im bisher am differenziertesten ausgearbeiteten evolutionstheoretischen Ansatz, dem PIAGETS, wird zur Erklärung für den Zusammenhang zwischen zwei oder mehr Evolutionsstufen auf das Einwirken von "Funktionen" zurückgegriffen. PIAGET spricht hier von "Äquilibrierungsfunktionen", weil alle Arten von Aktivitäten sich seiner Ansicht nach zunächst funktional dadurch erklären lassen, daß sie darauf bezogen sind, den Ungleichgewichtszustand, in den ein bestimmtes System geraten sein mag, zu beheben. Evolutionäre Schübe, so der Gang seiner weiteren Überlegungen, treten dabei dann auf, wenn solche Arten der Behebung von Desäquilibrien zu mehr oder weniger komplexen Aktivitätsbündeln integriert sind - einen Übergang, für den PIAGET die Funktion der "reflektiven Abstraktion" verantwortlich macht -, so daß sich neue Systeme bilden, die dann als Ganze ihrerseits in einen Ungleichgewichtszustand geraten können, usw.

---

1) Vgl. z.B. EIGEN (1971); EIGEN und WINKLER (1975); WILSON (1975; 1978). Zu EIGEN: STEGMÜLLER (1975, S.413ff.).

Der hier vertretenen Auffassung nach hingegen werden bei solchen Überlegungen zwei Arten von Argumentation auf unzulässige Weise vermischt: Zum einen empirisch-kausale Entstehungserklärungen i.e.S. und zum anderen begrifflich-philosophische Erklärungen. Dem entspricht, daß hier, im Gegensatz zu dort, zwei verschiedene Arten der "Evolution" unterschieden werden: Auf der einen Seite die, für welche die seit DARWIN bekannten beiden Prinzipien des wissenschaftlichen Evolutionsbegriffs gelten: Das der zufälligen Entstehung neuer Varianten und das der allmählichen Sedimentierung dieser Varianten, die sich somit, relativ zu den anderen, als "durchsetzungsfähiger", "the fittest" (DARWIN), erweisen. Und auf der anderen Seite die Ebene der mit Einsicht in das dabei befolgte Ziel und die eingesetzten Mittel unternommene kritische Rekapitulation der für unser Welt- und Selbstverständnis wesentlichen Grundbegriffe.

Um die Charakteristika dieser zweiten Ebene korrekt einschätzen zu können, muß man bedenken, daß zunächst nichts dagegen spricht, die kontingent verlaufende Evolution weit in Phasen der phylo- wie ontogenetischen Sprachentwicklung hineinreichen zu lassen: Auch die Bildung, die "Konstitution" von begrifflich artikulierbaren Objekten für Subjekte läßt sich durchaus als Ergebnis eines Geschehens auffassen, das "blind", ohne Wissen und Wollen der beteiligten Individuen abgelaufen ist bzw. immer noch abläuft.

Das gilt sogar dann, wenn man die Begriffsgebräuche von über Begriffsgebräuche redenden Individuen unter dem Blickwinkel ihrer Evolution betrachtet. M.a.W.: Daß bestimmte Begriffe als in einem bestimmten Zusammenhang A und nicht in einem Zusammenhang B miteinander stehend aufgefaßt werden, und daß dieser Zusammenhang dann eigens noch durch bestimmte "reflexionssprachliche" Mittel bezeichnet wird, also z.B. mit Hilfe von Klassifikationsausdrücken wie "Begriffe sprachlichen Handelns" o.ä., so daß Thesen formuliert werden können wie: "Sprachliche Handlungen bestehen aus einem Komplex sensomotorischer Handlungen" usw. - all das läßt sich durchaus noch als Ergebnis von Geschehen begreifen, die "hinter dem Rücken" dieser Individuen ablaufen.

Allerdings ist mit der Evolution zu einem Sprachstand, in dem reflexionssprachliche Thesen artikuliert werden können, zugleich ja ein Niveau erreicht, auf dem die sprechenden Subjekte über sich selbst als redefähige Individuen bestimmte Überzeugungen artikulieren und bestimmte Vorschläge für ihr weiteres Reden vortragen können. Bei noch weiter fortgeschrittenen Reflexionsfähigkeiten schließlich wird sogar eine Stufe erklommen, auf der noch der Begriff der Methode der Argumentation um solche Überzeugungen und Vorschläge zum Gegenstand entsprechender Überlegungen gemacht werden kann - eine Phase, die man mit gutem Grund als die des Übergangs zu einer kritischen Philosophie bezeichnen mag.

Von einem solchen Punkt an muß die Sprachentwicklung zumindest teilweise nicht mehr nach bloßem Zufall ablaufen; insbesondere können Versuche, Begriffsgebräuche zu Einheiten zusammenzufassen, nun, statt in der Art eines blinden Herumtappens verfolgt zu werden, mit dem Wissen vom eigenen Tun, und unter bezug auf legitimierende Ziele, unternommen werden. Damit erst ist dann der Übergang zur zweiten Art von Evolution erreicht; die hier vorgetragenen Überlegungen beanspruchen, sich auf eben dieser Ebene zu befinden.

Man kann den Unterschied zwischen beiden Arten von Ansätzen formelhaft auf die folgende Weise ausdrücken: Der evolutionstheoretische folgt der Ansicht, daß sich generell auf der Stufe der vom Wissenschaftler betrachteten Abläufe ein Synthesen bewirkendes Moment konstatieren lasse [1], während der hier vertretene sich der Auffassung anschließt, daß so zu reden in der Regel auf eine unberechtigte Übertragung von Fähigkeiten des Betrachters auf die Ebene der von ihm untersuchten Objekte und Subjekte zurückgeht: Von einer "Synthesen" bewirkenden Aktivität lasse sich legitimerweise nur dort sprechen, wo die begrifflichen Mittel zur Unterscheidung von Evolutionsstufen vom jeweiligen Wissenschaftler auf reflektierte Weise in einen Zusammenhang gebracht werden [2].

---

1) Kennzeichnend dafür bereits einige Titel evolutionstheoretischer Untersuchungen. Vgl. z.B. J.HUXLEY: Evolution: The Modern Synthesis. London 1963; E.O.WILSON: Sociobiology: The New Synthesis. Cambridge/Mass. 1975.
2) Die mangelnde Fähigkeit, zwischen beiden Evolutionsbegriffen zu unterscheiden, hat bei F.M.MÜLLER (1888, S.150-152) zu

Der unterschiedliche Status beider Ansätze bringt es vor allem mit sich, daß der Bezug auf den "Gleichgewichtszustand" eines Systems sowie auf eventuelle "Abweichungen" davon eine unterschiedliche Rolle spielen.

Zunächst freilich bestehen in dieser Hinsicht noch weitgehende Gemeinsamkeiten: In beiden Fällen wird die eventuelle Reetablierung derartiger "Sollstadien" als Kriterium genommen, um die "Einheit" einer Aktivität - bzw. die Einheit des Begriffs einer solchen Aktivität - abgrenzen zu können. In beiden Fällen wird in diesem Zusammenhang auch von der biologistischen Fassung des DARWINSCHEN Selektionsprinzips abgewichen: Unter Bezug auf biologisch und verhaltensphysiologisch erfaßbare Aktivitäten mag es nämlich sinnvoll sein, als Sollzustand eines Systems die Überlebensfähigkeit einer Art - einer Genpopulation, wenn man neueren Überlegungen Rechnung tragen will - oder eines Individuums zu nehmen, "Abweichungen" vom Sollzustand dort zu sehen, wo diese Fähigkeit bedroht ist, und die Einheit von Aktivitäten des betreffenden Systems unter bezug auf ihre Reetablierung bzw. Sicherung abzugrenzen. Hat man es hingegen z.B. mit sprachlichen oder sprachlich vermittelten Handlungen menschlicher Individuen zu tun, so erscheint diese Betrachtungsweise, relativ zu unserem üblichen Selbstverständnis, kaum mehr angemessen. PIAGETS Vorschläge laufen daher darauf hinaus, das biologische Selektionsprinzip als eine Art von bloßer Rahmenbedingung für die Sedimentierung differenzierterer Stufen von Lebensäußerungen aufzufassen, deren Auslese im einzelnen dann aber durch Rekurs auf andere Prinzipien geklärt werden muß. Dem wird hier gefolgt: Wie ich später noch zeigen möchte, bietet es sich z.B. an, auf der Stufe sensomotorischer Handlungen jene Fähigkeiten als evolutionär besonders chancenreich zu betrachten, in deren Rahmen es gelingt, die eigene Individualität gegenüber den genetisch mitgegebenen Antriebs- und Strukturierungspotentialen in einer

---

(Forts.Anm.2., S.26)
einem grotesken Einwand gegen die Applikation der DARWINSCHEN Evolutionstheorie auf die Geschichte des Menschen geführt: Da Tiere Sprache nicht von sich aus "schaffen" können, Sprachfähigkeit aber kennzeichnendes Merkmal des Menschen ist, sei die Annahme, es habe eine kontinuierliche Folge von Entwicklungsstufen der Natur bis hin zum Menschen gegeben, aus logischen Gründen zurückzuweisen, so erklärt er.

Balance zu halten, während elementare Arten sprachlichen Handelns dann evolutionär neue Stufen einleiten, wenn mit ihnen kognitive oder normative Konflikte auf jeweils differenziertere Weise behoben werden können.

In Bezug auf diese beiden Aspekte bestehen also Übereinstimmungen. Diese gehen sogar so weit, daß man sagen kann, dort wie hier werde zumindest tendenziell das gleiche Kriterium gewählt, anhand dessen sich mit Grund davon sprechen lassen soll, daß eine neue Stufe der Evolution erreicht sei: Die stufenweise gliederbare Abnahme der Kontingenz einer Lebensäußerung, die das PIAGETSCHE Kriterium ist, läßt sich nämlich annäherungsweise in dem Sinne verstehen, daß jeweils neue Arten der Selbstbezüglichkeit des in Rede stehenden Systems als Abgrenzungsmaß dienen sollen, und eben dieses Kriterium wird auch hier eingesetzt werden.

Während PIAGET indes den Bezug auf einen derartigen Differenzierungsstandard ohne weitere Bedenken als durch "empirische Befunde" legitimierbar aufzufassen scheint, ist dies von den hier befolgten Prämissen aus unzulässig. Von der Perspektive eines Betrachters aus gesehen, der sich nicht an alltagssprachlich und wissenschaftssprachlich eingespielte Unterscheidungen gebunden fühlt, ist aufgrund empirischer Ergebnisse allein nämlich nicht zu sagen, unter bezug auf welches Kriterium sich zunächst als bloß partikuläre Einzelgeschehen darstellende Momente zu Teilen eines Ganzen zusammengefaßt werden sollen: Er muß sich vielmehr zu dem einen oder anderen Kriterium <u>entscheiden</u>.

Bei einer solchen Entscheidung muß zwischen mehreren verfügbaren Alternativen ausgewählt werden. Eine solche Auswahl bedarf der Legitimation, und da die Wahl zwischen verschiedenen Handlungsalternativen in einem solchen Fall eine normative Auseinandersetzungeinschließt, und normative Auseinandersetzungen, wenn sie "rational" geschlichtet werden sollen, den Rückgriff auf "ethische" Prinzipien beinhalten, führt der hier vertretene Ansatz, im Gegensatz zu dem evolutionstheoretischen, zu einer Verschränkung von epistemologischen Überlegungen mit Überlegungen der Moralphilosophie. Unter anderem aus diesem

Grund war weiter oben (Kap.1) die Rede davon, daß bei philosophisch-begrifflichen Überlegungen ein normativer Anteil enthalten sei. -

Zu (b): Der Ausdruck "Analytische Philosophie" wird meist auf eine systematisch gesehen durchaus nicht homogene Gruppe von Arbeiten bezogen. Ich verwende ihn im Folgenden, im Gegensatz dazu, in einem eingeschränkteren Sinne: Nur für jene Untersuchungen, die sich der Auffassung anschließen, philosophische Argumentationen müßten sich am Modell analytischer Aussagen orientieren.

Von einer analytischen Aussage sollte man, folgt man der auch heute noch überzeugenden Bestimmung KANTS ihrem Sinne nach, dann sprechen, wenn ein Sprecher A einem Gegenstand einer bestimmten Art ein Prädikat zuspricht, und diese Subjekt-Prädikat-Verknüpfung bereits infolge der Bedeutung berechtigt ist, die der Begriff des jeweiligen Gegenstands für A besitzt. Sagen, daß Körper ein Gewicht haben, oder daß jemand, der spricht, Zeichen verwendet, heißt dieser Definition, und dem für uns zur Zeit üblichen Gebrauch von "Körper", "Sprechen" usw. nach mithin, eine analytische Aussage vollziehen.

Der hier vertretenen Auffassung nach nun stellen analytische Überlegungen zwar einen wichtigen Teil philosophisch-begrifflicher Ausführungen dar - aber eben auch nur einen Teil. Der Grund dafür liegt darin, daß sie m.E. lediglich dazu dienen können, auf begriffliche Eigentümlichkeiten _aufmerksam zu machen_, sie zu _beschreiben_, nicht aber auch schon, sie zu _erklären_.[1] In der Analytischen Philosophie wird das freilich in der Regel nicht gesehen; das Auftreten der alten Aporien von präformistischen bzw. reduktionistischen Ansätzen innerhalb ihres Rahmens ist vermutlich eine Folge davon.

Ich werde diese Behauptung später noch anhand mehrerer Beispiele zu begründen versuchen. Deswegen hier nur eine kurze Erläuterung, unter Bezug auf ein auch für unsere späteren Überlegungen wichtiges Exempel.

Innerhalb einer in der Analytischen Philosophie vor allem durch H.P.GRICE (1957; 1968; 1969) begonnenen Debatte hat man

---

1) In einem Spezialfall analytischer Aussagen, dem der Definition, hat es allerdings Sinn, auch von "Erklärungen" zu sprechen. Aber diese Erklärungen helfen lediglich, _termino-_

auf ein bestimmtes Moment von Selbstreflexivität aufmerksam gemacht, welches mit unserem üblichen Begriff sprachlichen Handelns - und zwar selbst sehr einfachen sprachlichen Handelns - verbunden zu sein scheint. Man kann sich das damit Gemeinte an einer Situation wie der Folgenden verdeutlichen:

> Anläßlich eines Staatsbesuchs wird ein Essen für eine größere Anzahl von Honoratioren gegeben. Einem der Gäste sagt ein Teil der aufgetischten Speisen nicht zu: Nachdem er sie probiert hat, findet er, daß das Gemüse zu sehr zerkocht, die Soße zu sehr gesalzen ist, usw., und rümpft daraufhin seine Nase.

Hat dieser Gast, unserem üblichen Verständnis nach, mit dem Naserümpfen ein Zeichen für sein Mißfallen gegeben? Das läßt sich, so jedenfalls die - ihrem Sinne nach hier vereinfachten - Überlegungen GRICES, anhand der bisherigen Situationscharakterisierungnoch nicht sagen: Es könnte sich dabei genausogut um ein bloßes Anzeichen[1] für die negative Einschätzung des Essens handeln. Um beide Fälle unterscheiden zu können, müsse man über das bisher Übermittelte hinaus noch erfahren, ob der Gast nicht nur die Nase rümpfte, sondern auch die Absicht hatte, irgend einen potentiellen Zuschauer mit dieser seiner Handlung wissen zu lassen, was er vom Essen hält. Erst wenn dies gegeben sei, allgemeiner gesprochen: Erst wenn ein Subjekt nicht allein eine bestimmte Handlung realisiert, sondern sich selbst noch so auf diese Handlung bezieht, daß ein anderes Subjekt aus ihr eine bestimmte Information zu entnehmen vermag, dürfe man mit Recht von einer sprachlichen Aktivität reden.

Mit diesen Überlegungen wird zweifellos ein wichtiges Moment unseres üblichen Sprachbegriffs ans Licht gehoben. Aber wäre es zulässig, zu sagen, daß sie uns eine Erklärung für den Begriff (elementaren) sprachlichen Handelns liefern? Vergessen wir nicht, daß eine Erklärung uns dazu verhelfen soll, einen

---

(Forts.Anm.1, S.29)
logische Regelungen verständlich zu machen bzw. zu etablieren; sie schließen keine begrifflichen Überlegungen ein.

1) GRICE spricht, statt von "Zeichen" und "Anzeichen", von einer "nicht-natürlichen" und "natürlichen Bedeutung", die es zu unterscheiden gelte. Doch können seine Überlegungen ohne Schwierigkeiten auch, statt auf den Bedeutungsbegriff, auf den Zeichenbegriff angewendet werden.

bestimmten Zusammenhang zwischen einem bestimmten Faktum A (dem Explanandum) und einem Faktum B zu sehen, und daß die Erklärung nur informativ ist, wenn u.a. eine Forderung erfüllt ist: Das Faktum A darf nicht bereits aus dem Begriff des Faktums B logisch folgen, sondern erst aus der Verknüpfung von B zuzüglich eines zwischen A und B einen Zusammenhang herstellenden Moments[1]. Wird diese Forderung verletzt, so sprechen wir zu Recht davon, daß die Erklärung "zirkulär" sei.

Genau ein solcher Fall nun liegt mit dem skizzierten Beispiel vor, wenn man es als Erklärungsversuch interpretiert: Der im Explanans auftauchende Begriff eines zu selbstbezüglichen Intentionen fähigen Subjekts allein soll ja, das geht aus den ganzen Überlegungen hervor, bereits implizieren, daß man es bei ihm mit dem eines zu sprachlichen Handlungen fähigen Subjekts zu tun hat. D.h. die für eine korrekte Erklärung notwendige "Zerlegung" des zu explizierenden Umstands hat hier nicht stattgefunden - ein Zirkel, der spätestens dann offenkundig wird, wenn man anläßlich eines solchen "Explikationsbemühens" darum bittet, doch nun auch noch jenen Intentionsbegriff zu erklären.

Vielleicht wird das Gemeinte etwas deutlicher, wenn man sich noch vor Augen führt, daß die sogenannte "Analyse", die bei solchen Überlegungen vollzogen wird, nicht radikal genug ist. Denn was wird hier eigentlich "zerlegt"? Keineswegs die Gesamtheit des Ausdrucks "ein Subjekt der Art A vollzieht eine elementare sprachliche Handlung". Wäre das beabsichtigt, müßte man ja nicht nur auf Implikationen des Prädikats hinweisen, sondern auch den Subjektbegriff "zerlegen" (und im übrigen auch, falls der Ausdruck entsprechende Ergänzungen enthält, den Objektbegriff bzw. den Begriff des im eventuell gegebenen propositionalen Teil des Ausdrucks artikulierten Sachverhalts).

Freilich mag nicht ohne weiteres schon deutlich sein, was man

1) Im Fall kausaler Erklärungen also aus den sogenannten "Randbedingungen" und den jeweils herangezogenen Gesetzesannahmen.

sich unter der Analyse auch des Subjekt- (bzw. Objekt-, bzw. Propositions-)teils eines Ausdrucks vorzustellen hat. Ich möchte deswegen auf diesen Punkt später noch ausführlicher eingehen. Nur soviel bereits vorweg: Allem Anschein nach leiten sich die in unserer üblichen Rede "enthaltenen" Kriterien für die Art-Identität eines bestimmten Subjekts von bestimmten Handlungsfähigkeiten ab. (Am augenfälligsten wird das in den Fällen, in denen wir von einer pathologischen Identitätsstörung eines Subjekts sprechen: Es sind das ja immer Fälle, in denen bestimmte Handlungsfähigkeiten eingeschränkt sind). Folglich liefe die "Analyse" auch des Subjektteils eines Ausdrucks darauf hinaus, auf Subjektbegriffe zurückzugreifen, die jeweils durch weniger komplexe Handlungsfähigkeiten in ihrer Identität gekennzeichnet sind als der, der im Analysans steht[1]. Wichtig ist auch, festzuhalten, daß eine solche "radikaler" gefaßte begriffliche "Analyse" komplementär steht zu einer begrifflichen "Synthese": Die "Zerlegung" ist ja nur der erste Schritt zur begrifflichen Erklärung. Um den Titel einer vollgültigen Argumentation zu verdienen, bedarf es eines zweiten Schritts, im Rahmen dessen die durch die Zerlegung gewonnenen partikulären Momente in einen bestimmten Zusammenhang miteinander gebracht werden - und diesen Teil des Gesamtverfahrens mag man dann als "Synthese" bezeichnen.

Man sieht vielleicht bereits, wie der Zirkel in den Überlegungen GRICES sich so auflösen lassen mag: Bei einem solchen Verfahren wäre es eben nicht mehr zulässig, auf den erwähnten Intentionsbegriff zurückzugreifen, da dieser gerade mit dem Begriff der Handlungskompetenzen logisch verknüpft ist, die konstitutiv sind für den Begriff eines sprachfähigen Individuums.

Nun ist es allerdings, wie bereits angedeutet, nicht unbedingt erforderlich, "analytische" Überlegungen, wie sie innerhalb

---

1) Es ist dieser radikalere Sinn von "Analyse", der m.E. den Kern dessen ausmacht, was KANT in diesem Zusammenhang als seine eigentliche Entdeckung betrachtet hat und unter dem Titel "Analytik der Vernunft" den traditionelleren Bedeutungen von "Analyse" i.S. PAPPUS' einerseits und LEIBNIZ' andererseits entgegengestellt hat. Vgl. KANT, KrV., B 9of.

der Analytischen Philosophie verstanden und praktiziert werden,als begriffliche Erklärungen aufzufassen; sehr viel überzeugender scheint es mir, sie als begriffliche Beschreibungen zu verstehen, d.h. als Hinweise darauf, daß in unserem alltäglichen bzw. wissenschaftlichen Sprachgebrauch die eine oder andere Beziehung zwischen gewissen Ausdrücken besteht: In diesem Fall, daß zwischen unserem Begriff elementarer sprachlicher Handlungen und dem gewisser selbstbezüglicher Intentionen eine solche Beziehung nachweisbar ist.

Dieses Verständnis "analytischer" Überlegungen in einem nichtradikalen Sinne hat im übrigen noch einen zusätzlichen Vorteil. Weiter oben wurde bereits darauf hingewiesen, daß die Formel "jemand erklärt jemandem die Bedeutung eines Ausdrucks" syntaktisch gesehen zumindest zwei Interpretationen zuläßt: Zum einen, daß damit eine Art "technischer" Hilfe zum Gebrauch des betreffenden Ausdrucks gemeint ist - und dann ist die zitierte Formel, ganz wie sie eben niedergeschrieben wurde, lediglich ein dreistelliger Relator. Und zum anderen, daß damit eine Erklärung für bestimmte, explizit angebbare Eigenheiten des Gebrauchs eines Ausdrucks gemeint sind - und dann verlangt der zitierte Ausdruck streng genommen eine Umformulierung, so daß er sich von einem allein dreistelligen Prädikator in einen zweistelligen, der eine bestimmte propositionale Ergänzung aufweist, verwandelt: Man müßte jetzt also z.B. davon sprechen, daß jemand jemandem erklärt, warum der Gebrauch des Ausdrucks S die Eigenheit p hat. Eben diese so zu erklärenden Eigenheiten nun, so möchte ich vorschlagen zu verfahren, werden uns weitgehend durch die zahlreichen Detailuntersuchungen bereit gestellt, die in der Analytischen Philosophie unternommen worden sind. Untersuchungen dieses Typs führen also, mit anderen Worten gesagt, zu Ergebnissen, die das Explanandum begrifflicher Überlegungen präzisieren; problematisch werden sie erst, wenn man sie dem erklärenden Teil letzterer zurechnet. -

Eng im Zusammenhang mit dem zuletzt erwähnten Umstand steht, daß Bedeutungserklärungen der propositionalen Art den Vorteil besitzen, "methodischer" sein zu können als die der anderen Art. Ob das Explikationsziel erreicht wird, läßt sich in einem solchen Fall ja anhand des gesamten jeweils verwirklichten Argumentationsverlaufs überprüfen; im anderen Fall hingegen besteht ein Teil der Interaktion zwischen den Gesprächspartnern nicht nur aus einer Argumentation, sondern auch aus dem Gebrauch des zu explizierenden Ausdrucks: Ob die Erklärung "korrekt" und "gelungen" ist, zeigt sich hier nämlich nicht an logischen Beziehungen zwischen Explikandum und Explanans, sondern an faktischen Beziehungen zwischen Explanans und anschließender Redepraxis des jeweils Angesprochenen. Das aber läßt natürlich sehr viel mehr Mißverständnissen und Unsicherheiten Raum.

Zu (c): Dieser Unterschied zwischen den methodischen Möglichkeiten beider Arten begrifflicher Erklärungen berührt zugleich eine Differenz zwischen dem, was hier angestrebt ist, und den Überlegungen des späten WITTGENSTEIN.

Im Prinzip, so scheint es, ist es auf zweierlei Weise möglich, nicht-zirkulär mit Hilfe von Erklärungen Zusammenhänge zwischen Begriffen zu etablieren: Im ersten Fall werden dabei Beziehungen hergestellt zwischen Begriffen für Einzelnes, das als Besonderes eines Allgemeinen betrachtet werden soll, im zweiten Beziehungen zwischen Begriffen für Elemente, die als Teile eines Ganzen aufgefaßt werden sollen. WITTGENSTEIN nun hat sich in seinem Spätwerk ausschließlich am ersten Modell orientiert.

Betrachten wir Fälle wie die folgenden, in denen beabsichtigt ist, den Gebrauch von Ausdrücken wie "leibreflektierende" und "gegenstandsreflektierende Handlung" zu erklären, und in denen zu diesem Zweck folgende Sätze verwendet werden:

(1) "Leibreflektierende Handlungen sind z.B.: Sich fortbewegen, laufen, stehen, gehen, sitzen, usw.";
oder:

(2) "Als gegenstandsreflektierende Handlungen sollten zählen: Etwas (ein)sammeln, etwas bauen, etwas zimmern, etwas (z.B. einen Graben) ausheben, etwas (z.B. den Ablauf eines Unfalls) nachahmen, usw."

Man sieht, wie auch hier die beiden oben erwähnten Einzelschritte einer begrifflichen Erklärung: Die (radikale) Analyse und die Synthese, zur Geltung kommen: Einerseits wird in der Erklärung ja auf Momente zurückgegriffen, die keineswegs bereits logisch implizieren, daß die zu explizierende Fähigkeit: Der Gebrauch von "leibreflektierende Handlung" bzw. "gegenstandsreflektierende Handlung", beherrscht wird - man mag "sich fortbewegen", "laufen" usw. einerseits und "etwas (ein)sammeln", "etwas bauen" usw. andererseits durchaus bereits zu verwenden wissen, ohne doch auch schon sagen zu können, daß und in welcher Hinsicht ein Zusammenhang zwischen diesen Ausdrücken besteht. Und darüber hinaus wird in der Erklärung dadurch, daß die zunächst nur partikulär geschehenen Ausdrücke in eine bestimmte Reihe miteinander gebracht werden, ein Zusammenhang hergestellt - wobei der mit dem "usw." gegebene Hinweis auf die Möglichkeit, jene Reihe "dem Sinne" nach mit weiteren Beispielen fortführen zu können, natürlich besondere Bedeutung besitzt: Erst durch die Erklärung werden die im Explanans stehenden Ausdrücke, die zunächst nur zur Bezeichnung von isolierten Einzelgeschehen gebraucht werden mochten, zu Ausdrücken, mit denen sich ein Besonderes eines Allgemeinen benennen läßt.

Diese zu Zwecken der "Synthesis" (und nicht der bloßen Veranschaulichung) eingesetzte Verwendung von Beispielen ist nun zwar gewiß kein Spezifikum der Arbeiten WITTGENSTEINS. WITTGENSTEIN hat jedoch so konsequent wie kaum ein anderer Autor für seine Überlegungen berücksichtigt, daß man, wenn man auf diese Weise begrifflich-informativ zu argumentieren versucht, darauf verzichten muß, methodisch vorzugehen.

Davon, daß jemand "methodisch" verfahre, sprechen wir dann, wenn die für die jeweilige Untersuchung leitenden Ziele und Strukturierungsgesichtspunkte im vorhinein angebbar sind, sich jeder einzelne Schritt innerhalb der Untersuchung also unter bezug auf jene Kriterien beurteilen läßt. Das nun ist bei begrifflichen Herstellungen von Besonderes-Allgemeines-Beziehungen logisch ausgeschlossen. Besäße man hier bereits im vorhinein Strukturierungsmaßstäbe, so besäße man ja auch bereits jenes Moment an Allgemeinheit, welches durch die Erklärung erst sichtbar gemacht werden soll[1]. Die lockere Gruppierung der "Philosophischen Untersuchungen" WITTGENSTEINS, die sich auf "Familienähnlichkeiten" zwischen Begriffen stützt - d.h. auf wechselnde, nicht "auf einen Nenner zu bringende" Momente von Allgemeinheit -, ist der konsequente formale Ausdruck dieses Umstands.

Auf Erklärungen nach dem Besonderes-Allgemeines-Schema wird man ganz nicht verzichten können; insofern enthält die Philosophie einen nicht tilgbaren Rest von "Kunst". In der hier befolgten Konzeption wird aber gleichwohl, im Gegensatz zu WITTGENSTEIN, das Schwergewicht auf methodische Ansprüche gelegt. Der Grund dafür, daß auch dies sich mit dem Bemühen um nicht-zirkuläre begriffliche Erklärungen verbinden läßt, liegt darin, daß man sich m.E., bei der Etablierung von Beziehungen zwischen Begriffen zur Bezeichnung von Teil- und Gesamtgeschehen in einer unter bezug auf methodische Gesichtspunkte betrachtet anderen Lage befindet.

Ich möchte das an einem Beispiel verdeutlichen. Das Beispiel berührt zugleich ein Thema, das im "inhaltlichen" Teil der weiteren Ausführungen eine wichtige Rolle spielen wird, deswegen führt es uns nicht allzuweit fort von dem eigentlichen Gegenstand dieser Überlegungen.

Nehmen wir an, unsere Absicht sei es, den in (2) schon erwähnten Begriff der gegenstandsreflektierenden Handlung zu erklären - genauer müßte man sagen, aus Gründen, die z.T. bereits angesprochen wurden: Es gehe um den Begriff eines Subjekts, das eine gegenstandsreflektierende Handlung wie z.B. "jemand sammelt etwas (ein)" usw. vollzieht.

Zur Explikation greifen wir zunächst auf eine Situation zurück, die mit Begriffen beschreibbar ist, welche - so sei das Beispiel gemeint - logisch einfacher sind als der Begriff der

---

1) Vgl. etwa die folgende charakteristische Bemerkung WITTGENSTEINS: "Man gibt Beispiele und will, daß sie in einem gewissen Sinn verstanden werden. - Aber mit diesem Ausdruck meine ich nicht: er solle nun in diesen Beispielen das Gemeinsame sehen, welches ich - aus irgend einem Grunde - nicht ausspreche. Sondern: er solle diese Beispiele nun in bestimmter Weise <u>verwenden</u>. Das Exemplifizieren ist hier nicht ein <u>indirektes</u> Mittel der Erklärung, - in Ermanglung eines Bessern." (1953, § 71). Vgl. auch WAISMANN (1976), S.239ff.

gegenstandsreflektierenden Handlung: Wir sähen uns z.B. einer Situation gegenüber, in der wir es mit einem Individuum A zu tun haben, welches (im differenziertesten Fall) zum Vollzug von leibreflektierenden Handlungen - laufen, gehen, stehen, usw. - fähig ist. Diese Fähigkeit impliziere eine Reihe anderer Handlungskompetenzen, z.B. die, die Arme und Beine bewegen zu können, nach etwas greifen zu können, usw., aber eben noch nicht diejenige, welche zur Klasse der gegenstandsreflektierenden Handlungen gehört.

Das von uns beobachtete Individuum sei u.a., in einer den oben skizzierten funktionalen Überlegungen PIAGETS recht nahe stehenden Weise, durch einen bestimmten, für seine Evolutionsstufe kennzeichnenden Gleichgewichtszustand charakterisierbar. In dem uns interessierenden Fall nun komme es dazu, daß A partiell von seinem Gleichgewichtszustand abweicht, anschließend aber eine der ihm noch verbliebenen Handlungsfähigkeiten nutzt und die eine oder andere Handlung vollzieht, deren Aktualisierung durch A in einer vergleichbaren Situation zumindest einmal bereits zur Folge hatte, daß die Abweichung von seinem Sollzustand behoben wurde. Ein solches Geschehen nun ist für uns m.E. ein Grund, davon zu sprechen, daß A ein komplexeres Evolutionsniveau erreicht hat, als das der Fähigkeit zum Vollzug von lediglich leibreflektierenden Handlungen - er gibt jetzt ein Exempel für das ab, was wir unter gegenstandsreflektierenden Handlungen verstehen möchten.

Das Gemeinte wird vielleicht deutlicher werden, wenn das Beispiel inhaltlich noch etwas mehr gefüllt wird. So läßt sich z.B. anscheinend zeigen, daß das, was hier als "Abweichung vom Gleichgewicht" bezeichnet wurde, Gründe liefert, um bestimmte Arten psychologischer Prädikatoren, in diesem Fall, wie ich sagen möchte, auf "Gemütsbewegungen" bezogener Prädikatoren wie "Liebe", "Haß", "Neid", "Eifersucht", "Sorge empfinden", usw., anzuwenden. Nehmen wir für das hier gewählte Beispiel den letzteren Fall: Die Abweichung bestehe darin, daß das betreffende Individuum "sich sorge" (z.B. um seine zukünftige Nahrung, um Schutz für seine Nachkommen, usw.). Darüberhinaus seien die Handlungen, die es im Anschluß an die Abweichung vollziehe, und die mindestens einmal schon dazu geführt haben, daß ein solches "Desäquilibrium" behoben wurde, beispielsweise: In einer Gegend 1 herumlaufen; etwas bestimmtes aufgreifen; nach etwas bestimmten suchen; etwas bestimmtes neben etwas legen, usw. usw. - ich hoffe, daß die Beziehung zu dem zu explizierenden Begriff der Gesamthandlung: Der des etwas Sammelns, allmählich deutlich wird (vgl. Schema II).

Auch hier zielt die Argumentation darauf, daß die im Explanans verwendeten Ausdrücke - hier: Die der leibreflektierenden Handlungen, der Abweichung, usw. - durch die Erklärung in Momente eines Zusammenhangs transformiert werden; nur werden die hier zunächst nur als disparat bezeichenbare Einzelgeschehen zu Teilen eines Ganzen. Eigentümlicherweise nun scheint sich in diesem zweiten Fall, ganz im Gegensatz zum ersten, sehr wohl ein allgemeines Prinzip angeben zu lassen, nach dem die Einheit eines solchen Zusammenhangs im vorhinein abgrenzbar ist, ohne daß damit einzelnen begrifflichen Explikationen auf zirkuläre Weise vorgegriffen wäre. Ich möchte es im Folgenden unter dem Titel "Einheitsprinzip" notieren. Bei seiner Formulierung mache ich von der im Zusammenhang mit der Erwähnung evolutionstheoretischer Ansätze bereits angedeuteten Überlegung Gebrauch, daß es sich empfehle, die Art des "Sollzustands" einer Art von Individuen von der Art der mit ihrem Begriff logisch verknüpften Möglichkeiten zu selbstreflexiv bezogenen Aktivitäten abhängig zu machen. Das Prinzip lautet:

> Davon, daß eine oder mehrere Lebensäußerungen eines Individuums "Teile" einer komplexeren Art von Lebensäußerung - eines "Gesamtgeschehens"-sind, sollten wir dann und nur dann sprechen, wenn sie im Rahmen einer zeitlichen Sequenz auftreten, in der es:
> - zunächst zu einer partiellen Einschränkung des Niveaus von Selbstreflexivität gekommen ist, welches für jenes Lebewesen konstitutiv ist;
> - sodann jene (zunächst nur als isoliert voneinander zu betrachtende) Lebensäußerungen vollzogen werden;
> - und dabei gilt, daß der Vollzug dieser Arten von Lebensäußerungen durch jenes Individuum in einer vergleichbaren Situation zumindest einmal zuvor bereits zur Folge hatte, daß die anfängliche Bedrohung seiner Identität durch die Abweichung aufgehoben wurde.

Schema II

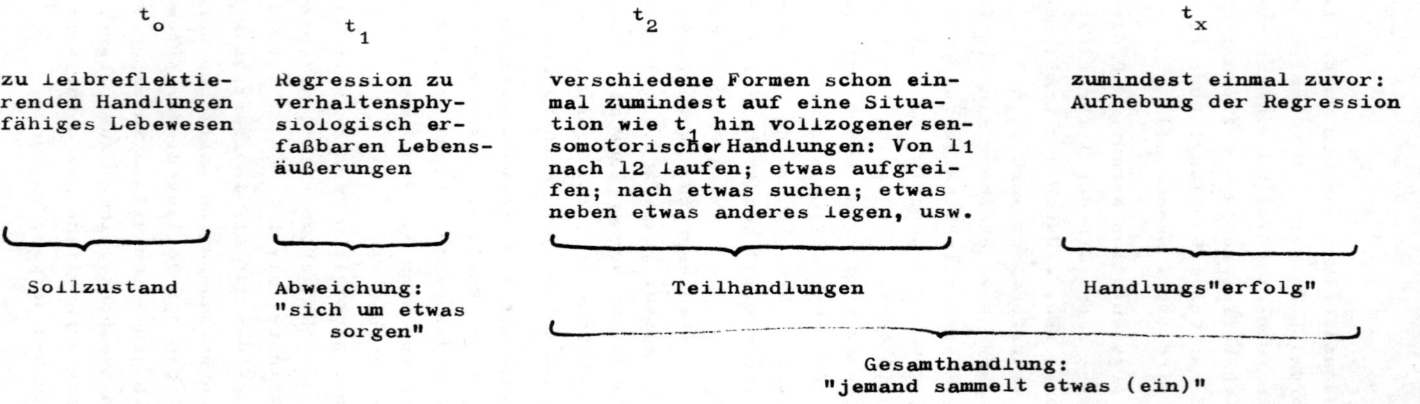
t_o
zu leibreflektierenden Handlungen fähiges Lebewesen
Sollzustand
t_1
Regression zu verhaltensphysiologisch erfaßbaren Lebensäußerungen
Abweichung: "sich um etwas sorgen"
t_2
verschiedene Formen schon einmal zumindest auf eine Situation wie t_1 hin vollzogener sensomotorischer Handlungen: Von 11 nach 12 laufen; etwas aufgreifen; nach etwas suchen; etwas neben etwas anderes legen, usw.
Teilhandlungen
t_x
zumindest einmal zuvor: Aufhebung der Regression
Handlungs"erfolg"
Gesamthandlung: "jemand sammelt etwas (ein)"

Fassen wir den Stand unserer bisherigen Überlegungen kurz zusammen, bevor wir einen Schritt weitergehen: Syntaktisch gesehen lassen sich zwei Arten begrifflicher Erklärungen unterscheiden: Diejenigen, die eine propositionale Ergänzung verlangen, und die, die lediglich dreistellig sind. Darüberhinaus mag man begriffliche Erklärungen danach gruppieren, ob sich mit ihrer Hilfe Relationen zwischen Ausdrücken erörtern lassen, die entweder nach dem Schema von Allgemeinem und Besonderem, oder nach dem Schema eines Ganzen und seiner Teile zueinander stehen. Zwischen beiden Unterscheidungen, so die hier vertretene Auffassung, gibt es gewisse Beziehungen: Dreistellige Erklärungen scheinen sich, wenn sie nicht zirkulär werden sollen, nur nach dem Allgemeines-Besonderes-Modell strukturieren zu lassen; propositionale Erklärungen hingegen müssen sich am Modell von Ganzes-Teil-Beziehungen orientieren.

Aus diesen Zusammenhängen, so nun die weitergehende These, folgt, daß nur Erklärungen zur Etablierung von Ganzes-Teil-Beziehungen methodischen Ansprüchen genügen können (ohne daß dies freilich zum völligen Verzicht auf Erklärungen des anderen Typs innerhalb philosophisch-begrifflicher Überlegungen führen dürfte): Die im Explanandum einer begrifflichen Erklärung formulierte Eigenheit eines bestimmten Sprachgebrauchs kann nämlich gerade aus dem allgemeinen Prinzip bestehen, welches die Kriterien für die eventuelle Umwandlung von zunächst nur partikulären Elementen in Teile eines Ganzen artikuliert. Der Grund dafür liegt, kurz gesagt, darin, daß mit einem solchen Prinzip auch ein bestimmtes Merkmal des üblichen und sinnvollen Gebrauchs des Konzepts einer philosophisch-begrifflichen Erklärung angegeben werden kann, ein Merkmal also, welches allgemeine Eigenheiten der Methode philosophischer Debatten betrifft.

Es soll gewiß nicht bestritten werden, daß diese Überlegungen zahlreiche hier noch ungeklärte Detailprobleme aufwerfen. Insbesondere mag man versucht sein, zumindest in diesem allgemeinen Rahmen (wenn schon nicht innerhalb des Vollzugs einer einzelnen begrifflichen Erklärung) zirkuläre Argumentationsbedingungen zu vermuten. Ich halte diesen Einwand nicht für berechtigt, möchte hier jedoch nicht weiter auf ihn eingehen, da ich ihn bereits an anderer Stelle etwas ausführlicher behandelt habe[1]. Das an dieser Stelle relevante spezielle Verhältnis zwischen "methodologischen" und "inhaltlichen" philosophischen Ausführungen, das dem hier verfolgten Ansatz zugrunde liegt, führt jedoch zu einem auffallenden Gegensatz zu Überlegungen, wie sie von Vertretern des Philosophischen Konstruktivismus vorgetragen worden sind. Zu diesem Gegensatz möchte ich abschließend noch ein paar kurze Bemerkungen machen.

Zu (d): Der Philosophische Konstruktivismus zählt, neben dem späten WITTGENSTEIN, zu den wenigen Vertretern der heutigen Wissenschafts- und Erkenntnistheorie, welche ebenfalls das "Synthesen" zwischen Begriffen stiftende Moment in der Tätigkeit des untersuchenden Subjekts sehen, statt es objektivistisch mißzuverstehen. Der Anspruch von Vertretern dieser Richtung, einem "nicht-deduktiven Begründungsbegriff" zu folgen[2], ist ein deutliches Indiz dafür. Insofern gibt es deutliche Parallelen zu dem hier befolgten Ansatz. Gleichwohl unterscheiden sich beide in einem wichtigen Punkt. Er betrifft vor allem die Beziehung zwischen den "Vorüberlegungen", dem "Anfang" eines solchen Unternehmens, und seiner Durchführung.

Konstruktivistische Arbeiten sind seit DINGLER mit einem radikalen Hintergehbarkeitsanspruch aufgetreten[3]: Da, so die These, zu befürchten ist, daß bei allen Präliminarien eines philosophischen Unternehmens Annahmen und Zielvorschläge auftauchen können, die problematisch sein mögen, könnten hier Begründungs- und Rechtfertigungsverpflichtungen entstehen, die besser erst zum Gegenstand der eigentlichen Untersuchung gerechnet werden. Es empfehle sich daher, allenfalls eine kontingente Beziehung zwischen Vorüberlegungen und Arbeitsdurchführung zuzulassen: Erstere mögen dazu dienen, zur Beteiligung am Vorhaben zu "motivieren", "im Prinzip" müsse man aber auf sie verzichten können[4].

---

1) Vgl. ROS, Einige Bemerkungen ...
2) Vgl. z.B. KUNO LORENZ (1972), KAMBARTEL (1976).
3) Vgl. KUNO LORENZ u. J.MITTELSTRASS (1967)
4) Vgl. DINGLER (1955, zit. 1969, S.59f., S.1oof.); LORENZEN und SCHWEMMER (1973, Einleitung).

Diese Auffassung steht m.E. indes mit der Absicht der meisten konstruktivistischen Autoren im Widerspruch, "methodisch", "schrittweise prüfbar" vorzugehen. Wenn dem nämlich so sein soll, müssen eventuelle Verletzungen mindestens der drei üblichen Standards rationaler Rede: Der empirischen Triftigkeit, der logischen Unbedenklichkeit und der normativen Rechtfertigbarkeit, beim Vollzug einzelner Schritte als solche erkannt und korrigiert werden können. Es ist aber nicht zu sehen, wie dies geschehen können soll, ohne sich nicht zuvor über die Art und "Rationalität" eben dieser Standards und ihre Bedeutung für die anschließenden Einzelüberlegungen geeinigt zu haben - was eine nicht mehr kontingente Beziehung zwischen "methodologischem" Vorspann und "inhaltlicher" Durchführung sowie eine andere Konzeption der Lösung des Problems des Anfangs erzwingt.

KUNO LORENZ (1977) hat daraus in neueren Untersuchungen den radikalen Schluß gezogen, auf methodische Ansprüche bei den einzelnen Untersuchungen zu verzichten. Es ist m.E. aber bisher noch nicht sichtbar, wie diese Bemühungen sich dann, nimmt man sie beim Wort, noch von einer blinden Wiederholung der bisherigen begrifflichen Evolution unterscheiden können sollen.

Im Gegensatz zu diesen Auffassungen also wird hier von einer anderen Beziehung zwischen "Methodologie" der Philosophie und "Einzelüberlegungen" ausgegangen: Den "Beginn" stellt der Versuch dar, ganz im Sinne der weiter oben (Kap.1) angedeuteten Überlegungen, auffallende Merkmale des Begriffs zu sammeln, der nach der jeweils vertretenen Ansicht am geeignetsten ist, philosophische Argumentationen ihrer genaueren Art nach zu bezeichnen. Und die "inhaltlichen" Einzeluntersuchungen der Philosophie werden als Schritte auf dem Wege konzipiert, diese sprachlichen Sachverhalte als sinnvoll zu erklären: "Methodologische Vorüberlegungen" werden mithin als Thesen aufgefaßt, an denen man sich beim Vollzug der anschließenden "sachlichen" Argumentation orientieren sollte, um dieser einen methodischen Charakter zu garantieren. Gelingt es auf diesem Wege, die Merkmale des Begriffs als sinnvoll nachzuweisen, der zur Bezeichnung und Orientierung der Methode des gesamten Vorgehens gewählt wurde, so ist damit ein positives Testergebnis erreicht. Gelingt dies nicht, so nötigt dies dazu, die anfänglichen begrifflichen Vermutungen zu revidieren; im Extremfall mag das sogar dazu führen, daß nicht nur die anfängliche Interpretation des Begriffs des eigenen Vorgehens geändert, sondern sogar dieser Begriff gegen einen anderen ausgetauscht werden muß.

Die "Anfangsüberlegungen" stellen also, wenn man so will, hypothetische Formulierungen des Selbstverständnisses unseres eigenen Tuns dar. Die anschließenden Untersuchungen bemühen sich, sich an den mit diesen Formulierungen gegebenen Leitlinien methodischen Vorgehens zu halten. Gelingt dies, und ist auf diesem Wege eine Bestätigung des vorgeschossenen Selbstverständnisses möglich, so dürfen die gesamten Überlegungen den Anspruch erheben, konsistent zu sein. –

Wie jede "Hypothese", so sind auch die hier gemeinten nicht als aus dem Nichts entstanden zu denken. Da ihr Erfolg im Vorhinein ja nicht absehbar ist, bedürfen sie zunächst eines Plausibilitätsnachweises - was in diesem Fall durch die kritische Rekapitulation anderer philosophischer Unternehmen, die ähnlich allgemein formulierte Geltungsansprüche stellen, und den Nachweis der sich bei ihnen eventuell stellenden Aporien, geschehen müßte. Eine solche Rekapitulation wird in dem im Moment Vorgetragenen indes als bereits geleistet unterstellt. Die in diesem Kapitel skizzierten Gedanken sollten daran nur noch einmal erinnern.

Ich möchte damit also die methodologischen Vorüberlegungen abschließen. Treffen die angedeuteten Vermutungen über den Status des hier Unternommenen zu, so müssen sich die folgenden Überlegungen sowohl als Verdeutlichungen wie auch als Teile des Legitimierungsversuchs des bisher Gesagten verstehen lassen - man möge sie also auch unter diesem Aspekt prüfen.

2. Einige allgemeine Merkmale des Begriffs sprachlichen Handelns und des Begriffs eines Handlungsobjekts

Ich möchte im Folgenden - aus später noch deutlich werdenden Gründen - den Begriff sprachlichen Handelns so weit fassen, daß darunter nicht nur Aktivitäten fallen, in denen jemand Sätze bzw. Wörter verwendet, sondern in denen ganz allgemein Zeichen auftreten. Bereits diesem, recht allgemeinen Begriff ist im Laufe der bisherigen Diskussionen eine Vielzahl von wichtigen Merkmalen zugesprochen worden. Unter ihnen sind für den hier interessierenden Fragenzusammenhang vor allem drei bedeutsam, wobei sich einer dieser drei in ebenfalls drei Unteraspekte aufgliedern läßt. Jedes dieser Merkmale bezieht sich auf einen anderen Aspekt des Gesamtzusammenhangs, den wir z.B. mit einem Ausdruck wie "jemand gibt jemandem zu verstehen, daß ..." bezeichnen; sie schließen sich also nicht notwendig aus, sondern können einander ergänzen. So soll unter anderem gelten:

1. Relativ zu den beim Reden verwendeten Zeichen: Wenn es dazu kommt, daß zwei oder mehr Individuen sich mit Hilfe von Zeichen i.w.S. verständigen, so bedeuten diese Zeichen innerhalb gewisser Grenzen für Sprecher wie Angesprochenen dasselbe. Für sprachliche Handlungen, so die These, ist die _intersubjektiv_ (wenn auch vielleicht nur "gebrochen") _geteilte Identität der Bedeutungen der_ jeweils verwendeten Symbole charakteristisch.

2. Relativ zum redenden Subjekt: Wer spricht, der stellt einem potentiellen Anderen gegenüber dar, was er glaubt, beabsichtigt, empfindet, usw.; und das schließt in einem gewissen Sinne ein, daß er weiß bzw. glaubt, daß er eine bestimmte Überzeugung, Absicht, Empfindung usw. hat: Sprachliches Handeln enthält, so wird von manchen behauptet, einen _Selbstreflexivitäts-Bezug_ auf seiten des Sprechers. Unterliegt der Sprecher bei dieser Beziehung auf sich selbst zudem keiner Täuschung, so dokumentiert er auf diese Weise seine _Ich-Identität_.

3. Relativ zu dem, worüber geredet wird: Reden können beinhält u.a., einem Anderen und sich selbst gegenüber

einen Sachverhalt darstellen - einem Gegenstand etwas zusprechen - zu können, der von der jeweiligen Sprechsituation raum-zeitlich entfernt sein mag: Sprechen impliziert die Möglichkeit zur Vergegenwärtigung, zur "Repräsentation", von situationsfernen Sachverhalten bzw. Gegenständen.

Dieses letzte Merkmal läßt sich, wie bereits angedeutet, in mehrere Unteraspekte aufteilen. Ein geeignetes Unterscheidungskriterium dafür ist, ob man die "Repräsentationsfunktion der Sprache" daraufhin betrachtet, was sie für ein mögliches Wissen, eine mögliche Absicht oder eine mögliche Empfindung des Sprechers gegenüber dem Repräsentierten bedeutet. So soll unter anderem gelten:

3.1 Kognitiv gesehen: Den Sachverhalt, den ein Sprecher zu artikulieren versucht, mag er auf höchst vielfältige Weise erfahren haben, ohne daß es deswegen für ihn notwendig ausgeschlossen wäre, ihn mit Hilfe eines einzigen Zeichenkomplexes darzustellen: Der ausgedrückte Sachverhalt besitzt für den Sprecher (wie den eventuell Angesprochenen) eine Identität ("Konstanz"), die sich auch unter wechselnden Erfahrungen durchhalten kann.

3.2 Intentional gesehen: Sprechen können heißt, in seiner Redeaktivität nicht durch die jeweiligen Gegenstände der Rede, als wären es auf den Sprecher einwirkende "Ursachen", bestimmt werden: Wer zu sprechen vermag, der besitzt zumindest in einem gewissen Ausmaß Freiheit des Willens gegenüber den durch Ursachen bestimmten Reaktionszyklen seiner äußeren wie inneren Natur.

3.3 Expressiv gesehen: Die Distanz von der inneren wie äußeren Natur, die mit der Redefähigkeit begrifflich verknüpft zu sein scheint, ist expressiv bezogen ambivalent: Einzelnes und Allgemeines, Nähe und Ferne sind für ein sprachfähiges Subjekt in seinen Äußerungen getrennt und können nur in besonderen Augenblicken als miteinander verschränkt erfahren werden.

Das ist in einer Hinsicht ein Gewinn - kann die äußere Natur doch bedrohlich und die innere qualvoll sein. Es ist aber auch, insofern jene ebenso ein lockendes und diese ein lustvoll-spontanes Moment enthält, tendenziell ein Verlust. Dieser Verlust wird günstigenfalls ausgeglichen durch jene Augenblicke der "Nähe einer Ferne" (BENJAMIN), die sich nach innen gewendet im Empfinden von Glück und nach außen bezogen in der Wahrnehmung von Schönheit zeigen. In ungünstigen Fällen führt jener Verlust allerdings zur Entfremdung.

Auffälligerweise nun finden sich unter den Bestimmungen, die in der bisherigen Tradition dem Begriff eines Objekts möglicher Handlungen bzw. möglicher Erfahrungen zugeschrieben wurden, deutliche Parallelen zu den soeben aufgezählten, häufig angeführten Merkmalen des Begriffs sprachlichen Handelns. So sind zum Beispiel immer wieder folgende Auffassungen vertreten worden:

Verglichen mit 1.: Innerhalb gewisser Einschränkungen erfahren Menschen Objekte auf dieselbe Weise, bzw. können zumindest dieselben Erfahrungen über Objekte machen, genauso, wie die Handlungen des Umgehens mit diesen Objekten weitgehend dieselben sind bzw. in Übereinstimmung miteinander gebracht werden können: Menschen befinden sich gegenüber Objekten in einer zumindest zum Teil realen, zum Teil potentiellen "Gegenstandsgemeinschaft".

Verglichen mit 2.: Menschen besitzen die Fähigkeit, ihre Wahrnehmungen bzw. Aktivitäten gegenüber Objekten zu überprüfen und aufeinander abzustimmen: Sie sind in der Lage, ihre eigene Rolle gegenüber Objekten - auch gegenüber sich selbst als einem Objekt - selbstreflexiv kontrollieren zu können und vermögen so, ihre Ich-Identität auch in wechselnden Handlungsumständen zu bewahren.

Verglichen mit 3.: Objekte lassen sich - durch "Vorstellen" und "Denken" - in einen weitgefaßten Planungs- und Organisationszusammenhang einfügen, dessen Konstruktion unabhängig davon ist, ob die betreffenden Gegenstände innerhalb der Planungssituation raum-zeitlich anwesend sind oder nicht: Mit Objekten "umgehen" können heißt u. a., sie sich auch als situationsferne Gegenstände vergegenwärtigen können.

Wiederum läßt sich dieser dritte Aspekt in drei Untermomente gliedern. So wird beispielsweise häufig behauptet:

Verglichen mit 3.1: "Objekte" besitzen für ein Subjekt eine gewisse "Konstanz", sie behalten ihre Identität, auch wenn man ihnen gegenüber höchst verschiedene Handlungen ausführt, sie unter stark variierenden Bedingungen wahrnimmt, usw.

Verglichen mit 3.2: Zu unserem Objektbegriff gehört es, daß er nicht bedeutungsgleich ist mit dem einer "Ursache". Wer gegenüber einem Objekt handelt, der steht diesem Gegenstand "gegenüber", ist mit ihm "konfrontiert", ja, vermag ihn innerhalb gewisser Grenzen je nach seinem Willen zu "manipulieren", und wird in seinen Aktivitäten nicht etwa umgekehrt durch das Objekt bestimmt.

Verglichen mit 3.3: Der Unterschied zwischen einem "Handlungsobjekt" für ein Subjekt und einer "Ursache" für das Eintreten einer bestimmten Aktivität bringt eine empfindungsmäßige Entfernung jenes Subjekts von seiner äußeren Natur wie auch von sich selbst als einem Teil der Natur mit sich, welche die gleichen Doppeldeutigkeiten besitzt, wie sie oben, unter Bezug auf Gegenstände möglicher Rede, notiert wurden: "Objekte" verlieren als solche tendenziell ihren möglichen furcht-, aber auch ihren lusteinflößenden Charakter, und der Umgang mit ihnen kann stattdessen, in günstigen Augenblicken, beglückend und vom Empfinden von Schönheit geprägt sein, so wie er aber auch ein entfremdetes Verhältnis zwischen Handelndem und Handlungsgegenstand erkennen lassen mag.

Ich möchte es bei dieser Gegenüberstellung, die beileibe nicht erschöpfend ist, vorerst belassen; auch so werden in den folgenden Überlegungen nicht alle diese Punkte mit der an sich erforderlichen Intensität behandelt werden können. Wir werden uns vor allem auf das in (3.1) und (3.2) Erwähnte konzentrieren und nur gelegentlich einen Seitenblick auf die anderen Aspekte werfen. -

Gesetzt den Fall, man stimme vorerst mit dieser "Phänomenologie" des Sprachhandlungsbegriffs und des Begriffs eines Handlungs- bzw. Erfahrungsobjekts überein - dann fragt es sich, wie diese Charakteristika, und insbesondere natürlich die auffallende Parallele zwischen ihnen, (legitimierend) erklärt werden können. Sind die Merkmale, die für das Konzept eines Handlungsobjekts aufgezählt wurden, allein unter Bezug auf den sinnvollen Gebrauch von nicht-sprachlichen Handlungsbegriffen, bzw. entsprechenden psychologischen Ausdrücken, verständlich zu machen? Dann wäre die Etikettentheorie der Sprache im Recht. Oder lassen unsere Konzepte nicht-sprachlichen Handelns (bzw. Wahrnehmens, Wissens usw.) sich so nicht interpretieren, bedarf es des Rückgriffs auf Ausdrücke sprachlicher Aktivitäten, um einsichtig machen zu können, warum es zu unserem Begriff eines Subjekts gehört, daß es sich in der geschilderten Weise gegenüber Objekten verhalten kann? Dann träfe die Konstitutionstheorie der Sprache zu.

Ganz unbeschadet dessen freilich, zu welcher Entscheidung man hier gelangen mag, stellt sich für beide Positionen gemeinsam noch ein anderes Problem. Man vergesse nicht, daß jene Merkmalsangaben zunächst bloße Thesen darstellen, denen man bereits von vornherein jegliche Plausibilität absprechen kann. Manche Vertreter reduktionistischer Ansätze beispielsweise verfahren so. Für sie ist, um nur einen Punkt zu nennen, der mit (3.2) angedeutete Unterschied zwischen "Ursachen" und "Redegegenständen" bzw. "Handlungsobjekten" äußerst problematisch und sollte besser, unter alleiniger Beibehaltung des ersten Vergleichsgliedes, aufgegeben werden. Sowohl Vertreter der Etikettentheorie wie der Konstitutionstheorie müssen daher, ganz abgesehen von ihren speziellen Beweispflichten, zeigen können, daß eine Gegenüberstellung wie die eben erwähnte zu Recht erfolgt: Sie müssen "erklären" können, auf welchem sinnvollen Wege man Begriffe zur Artikulation von "Natur"geschehen - in denen "Ursachen" und "Wirkungen" miteinander verkettet sind -, mit Begriffen zur Unterscheidung von sprachlichen Handlungen bzw. nicht-sprachlichen Handlungen und psychischen Geschehen so miteinander in einen Zusammenhang bringen kann, daß sich in der Tat der von ihnen behauptete Unterschied ergibt.

Auch der hier vertretenen Auffassung nach sind reduktionistische Ansätze nicht im Recht. Ich möchte daher im Folgenden einige Argumente umreißen, die m.E. gegen diese Positionen sprechen. Diese Argumente unterscheiden sich freilich in zweierlei Hinsicht von den üblicherweise in diesem Zusammenhang vorgetragenen Überlegungen.

In einem Großteil der bisherigen Auseinandersetzungen hat man es als selbstverständlich unterstellt, daß unsere Begriffe für Naturgeschehen - einschließlich allerdings von Begriffen für biologisch und verhaltensphysiologisch erfaßbaren Aktivitäten - unmittelbar Begriffen sprachlichen Handelns bzw. objektbezogenen Handelns gegenüber gestellt werden sollten. Die wohl prononcierteste Ausnahme davon stellen die Arbeiten PIAGETS dar, der Naturbegriffe und Begriffe für objektbezogene Handlungen durch Konzepte sensomotorischen Handelns miteinander zu vermitteln versucht[1]. Ich halte diesen Weg für richtig, und möchte im Folgenden versuchen, einige Gründe dafür vorzutragen (Kap.3). Allerdings werde ich dabei relativ frei von einer direkten Aufnahme PIAGETSCHER Überlegungen vorgehen, da die Untersuchungen dieses Autors, trotz ihrer sonstigen Vorzüge, aus oben bereits angedeuteten Gründen eine Reihe von komplizierten wissenschaftstheoretischen Problemen aufwerfen, so daß eine unmittelbare Auseinandersetzung mit ihnen nur im Rahmen einer speziellen Monographie sinnvoll wäre.

Damit ist der erste Punkt erwähnt. Der zweite betrifft einen methodologischen Aspekt. Ein wichtiges Mittel, reduktionistischen Vorstellungen entgegenzutreten, besteht zwar in der Tat darin, zu zeigen, wie man von Konzepten "elementareren" Typs, auf die diese Positionen sich beschränken möchten, übergehen kann zu Konzepten "komplexeren"Typs. Dieser Weg wird in den folgenden Kapiteln, wie gesagt, etwas ausführlicher zu skizzieren versucht werden. Aber ein solches Vorgehen reicht für die angestrebte "Widerlegung" noch nicht aus. Reduktionistische Auffassungen enthalten nämlich zumindest potentiell auch ein normatives Moment - wer sich ihnen anschließt, und wem

---

1) Zahlreiche für diese Differenzierung wesentlichen Einzelgesichtspunkte finden sich freilich bereits bei G.H.MEAD (1934; 1938) sowie in der gesamten Tradition des amerikanischen Pragmatismus; außerdem, was den deutschsprachigen Bereich betrifft, in den durch Überlegungen zur Philosophischen Anthropologie motivierten Untersuchungen zur Etholo-

zunächst gezeigt wurde, daß es das von ihm geleugnete Verfahren zur Rekonstruktion komplexerer Begriffe durchaus gibt, der mag sich nämlich immer noch darauf berufen, daß man das, was man vielleicht tun kann, aus bestimmten Gründen nicht tun sollte. Und um dieser Auffassung zu begegnen, bedarf es eines anderen Arguments als des zuvor erwähnten. Ich möchte auch darauf, wenn auch erst an späterer Stelle, kurz eingehen (Kap. 4.3.2). Im übrigen führt eine genauere Beschäftigung mit der "Logik" sensomotorischer Handlungsbegriffe und ihrer Vermittlungsrolle zwischen "Natur" und "Sprache" bzw. "objektbezogenem Handeln" m.E. nicht nur zu Argumenten gegen reduktionistische Auffassungen. Sie hat auch bestimmte Konsequenzen für die Auflösung unseres Hauptproblems: Die Entscheidung zwischen Etiketten- und Konstitutionstheorie der Sprache. Mit den anschließenden Kapiteln lassen sich daher, wie ich hoffe, zwei Ziele zugleich verfolgen.

(Forts.Anm.S.48)
logie bei UEXKÜLL (1920; 1940), UEXKÜLL und KRISZAT (1934), V.V.WEIZSÄCKER (1940), u.a. In die weitere Betrachtung einzubeziehen wären auch die neueren Versuche mehrerer Autoren, die Grundbegriffe der Psychoanalyse interaktionistisch umzuinterpretieren.
Ich werde im Folgenden aber, mit der Ausnahme von MEAD, davon absehen müssen, diesen Querbeziehungen nachzugehen, und mich überwiegend auf die Befunde beziehen, die im Rahmen der Analytischen Philosophie erarbeitet worden sind.

3. Begriffe sensomotorischer Handlungen als Zwischenstufe zwischen Begriffen für Naturgeschehen und Begriffen sprachlichen Handelns

Einer der Gründe, die dafür sprechen, zwischen den Bereich von Naturbegriffen i.w.S. und den von Sprachbegriffen noch einen dritten, eben den der sensomotorischen Handlungsbegriffe, zu schieben, betrifft den faktischen Sprachgebrauch: Es ließe sich m.E., entgegen dem meist vertretenen Selbstverständnis, durchaus zeigen, daß man der begrifflichen Praxis in einem großen Teil sowohl der Human- wie der Tierpsychologie einfach nicht gerecht wird, wenn man die dort verwendeten Grundbegriffe z.B. mit denen der Verhaltensphysiologie gleichsetzt. Ich möchte mich hier jedoch auf ein Argument anderen Typs stützen, ein Argument, das mit den Identitätskriterien für Gegenstände der "Natur" zu tun hat.

Für dieses Argument läßt sich eine zusätzliche Stütze gewinnen, wenn man dem Gang der begrifflichen Rekonstruktion etwas vorgreift. Es scheint sich nämlich nachweisen zu lassen, daß gerade durch den Rückgriff auf sensomotorische Handlungsbegriffe, mit den für sie kennzeichnenden Identitätskriterien, die These von der <u>gebrochenen</u> Intersubjektivität der Bedeutung von sprachlichen Zeichen (vgl. oben, Kap.2, Punkt 1) legitimierbar wird. Ich möchte auch diesen Punkt hier aber nur erwähnen, um den folgenden Überlegungen, die zunächst für sich selbst stehen müssen, eine gewisse zusätzliche Plausibilität zu verleihen.

Aufgrund welcher Kriterien ließe sich die These verteidigen, ein bestimmtes, soeben gesehenes Lebewesen der Natur sei "dasselbe" bzw. "ein anderes" als das zuvor gesehene?

Zunächst würde man sich gewiß auf Merkmale stützen, die eine <u>Art</u> Lebewesen von einer anderen abzugrenzen erlauben: Gehören die beiden gesehenen Tiere nicht zur selben Art, so erübrigt sich weiteres Fragen nach ihrer Identität. Gesetzt aber den Fall, es lägen in dieser Hinsicht keine Unterschiede vor: Worauf würden wir uns dann stützen? - Allem Anschein nach auf Kriterien wie die äußere oder innere Form, die Farbe, das Gewicht usw., wobei wir bei eventuellen Differenzen zwischen dem zu einem Zeitpunkt und dem zu einem anderen Zeitpunkt gesehenen Tier vielleicht noch unser derzeitiges Wissen von kausal möglichen Veränderungen in den genannten Aspekten heranziehen würden. Eigentümlicherweise scheinen wir ein Kriterium allerdings nicht zu verwenden: Das der Art von Verhalten, welches jenes Tier zeigt.

Das ist kaum ein Zufall. Es ist damit nur ein anderer Aspekt des bekannten Umstands berührt, daß man im Rahmen der Verhaltensphysiologie, wenn es darum zu tun ist, eine bestimmte Aktualisierung eines Verhaltensschemas zu erklären, streng genommen nicht ein dem jeweiligen Individuum, dem "Phänotyp" zuzurechnendes Verhaltensschema in seinem Vollzug erklärt, sondern eines, das dem jeweiligen "Genpool", dem "Genotyp" zugeschrieben werden müßte (vgl. z.B. die Zusammenfassung bei LENNEBERG, 1967, Kap.I).

Verhaltensschemata, im Gegensatz zu Körpermerkmalen, scheinen also keine möglichen Kriterien für die Abgrenzung der Einzelidentität von Gegenständen der Natur zu liefern. (Das hier für Gegenstände der belebten Natur Gesagte wird sich ohne Schwierigkeiten sinngemäß auf Gegenstände der unbelebten Natur übertragen lassen).

Interessanterweise ändert sich dies zunächst auch dann nicht, wenn man es mit lernfähigen Lebewesen zu tun hat. Man mag zwar zunächst geneigt sein, das Gegenteil anzunehmen. Schließlich macht es das Kennzeichen erlernten Verhaltens aus, aus einem Schema zu bestehen, das in der je-einzelnen Lebensgeschichte des jeweiligen Lebewesens erworben wurde - im Gegensatz zu durch Mutation bewirkten Lebensänderungen, die sich jeweils auf einen (durchsetzungsfähigen oder -unfähigen) Genotyp beziehen[1]. Aber es gibt doch einen recht gravierenden Umstand,

1) Faßt man die logischen Beziehungen zwischen den Begriffen "ererbten" und "erlernten" Verhaltens nach dem Muster von Allgemeines-Besonderes-Beziehungen auf, so ergeben sich recht dornige begriffliche Aporien:
Soll der eine der beiden Begriffe als Genus-Begriff verwendet werden, so kommt sicherlich nur der erstere in Frage. Wenn das aber zugestanden ist, und der Begriff "erlernten" Verhaltens dieser Klasse zugeschlagen werden soll, ergeben sich mindestens zwei, miteinander zusammenhängende, Schwierigkeiten: Es ist unklar, welches die spezifizierenden

der gegen diese Überlegung spricht.

Basis auch für das Entstehen erlernter Verhaltensweisen sind chemische Veränderungen innerhalb des Nervensystems. Wenn das aber so ist, so spricht im Prinzip nichts dagegen, die derart modifizierten Substanzen z.B. des Rückenmarks dem jeweiligen Tier zu entnehmen, um sie einem anderen Tier einzupflanzen, in der logisch durchaus zulässigen Annahme, dieses werde, bei einer wesentlich anderen Lebensgeschichte als ersteres, sich unmehr zumindest zum Teil so verhalten wie das Tier, das über erlerntes Verhaltensrepertoir verfügte. Bekanntlich sind einige in diese Richtung weisenden Experimente - die gemessen an humanspezifischen Identitätskriterien gewiß recht makaber anmuten - in der Tat bereits unternommen worden.

Es soll gewiß nicht behauptet werden, daß derartige Experimente in genau dem Sinne, in dem dies angedeutet wurde, schon heute "erfolgreich" technisch durchführbar wären. Das ist für un-

---

(Forts.Anm.S.51)
Merkmale sein mögen, die den zweiten Begriff als Besonderheit des ersten usweisen. Und durch die Subsumtion gelingt es nicht mehr, dem sprachlichen Sachverhalt gerecht zu werden, daß "ererbt" und "erlernt" gemeinhin als konträre Prädikatoren verwendet werden.
Man könnte, um letzterem Umstand Rechnung zu tragen, zwar versuchen, beide Begriffe nicht als allgemeiner und spezieller, sondern als Spezifizierungen eines weiteren, noch nicht genannten dritten Begriffs aufzuführen. Aber das bringt seinerseits zwei Probleme mit sich: Man weiß nicht recht, welches Genus sich dazu eignen soll. Und man wird auf diese Weise dem Umstand nicht gerecht, daß "ererbt" gemeinhin als Begriff aufgefaßt wird, der - wenn auch meist nur in einem recht vagen Sinne - eine gewisse Priorität gegenüber "erlernt" besitzt.
Diese Schwierigkeiten nun fallen m.E. fort, wenn man beide Begriffe einander nach dem Muster einer Teil-Ganzes-Beziehung gegenüberstellt: Der Begriff "ererbten" Verhaltens ist logisch primär; zwischen einzelnen Schemata ererbten Verhaltens mögen sich Beziehungen herstellen lassen, die a) dem jeweiligen Individuum ebenfalls erblich mitgegeben sind, und als Beziehungen zwischen Teilen erst durch einen Rückblick auf Variationen in der Gattungsgeschichte identifizierbar werden; oder die b) genetisch nicht fixiert sind und von Individuum zu Individuum, je nach Lebensgeschichte, variieren. Letzteres darf dann als "erlernt" bezeichnet werden. Wird diese Konzeptualisierung übernommen, so bereitet es m.E. auch keine Schwierigkeiten mehr, die Beziehung zwischen den Begriffen biologischer Reifung und Lernen zu erklären.

sere Überlegungen aber auch nicht entscheidend. Es genügt, sich bewußt zu machen, daß derartige Versuche nicht bereits aus begrifflichen Gründen scheitern müssen, und daß aus ihnen weitere begriffliche Einsichten gewinnbar sind: Trotz der anfänglichen Vermutung, so wird man aus solchen Exempeln ja schließen müssen, ist es auch bei erlernten Verhaltensschemata möglich, diese potentiell mehreren Individuen und nicht nur einem einzigen Phänotyp zuzuschreiben. Auch erlernte Verhaltensschemata lassen sich nicht, zumindest nicht ohne weiteres, als Merkmal für die Abgrenzung eines einzelnen Individuums heranziehen.

Für diesen Sachverhalt gibt es allerdings eine Ausnahme, und es ist eben diese Ausnahme, die uns zu den Begriffen sensomotorischer Handlungen führt. Sie liegt dort vor, wo es zu erlernten Verhaltensweisen kommt, mit denen das jeweilige Lebewesen sich auf die eine oder andere Art auf sich selbst, d.h. auf sich, das einen bestimmten Körper darstellt, bezieht.

Der Grund dafür wird sogleich offenkundig, wenn man sich nur nochmals vor Augen führt, daß es gerade die Körpermerkmale - Form, Farbe, Gewicht usw. - sind, die es uns bisher erlaubt haben, ein Lebewesen als ein einzelnes von anderen zu unterscheiden. Denn in dem Moment, in dem das jeweilige erlernte Verhaltensschema sich auf diesen Körper - in einem im einzelnen freilich selbstverständlich noch genauer zu bestimmenden Sinne-"bezieht", <u>treten die individuierenden Merkmale dieses Körpers ja in jenes Verhaltensschema mit ein</u>. Ein anderes Lebewesen, dem die Substanz, welche die chemische Grundlage für dieses Verhalten ist, eingespritzt würde, könnte mit ihr, metaphorisch gesprochen, gar nichts anfangen, da es ja einen Körper mit anderen je-individuellen Kennzeichen darstellt.

Angesichts der Bedeutung, die Identitätskriterien für unser gesamtes Weltverständnis besitzen, scheint diese begriffliche Eigentümlichkeit es wert zu sein, eigens noch sprachlich hervorgehoben zu werden: Eben indem man von dem Moment an, in dem man es mit erlerntem "propriozeptiven" Verhalten zu tun hat, von (sensomotorischen) Handlungen spricht. Artgeschichtlich gesehen, so darf man dann sagen, wird von dem Augenblick an die Stufe einfacher Handlungsfähigkeiten erreicht, wo der Umgang mit dem eigenen Körper genetisch nur noch durch einen bestimmten Bestand von Verhaltensteilen fixiert ist, deren Kombination (de facto natürlich nicht "absolut" sondern nur graduell) individuell offen ist.

Im einfachsten dieser Fälle möchte ich im Folgenden von "leibgebundenen Handlungen" sprechen, und zu ihnen Beispiele rechnen wie "den rechten Arm heben", "das Bein strecken", "die Augen aufschlagen" usw. Um derartige Aktivitäten vollziehen zu können, bedarf es ja propriozeptiver "Geschehen", die z.B. ein dem jeweiligen individuellen Gewicht, der Länge, der Lage usw. des Arms entsprechendes Einsetzen von Kraft "regulieren", usw.

3.1 Begriffe sensomotorischen Handelns: Allgemeine Merkmale; Klassifikationsvorschlag

Mit dem Bereich sensomotorischer Handlungsbegriffe stehen also Unterscheidungen für Lebewesen zur Verfügung, deren individuelle Identitätsmerkmale über körperliche Charakteristika hinaus auch Schemata von Lebensäußerungen i.w.S. einschließen. Dieser Umstand dürfte in einem - zur Zeit freilich nur vage angebbaren - Zusammenhang mit eventuellen Antworten auf die Frage stehen, "was" das eigentlich "ist", dem man ein solches Handlungsprädikat zuschreibt.

Fragen vergleichbarer Art sind bereits auf der Ebene von Naturbegriffen, bei dem Stand unseres heutigen Selbstverständnisses, nicht auf zufriedenstellende Weise zu beantworten. Man mag zwar dazu neigen, zu sagen, man beziehe sich z.B. mit der Zuschreibung eines bestimmten Verhaltensprädikats auf einen "Körper", der variierende "Aktivitäten" gegenüber seiner Umwelt zeigt, und verfahre dabei grundsätzlich ähnlich wie dann, wenn man vom "Verhalten" eines Gases oder einer Billardkugel spricht. Aber derartige Redeweisen sind ersichtlich viel zu grob.

Man betrachte nur den - allerdings zugestandenermaßen besonders schwierigen - Fall erlernter Verhaltensweisen: Es wäre völlig unzureichend, den "Träger" eines solchen Verhaltens in demselben Sinne in einem räumlich situierbaren Gegenstand zu sehen, wie dies im Fall einer rollenden Billardkugel noch angehen mag. Vielleicht hat es noch einen legitimen Sinn, davon zu sprechen, daß man bestimmte biochemische Prozesse, die bei jedem Verhalten i.w.S. eine Rolle spielen, räumlich eingrenzen könne; nimmt man die obigen Überlegungen zum Begriff erlernten Verhaltens Ernst, so reicht das aber keineswegs hin, um unseren Gebrauch dieses Ausdrucks zu verstehen: Offensichtlich muß man bedenken, daß diese räumlich situierbaren Geschehen darüber hinaus auch noch als wiederkehrende Momente betrachtet werden müssen, also auch durch zeitliche Merkmale gekennzeichnet sind, usw. usw.

Um wieviel komplexere räumlich-zeitliche Konstellationen aber wird man heranziehen müssen, um den Begriff selbstbezüglichen erlernten Verhaltens - den Begriff leibgebundener sensomotorischer Handlungen - in seiner Logik durchschauen zu können! - Immerhin mag durch die bisher skizzierten Überlegungen jedoch ein Weg angedeutet sein, den man zur Klärung der hier auftretenden Fragen beschreiten könnte. Es scheint nämlich zumindest nicht ausgeschlossen, unter genauer expliziertem Rückgriff auf die hier einsetzende Art von Selbstreflexivität drei der eigentümlichsten Merkmale des üblichen Handlungsbegriffs erklären zu können:

- Daß Handlungsprädikate gemeinhin einem "Subjekt" zugeschrieben werden, und dieses "Subjekt" nicht als ein etwas betrachtet wird, das ein Körper ist, sondern das einen Körper - terminologisch spezifiziert: Einen "Leib" - hat[1].
- Daß Handlungssubjekte in der Regel in einem strengeren Sinne als "Individuen", als "Unteilbare", aufgefaßt werden, als dies bei Gegenständen der Natur der Fall ist.
- Und daß Handlungssubjekte in ihren Aktivitäten nicht oder nicht in dem vollen Sinne mehr durch externe Kausalfaktoren bestimmt sind, wie dies auf Naturgegenstände zutrifft. Jemand der handelt, so ist man geneigt zu sagen, von dem gilt, qua Logik des Handlungsbegriffs, daß er seine Aktivitäten in irgendeinem Sinn "selbst hervorbringt" - anders beispielsweise als eine infolge externer Anstöße reagierende einzelne Zelle oder gar eine Billardkugel.

Es würde zu weit von den hier verfolgten Fragen fortführen, wollte man sich mit diesem Problemkomplex an dieser Stelle ausführlicher befassen. Ein mit ihm zusammenhängender Punkt jedoch ist des genaueren Festhaltens wert: Wenn mit diesen Andeutungen in der Tat ein akzeptabler Weg zum Verständnis einiger Eigenheiten unseres Begriffs eines Subjekts sensomotorischer Handlungen angedeutet ist, so scheint sich auch eine

---

1) PLESSNER (1928) hat diesen Umstand bekanntlich, unter dem Titel der "exzentrischen Positionalität" des Menschen, zu einem Kernpunkt seiner Anthropologie gemacht.

bestimmte Möglichkeit zu eröffnen, den Übergang von Begriffen kausal bestimmter Geschehen zu Begriffen objektbezogenen Handelns zu klären. Denn was liegt vor, wenn ein "Subjekt", welches zu leibgebundenen Handlungen wie "den rechten Arm heben", "die Beine bewegen" usw. fähig ist, als ein solches mit Gegenständen seiner Umwelt umzugehen beginnt? Gewiß kommt es weiterhin dazu, daß diese Gegenstände gegenüber einem solchen Lebewesen ihre kausalen Wirkungen zeitigen - aber diese Wirkungen schlagen sich allein auf das an dem betreffenden Subjekt nieder, was das Moment Natur an ihm ist, d.h. auf seinen Körper. Beim Vollzug einer sensomotorischen Handlung machen diese Geschehen nur einen Teil des hoch-komplexen, zum Beispiel historische Momente einschließenden Ereigniszusammenhangs aus, innerhalb dessen solcherart kausal bestimmte Körperteile auch Gegenstand von anderen Aktivitäten "desselben" Individuums sind: Das Individuum "spaltet" sich gewissermaßen in ein "Aktivitätszentrum" selbstbezogenen Verhaltens und ein "Körperzentrum", und als eine solche Doppelheit - und nicht als eines der beiden Zentren allein - tritt es ebenfalls in Kontakt mit seiner Umwelt.

Dieser "Kontakt" ist dann aber ersichtlich ein anderer als der, der auf der weniger komplexen Ebene auftritt: Er ist ja gewissermaßen "vermittelt" durch den je-individuellen Umgang des betreffenden Lebewesens mit seinem eigenen Leib. Es ist nun dieser Umstand, der es anscheinend erlaubt, davon zu sprechen, daß sich von dieser Stufe an ein "Außen" und ein "Innen" für ein solches Lebewesen zu differenzieren beginnen - was zugleich besagt, daß ein solches Lebewesen seine Umwelt "in Konfrontation" zu sich selbst wahrzunehmen beginnt. Und eben das hatten wir oben als ein auffallendes Merkmal des üblichen Begriffs eines Individuums notiert, welches einem "Objekt" gegenüber handelt (vgl.Kap.2, Punkt 3.2).

Abgesehen von den Arbeiten PLESSNERS, auf die soeben schon hingewiesen wurde, finden sich vor allem in G.H.MEADS Analysen des Wahrnehmungsbegriffs wichtige Vorüberlegungen zu dieser "Exzentrizität" handlungsfähiger Individuen. MEAD betont zum Beispiel drei der wichtigsten Elemente auch des hier vorgeschlagenen Handlungsbegriffs: Die naturhafte Einwirkung von "Reizen" auf den Körper, die Interpretation der "Handlungen" des Individuums als eine "Reaktion" auf den solcherart stimulierten naturhaften Anteil des Subjekts (und nicht unmittelbar auf den externen Reiz), und die einzelbiographische Vermittlung dieser "Reaktion":

> "All perception involves an immediate sensuous stimulation and an attitude toward this stimulation, which is that of the reaction of the individual to the stimulation. This reaction, in so far as the perception does not go out into instantaneous overt activity, appears in consciousness only as an attitude, but as such it is the first stage in the complete response or group of responses which the stimulation in question calls out. Furthermore, there accompanies this attitude of the response some imagery which is taken from past experiences in which the responses have been carried out, leading to the final experiences to which such a stimulation naturally leads. That is, a perception as such involves not only an attitude of response to the stimulation but also the imagery of the result of the response. A perception has in it, therefore, all the elements of an act - the stimulation, the response represented by the attitude, and the ultimate experience which follows upon the reaction, represented by the imagery arising out of past reactions." (MEAD, 1938, S.3)

Von diesen Überlegungen hier wird auch MEADS Bestimmung eines Handlungsobjekts verständlich:

> "(...) nothing can be an object in experience unless action is directed toward it, and nothing is an object without the self or organism being also an object, so that the presence of an object involves not only action with reference to this object but also action directed toward the self or organism." (MEAD, 1938, S.160)

Leider haben diese Überlegungen MEAD jedoch nicht dazu geführt, die nur unter Bezug auf natürliche Abläufe sinnvolle Rede von "stimulus" und "response" in solchen Zusammenhängen aufzugeben. Ich komme darauf an späterer Stelle noch zurück.

Natürlich reicht ein Fall, in dem eine einzelne <u>leibgebundene</u> sensomotorische Handlung vollzogen wird, noch nicht aus, um auch schon von erkennbaren Ansätzen zu einer objektbezogenen Handlung sprechen zu können: Für diese Handlungen gelten ja zwei Merkmale, die bei leibbezogenen Aktivitäten in dem im Augenblick gemeinten Sinne noch nicht gegeben sind: Sie besitzen den erwähnten Außenbezug, und sie bestehen aus Verschränkungen von "Teilhandlungen".

Man kann sich das bereits an einem so "einfachen" Handlungskonzept wie "jemand betastet etwas (mit der Hand)" verdeutlichen: Die Zuschreibung eines solchen Konzepts wäre nur legitim, wenn mit der so bezeichneten Gesamthandlung zugleich eine Reihe von leibgebundenen Aktivitäten - "die Hand öffnen", "die Finger spreizen", "einen Finger hin und her bewegen" u. v.a.m. - als deren Teile aktualisiert werden, und wenn sich in den sensorischen Verhaltensweisen des Individuums eine gewisse Orientierung an etwas ihm Außeren nachweisen läßt.[1])

Beide Forderungen sind durchaus zu erfüllen, und zwar in engem Zusammenhang mit der Auflösung eines weiteren Problems. Wir haben uns bereits in den einleitenden methodologischen Bemerkungen (vgl. Kap. 1.1) zu vergegenwärtigen versucht, welche systematischen Schwierigkeiten es bereitet, mit methodisch kontrollierbarem Anspruch festzustellen, ob man in einem gegebenen Fall davon sprechen soll, daß zwei (oder mehr) Geschehen G1 und G2 als isolierte, für sich zu betrachtende Geschehen ablaufen, oder daß sie als Teile eines umfassenden Ereigniszusammenhangs auftreten. Wir haben dort auch schon auf das Mittel hingewiesen, welches von systemtheoretisch-funktionalistischen Ansätzen zur Behebung solcher Schwierigkeiten vorgeschlagen worden ist: Man möge ermitteln, ob sich in dem gerade betrachteten Fall davon sprechen läßt, daß <u>vor</u> der Realisierung der beobachteten Geschehen ein bestimmtes "System" von seinem "Sollzustand" abgewichen ist, und jene Geschehen als Fall regelmäßig unternommener "Versuche" zur Behebung jener Abweichung interpretiert werden können.

Ich möchte vorschlagen, auch in dem im Moment interessierenden Kontext so zu verfahren (wenn auch mit den oben angedeuteten Veränderungen gegenüber dem üblichen Selbstverständnis von Vertretern funktionalistischer Positionen). Das "System", mit dem wir es hier zu tun haben, ist ein zu leibgebundenen Handlungen fähiges Individuum. Mit dieser Kennzeichnung ist zugleich angedeutet, was den "Sollzustand", das "Gleichgewicht" dieses Systems ausmacht: Eben die Fähigkeit, statt bloßes ethologisch erfaßbares Verhalten zu zeigen, auf die angedeute-

---

1) Die begriffliche Erklärung für den Übergang zu diesem Konzept muß natürlich u.a. auch verständlich machen können, wie es dazu kommt, daß ein Handlungsprädikator wie "jemand betastet etwas" selbst dann zu Recht angewendet werden kann, wenn für uns, die wir den Ausdruck jemandem zuschreiben, dieses "etwas" in der betreffenden Situation nicht existiert, das Subjekt also einer "Täuschung" erliegt.

te Weise "selbstreflexiv" zu agieren und in diesem Sinne eine Handlung zu vollziehen. "Abweichungen" von diesem Zustand treten mithin immer dort auf, wo ein an sich handlungsfähiges Individuum auf eine Stufe zurückzufallen droht, auf der es ein bloßes Verhalten i.e.S. vollzieht.

Nehmen wir an, eine solche Abweichung werde durch ein Geschehen verursacht, welches dem betreffenden Individuum äußerlich ist und von ihm - auf verhaltensphysiologisch beschreibbare Weise - wahrgenommen worden ist[1]. Nehmen wir des weiteren an, dem Individuum sei aber (vorerst) noch ein gewisser Rest von Handlungsfähigkeiten verblieben, und es vollziehe die eine oder andere Handlung, deren Realisierung zumindest einmal bereits zur Folge hatte, daß die Abweichungen verursachende Kraft jener Wahrnehmung i.w.S. aufgehoben wird. Dann bietet es sich anscheinend an, solche Konstellationen von Ereignissen, die infolge eines gewissen Überschusses des "Tuns" gegenüber dem "Erleiden"[2] zustandekommen, als neuartige Handlungszusammenhänge zu bezeichnen, die eine eigene begriffliche Hervorhebung verdienen - in diesem Fall, indem man von i.w.S. "gegenstandsgerichteten" Handlungen spricht.

Geht man zunächst von einem Individuum aus, welches lediglich leibgebundene Handlungen zu vollziehen vermag, so mögen sich auf diesem Wege zwar nur Begriffe von gegenstandsgerichteten Handlungen verständlich machen lassen, welche noch relativ elementar sind. Aber selbstverständlich lassen sich diese Konzepte dann als begriffliche Grundlage verwenden, um Konstellationen neuen Typs <u>selbstbezüglicher</u> Handlungen unterscheiden zu können, die dann ihrerseits als Basis für den Übergang zu komplexeren gegenstandsgerichteten Handlungsbegriffen dienen mögen, usw. Insgesamt ergibt sich m.E., wenn man auf diese Weise verfährt, folgendes Schema von Klassen sensomotorischer

---

1) Man beachte, daß die Rede von "Verursachung" und "Wahrnehmung" sich hier in der Tat noch nicht auf die Ebene des Vollzugs der jeweiligen <u>Handlung</u> bezieht, sondern auf die verhaltensphysiologische Ebene.

2) STRICH (1961, Teil IV) hat versucht, die Wahrnehmung von Objekten als Resultat des Zusammenspiels jener traditionell unterschiedenen Bereiche verständlich zu machen. Allerdings müssen seine Untersuchungen, um für die heutige Diskussion fruchtbar sein zu können, erst aus dem Zusammenhang mit der Erlebnisphilosophie DILTHEYS, in dem sie bei STRICH stehen, gelöst und in begrifflich bezogene Argumentationen übersetzt werden.

Handlungsbegriffe:

selbstbezogene sensomotorische Handlungen	gegenstandsgerichtete s-m. Handlungen	(Entstehungen)
leibgebundene Handlungen	gegenstandsgebundene Handlungen	Lernen I
leibbezogene Handlungen	gegenstandsbezogene Handlungen	Lernen II
leibreflektierende Handlungen	gegenstandsreflektierende Handlungen	Lernen III

Zur Klasse der leibgebundenen Handlungen zählen Handlungen wie die bereits erwähnten: Jemand hebt den rechten Arm, beugt seine Knie, schlägt die Augen auf, usw.

Zu der der gegenstandsgebundenen Handlungen: Jemand betastet etwas, befühlt etwas, streichelt etwas, schaut etwas an, hört etwas an, beriecht etwas, usw.

Zu der der leibbezogenen Handlungen: Jemand richtet sich auf, wendet sich auf die rechte Seite, hält sich gerade, usw.

Zu der der gegenstandsbezogenen Handlungen: Jemand sucht nach etwas, legt etwas neben etwas anderes, greift nach etwas, steckt etwas mit etwas zusammen, ahmt etwas nach I, usw.

Zu der der leibreflektierenden Handlungen: Jemand läuft, geht, sitzt, steht, usw.

Zu der der gegenstandsreflektierenden Handlungen: Jemand sammelt etwas (ein), stellt etwas her, hebt etwas (z.B. einen Graben) aus, richtet etwas (z.B. eine Lagerstelle) ein, ahmt etwas nach II, usw.

Die dritte Spalte von Begriffen, die hier unter dem Titel "Entstehungen" subsumiert ist, faßt keine Handlungsbegriffe i.e.S. zusammen, sondern Begriffe, mit denen sich jeweils ein Konnex zwischen sich in ihrer Artidentität verändernden Individuen artikulieren läßt. Ich führe sie hier nur der Vollständigkeit auf, um auf die Beziehung dieses Klassifikationsvorschlags mit den weiter oben vorgetragenen Überlegungen zum Unterschied zwischen Veränderungs- und Entstehungserklärungen aufmerksam zu machen: Mit den angedeuteten verschiedenen Lernbegriffen lassen sich nämlich verschiedene Arten von Evolutions"schritten" bezeichnen, während die zweite Spalte, die Spalte der gegenstandsgerichteten Handlungen also, verschiedene Arten von "Veränderungen" zusammenfaßt.

3.2 Sensomotorische psychologische Prädikatoren: Übersicht. Kognitions- und Intentionsbegriffe

Bereits in Kap. 1.1, Punkt c, wurde auf die Möglichkeit hingewiesen, an einem einmal bereits in seiner Bedeutung erklärten Begriff einer sensomotorischen Handlung Einzelaspekte zu unterscheiden und durch spezielle Ausdrücke terminologisch herauszuheben. Dabei ist es wichtig, im Auge zu behalten, daß die solcherart erklärten Begriffe als Ausdrücke zweiter Stufe, als "Metabegriffe" behandelt werden. Im Gegensatz zur Explikation des Gebrauchs des betreffenden Handlungsbegriffs ist es bei der Erklärung ihrer Bedeutung also nicht erforderlich, einen bestimmten Zusammenhang zwischen verschiedenen Geschehen i.w.S. allererst zu "konstituieren" - das ist jeweils schon geschehen.

Darauf hingewiesen wurde auch bereits, daß sich auf diese Weise insbesondere der Gebrauch bestimmter Klassen von psychologischen Ausdrücken erklären zu lassen scheint[1]. Ich gebe im Folgenden zunächst einen Vorschlag an, wie man diese Ausdrücke, im Zusammenhang mit der bereits vorgetragenen Klassifizierung sensomotorischer Handlungsbegriffe, vielleicht gruppieren könnte:

selbstbezogene sensomotorische Handlungen	Klassifizierungsaspekt: energetisch	strukturell
leibgebundene Handlungen	Lust/Unlust empfinden am Vollzug von ...	kinästhetische Sensationen
leibbezogene Handlungen	"	kinästhetische Perzeptionen
leibreflektierende Handlungen	"	kinästhetische Kognitionen

Und unter Bezug auf Begriffe für gegenstandsgerichtete sensomotorische Handlungen, unter Einrechnung von Ausdrücken für den jeweiligen "Abweichungszustand", ergibt sich:

1) Was selbstverständlich nicht ausschließt, bereits früher schon, z.B. unter Bezug auf verhaltensphysiologisch erfaßbare Geschehen, von "Wahrnehmungen" usw. zu sprechen. Man muß nur beachten, daß es sich dabei um Ausdrücke durchaus verschiedener Bedeutungen handelt, deren Differenz sich u.a. in der unterschiedlichen "kategorialen" Interpretation der Subjektvariablen zeigt, mit der die Ausdrücke jeweils kombiniert werden.

gegenstandsgerichtete sensomot.Handlungen	Abweichungen	Klassifizierungsaspekt: energetisch	strukturell
gegenstandsgebundene H.	Bedürfnisregungen (Hunger, Durst, nach Wärme, Kontakt, usw.)	Lust/Unlust empfinden zum/gegenüber dem Vollzug von ...	Sensationen (optischer, taktiler, akustischer usw. Art)
gegenstandsbezogene H.	Affekte (Wut, Angst, Neugier, Freude usw.)	Intentionen I	Perzeptionen (sehen, hören, riechen, daß ...)
gegenstandsreflektierende Handlgg.	Gemütsbewegungen (Liebe, Haß, Zorn, Sorge, Furcht, Trauer usw.)	Intentionen II (wollen, beabsichtigen usw., daß ...)	Kognitionen (glauben, wissen usw., daß ...)

Es sei nochmals betont, daß die Rede von "Abweichungen" sich hier erklärt unter Bezug auf einen "Einbruch" stammesgeschichtlich alter, dem jeweiligen Individuum ererbter Verhaltensschemata in Aktivitätsbereiche, die an sich vom Individuum bereits durch Handlungsvollzüge abgedeckt werden könnten. Untersuchungen, die in diese Richtung weisen - freilich meist ohne weitere Überlegungen zur Abgrenzung sensomotorischer Handlungen von sprachlichen bzw. sprachlich vermittelten anzustellen - sind bekanntlich, nach den Vorarbeiten DARWINS, insbesondere innerhalb der Ethologie (V.HOLST, KONRAD LORENZ, LEYHAUSEN, EIBL-EIBESFELDT, MORRIS) und Zweigen der Psychiatrie (BILZ) unternommen worden. Ich möchte darauf hier indes nicht weiter eingehen, sondern mich etwas genauer mit der Explikation sensomotorischer Intentions- und Kognitionsprädikatoren als "Metabegriffen" zu dem der gegenstandsreflektierenden Handlungen befassen. Diese Überlegungen mögen zugleich als Beispiel für das generell hier gemeinte Verfahren der Explikation sensomotorischer psychologischer Ausdrücke betrachtet werden.

Aus dem umgangssprachlichen Gebrauch ist bekannt, daß Intentions- und Kognitionsausdrücke eng miteinander zusammenhängen. In der Analytischen Philosophie ist daher häufig die aporetische These vertreten worden, daß ihre Bedeutung sich nur wechselseitig explizieren lasse, d.h. jeweils nur unter Gebrauch des gerade nicht in Rede stehenden zweiten Ausdrucks (vgl. z.B. BENNETT, 1976, S.48ff.). Man kann sich die für diese These grundlegende Überlegung mit Hilfe eines Beispiels verdeutlichen.

Nehmen wir an, wir beobachteten ein Lebewesen A - z.B. ein Eichhörnchen oder auch einen Primaten -, das ein paar Nüsse gefunden hat. Es hantiere mit diesen Nüssen herum, greife schließlich nach einem Stein, schlage mit diesem auf die Nüsse ein, bis sie sich öffnen, und verspeise dann ihren Inhalt. Derartige Aktivitäten mögen in einem Zusammenhang miteinander stehen; sie mögen aber auch bloß zufällig von A gerade zu diesem Zeitpunkt und in dieser Reihenfolge vollzogen worden sein. Um beide Fälle unterscheiden zu können, müßten wir ein geeignetes Kriterium anwenden können. In der Regel würden wir zu diesem Zweck auf sensomotorische Intentions- bzw. Kognitionsbegriffe rekurrieren. Wir würden also z.B. sagen, A's Handlungen seien deswegen als nicht-zufällig anzusehen, weil A geglaubt oder gewußt habe, daß sich die Nüsse würden öffnen lassen, wenn man auf sie einschlägt.

Nun fragt sich freilich, woran sich erkennen läßt, daß A eben dies geglaubt bzw. gewußt hat, und die häufig darauf zu findende Antwort ist: Man könne dies daran sehen, daß A zu jenem Zeitpunkt die Nüsse habe öffnen wollen, und gerade dann auch die entsprechenden Mittelhandlungen vollzogen habe. Fragt man allerdings weiter, an welchem Kriterium sich bemißt, daß A die Nüsse habe öffnen wollen, so mag der Antwortende versucht sein, darauf hinzuweisen, daß A in jener Situation gerade jene Mittelhandlungen vollzogen habe, die geeignet sind, die Nüsse zu öffnen. Bei dieser Auskunft ist dann allerdings der Begriff der Mittelhandlung problematisch. Es genügt nämlich nicht, daß A eine Handlung vollzieht, die schlechthin ein geeignetes Mitteil zum Nüsse-Öffnen ist. Denn wenn das der Fall wäre, dürfte A sich niemals irren können, er müßte in jedem Fall also die geeignetste Handlung zum Erreichen eines bestimmten Zwecks vollziehen - was in starkem Gegensatz zu unserem üblichen und ansonsten doch sinnvoll scheinenden Verständnis solcher Handlungen steht (vgl. BENNETT, ebd.). Um das nun zu vermeiden, mag man sagen wollen, daß A geglaubt habe, daß sich die Nüsse würden öffnen lassen, wenn er ... usw. - womit man beim Ausgangspunkt der Überlegungen wieder angelangt wäre.

In Wirklichkeit ist ein solcher Zirkel freilich durchaus vermeidbar - vorausgesetzt nur, man erliegt nicht der für analytische Überlegungen i.e.S. kennzeichnenden Verwechslung zwischen Sachverhalten, die ins Explanandum einer begrifflichen Erklärung, und Sachverhalten, die ins Explanans gehören. Das, was der Explikation bedürftig ist, ist nämlich gerade die Wechselbeziehung, die zwischen dem umgangssprachlichen Gebrauch von Intentions- und Kognitionsprädikatoren besteht. In von vornherein als nicht mehr auflösbar erkennbare Aporien hingegen gerät man, wenn man versucht, sich dieser Wechselbeziehung zu bedienen, um einen der beiden Ausdrücke in seinem Gebrauch zu erklären.

Die folgenden Überlegungen mögen zeigen, wie diese Schwierigkeit vermieden werden kann. Ich verwende dafür ein Beispiel aus dem Bereich der gegenstandsreflektierenden sensomotorischen Handlungen. Die generelle Struktur des Begriffs dieser Handlungsart wurde bereits oben (Kap.1.1, vgl. Schema II) kurz angesprochen. Die dort vorgetragenen Überlegungen haben hoffentlich plausibel machen können, daß es in der Tat logisch möglich ist, die Bedeutung eines solchen Begriffs zu erklären, ohne auf Intentions- und Kognitionsausdrücke in dem im Moment gemeinten Sinn zurückzugreifen. Natürlich wird es sich bei einer genaueren Durchführung eines solchen Unternehmens empfehlen, andere psychologische Ausdrücke einfacheren Typs zu verwenden; aber das ist ja unproblematisch, weil diese ihrerseits unter bezug auf einfachere Handlungsbegriffe erklärt werden können.

Nehmen wir also an, wir wüßten, daß ein bestimmtes Subjekt A zu gegenstandsreflektierenden sensomotorischen Handlungen, wie z.B. "etwas (ein)sammeln", fähig ist. Gesetzt des weiteren, wir stießen bei unseren Beobachtungen der Lebensäußerungen dieses Subjekts erneut auf eine Situation, in der sich an ihm eine Abweichung im weiter oben skizzierten Sinne feststellen läßt, eine Abweichung, die uns davon zu sprechen erlaubt, A "sorge sich um etwas", - z.B. um seine zukünftige Nahrung, um einen Unterschlupf für den kommenden Winter, für zu erwartenden Nachwuchs, usw. Zudem, so stellen wir fest, beginne es, Handlungen zu vollziehen, die zwar, zu diesem Zeitpunkt der Beobachtung, noch nicht ausreichen, um davon sprechen zu können, daß dieses Subjekt hier etwas sammle; die für uns, die Beobachter, aber für dieses Individuum so typische (Anfangs-)teile einer solchen Gesamthandlung zu sein scheinen, daß wir den Wunsch haben, sowohl die Abweichung wie auch diese einzelnen (z.B. leibreflektierenden, gegenstandsbezogenen usw.) Handlungen bereits jetzt als Teile eines - zur Gänze freilich erst zu erwartenden - Zusammenhangs herauszustellen: Dann scheint sich ein Ausdruck wie "A will (bzw. möchte, hat die Absicht, usw.) etwas (z.B. Nüsse, Früchte, Laub, Holz usw.) einsammeln" o.ä. ja anzubieten.

Hier ist von einem Kognitionsbegriff nicht die Rede gewesen. Machen wir also die Gegenprobe, ob sich dieser Ausdruck auf vergleichbare Weise, aber ebenfalls unabhängig von seinem Komplementärbegriff, explizieren läßt.

Nehmen wir über das bisher Gesagte hinaus an, daß wir an einem derartigen zu gegenstandsreflektierenden Handlungen fähigen Individuum festgestellt hätten, es habe bestimmte Wahrnehmungen gemacht. Die Kriterien für derartige Zuschreibungen, so sei hier vorausgesetzt, seien bereits im Zusammenhang mit den Begriffen für gegenstands_bezogene_ Handlungen expliziert, die hier hinzutretende Fähigkeit zum Vollzug von gegenstands_reflektierenden_ Handlungen bringe es allerdings mit sich, daß die für jene einfachere Stufe zeitlich recht enge Verschränkung zwischen der Wahrnehmung von etwas und dem affektgeleiteten Handlungsvollzug im Anschluß daran gedehnt ist. Dieser Wandel im energetischen Aspekt einer Handlungsart ist wichtig; ich kann darauf hier jedoch nicht im Detail eingehen. Später hier noch vorzutragende Überlegungen zur Abschwächung unmittelbar sich äußernder Intentionen bei sprachlich vermittelten Handlungen mögen zumindest die Richtung andeuten, in der dieses Detail begrifflich verstanden werden sollte.

Auch hier mögen wir das Verlangen haben, einen Zusammenhang zwischen solchen Perzeptionen und dem späteren Vollzug bestimmter Teilhandlungen nach Eintreten des einen oder anderen "Desäquilibriums" begrifflich noch eigens hervorzuheben - und dazu nun scheint sich ein Ausdruck wie "A glaubt, weiß usw., daß p (z.B.: A glaubt, weiß, usw., daß es im Ort l zum Zeitpunkt t Nüsse gibt)" anzubieten.

Zwei Klassen von psychologischen Begriffen also, von Metabegriffen, mit denen bestimmte Aspekte des Begriffs gegenstandsreflektierender Handlungen bezeichnet werden können. Beide besitzen, darauf ist mehrfach im Verlauf der bisherigen Diskussionen zur Logik dieser Begriffe hingewiesen worden (freilich ohne diese Eigentümlichkeiten erklären zu können), eine spezielle temporale Struktur der Verschränkung von Vergangenheit, Gegenwart und Zukunft, die sich gerade aus den mit ihnen artikulierbaren Teilmomenten einer Gesamthandlung und der Position dessen, der einen solchen Ausdruck jemandem zuschreibt, ergibt. Ich führe diese Struktur kurz an, weil sie für unsere späteren Überlegungen noch einige Bedeutung haben wird.

Eine im Präsens stehende Zuschreibung eines Ausdrucks der ersten Klasse von Begriffen, der der <u>Intentionsbegriffe</u>, impliziert, daß das jeweilige Individuum, relativ zu seiner Zeitstelle gesehen,

- in der Vergangenheit bereits der Art nach zumindest annäherungsweise gleiche gegenstandsreflektierende Gesamthandlungen vollzogen hat, wie die hier "intendierte"; daß es
- in der Gegenwart eine Abweichung von seinem "Äquilibrium" sowie den einen oder anderen Beginn zu einer Teilhandlung für jene gegenstandsreflektierende Handlung zeigt; und daß es
- in der Zukunft, sofern dem nicht von ihm unbeeinflußbare Hindernisse im Weg stehen, jene Handlung vollenden wird.

Eine im Präsens stehende Zuschreibung eines Ausdrucks der zweiten Klasse, der der <u>Kognitionsbegriffe</u>, impliziert, daß das jeweilige Individuum, relativ zu seiner Zeitstelle gesehen,

- in der Vergangenheit etwas bestimmtes wahrgenommen hat, und daß es
- in der Zukunft, wenn es sich zum Vollzug der einen oder anderen gegenstandsreflektierenden Gesamthandlung anschicken sollte, dazu gegebenenfalls eine oder mehrere Teilhandlung(en) vollziehen wird, deren Aktualisierung gerade im Licht des in der Vergangenheit Wahrgenommenen für die Abweichungsbehebung günstig zu sein scheint.

Derartige Ausdrücke sind, wie man sieht, u.a. geeignet, einen nicht-informierten Beobachter eines bestimmten Individuums in die Lage zu versetzen, dessen augenblicklich sichtbaren Zustand i.w.S. in einen größeren Geschehniszusammenhang einzubetten: Mit Hilfe eines Intentionsbegriffs läßt sich z.B. eine Beziehung herstellen zwischen den im Moment zu konstatierenden Handlungen usw. und einem bestimmten u.U. zu erwartenden Handlungsresultat; und mit Hilfe eines Kognitionsbegriffs läßt sich z.B. eine Beziehung herstellen zwischen einem bestimmten Individuum und den von ihm unter bestimmten Umständen zu erwartenden Teilhandlungen einer Gesamthandlung, die es im Begriff sein mag zu vollziehen.

Dieser Sachverhalt liefert im übrigen zugleich einen Hinweis auf den weiteren Grund der vorhin notierten Aporie analytischer Überlegungen: Wenn man die Bedeutung von Intentions- bzw. Kognitionsbegriffen unter bezug auf Handlungsabläufe erklären möchte, benötigt man ein Moment, welches den Zusammenhang zwischen den zur Erklärung herangezogenen Geschehen i.w.S. stiftet. Da analytische Ansätze prinzipiell so verfahren, daß sie begriffliche Zusammenhänge als bereits konstituiert unterstellen, und sie nicht erst dem Bemühen des Erklärungen vollziehenden Philosophen zuschreiben (vgl. oben,Kap.1.1, Punkt b), wird auch hier das Synthesen bewirkende Moment auf der Ebene der Gegenstände der Untersuchung vermutet - was notwendig zu Zirkeln führt.

Denn so wird zum einen etwas gebraucht, was den Zusammenhang zwischen einem bestimmten Handlungsresultat und einer aus der Vielzahl der dem Individuum praktisch möglichen und von ihm faktisch vollzogenen Mittelhandlungen bewirkt, wozu man den Kognitionsbegriff heranzieht. Und zum anderen wird etwas Analoges benötigt, um eine nicht-kontingente Beziehung zwischen einer bestimmten Handlung und einem Handlungsergebnis, aus der Vielzahl der vom Individuum im Prinzip praktisch erreichbaren und hier faktisch erreichbaren Handlungsresultate, herstellen zu können, weswegen man den Intentionsbegriff heranzieht. In beiden Fällen aber wird nicht hinreichend bedacht, daß bereits der Rückgriff auf ein zu solchen Intentionen bzw. Kognitionen fähiges Subjekt an dieser Stelle auf einen Zirkel

hinausläuft, einfach weil sich der Begriff eines solchen Subjekts seinerseits nur unter Bezug auf ensprechende Handlungskompetenzen wird verstehen lassen.

3.3 "Subjekt"identität bei Begriffen sensomotorischen Handelns. Sensomotorische Handlungen und "Objekt"konstitution.

Sensomotorische Handlungsbegriffe besitzen, so der Ausgangspunkt unserer bisherigen Überlegungen, gegenüber Verhaltensbegriffen i.e.S. eine Besonderheit: Sie bezeichnen Schemata von Lebensäußerungen, welche als Schemata Momente enthalten, die es gestatten, das Lebewesen, dem sie zugesprochen werden, als ein von anderen unterschiedenes Individuum zu sehen. Dieser Umstand ist, um es zu wiederholen, das entscheidende Motiv für den hier vorgetragenen Vorschlag, sensomotorische Handlungsbegriffe als vermittelnde Instanz zwischen Naturbegriffe und Sprachbegriffe einzusetzen. Da mit dem Übergang zu sensomotorischen Handlungsbegriffen zudem, im Einklang mit einigen traditionellen Bestimmungen des Subjektbegriffs, ein Grund gegeben zu sein scheint, um hier zum ersten mal von "Subjekten" zu reden, ist es plausibel, davon auszugehen, daß die Kriterien für die Einzel-Identität eines solchen "Subjekts" gerade von seinen Handlungskompetenzen abhängen.

Freilich hat man es, folgt man dieser Überlegung, dann auf der Ebene sensomotorischer Handlungen noch mit recht rudimentären Formen von "Subjekten", mit "Prä-Subjekten", wie ich hier sagen möchte, zu tun. Zwar beginnt hier z.B. bereits die für den üblichen Subjektbegriff kennzeichnende Trennung zwischen einem Körper, einem "Leib", und dem Subjekt, das diesen Körper "besitzt", sich abzuzeichnen. Aber andere, ebenfalls wesentliche Charakteristika fehlen noch völlig.

Ein besonders deutliches "Defizit" dieser Art von "Subjekten" zeigt sich in einer gewissen "Asymmetrie", einer "fehlenden Balance" zwischen ihrer Körperidentität und ihrer Subjektidentität, zwischen "Natur" und "Individuum". Zu den Eigentümlichkeiten sensomotorischer Handlungsbegriffe gehört es nämlich offensichtlich, daß die jeweiligen Individuen einen einzigen, mit verhaltensphysiologischen Grundbegriffen abgrenzbaren Leib besitzen, daß sich diesem Leib aber in der Regel zahlreiche verschiedene Handlungs"subjekte" werden zurechnen lassen. Der Grund dafür liegt darin, daß es für den Bezug der einzelnen Handlungskompetenzen untereinander, die einem solchen Leib zuschreibbar sind - und damit auch für den der einzelnen

"Prä-Subjekte" untereinander - keine systematisch brauchbaren Kriterien gibt.

Nun gilt diese Eigentümlichkeit in ihrer radikalsten Form freilich nur für die elementarste Stufe sensomotorischer Handlungen, die der leibgebundenen Handlungen. Sobald sich die Begriffe dieser Aktivitäten als Begriffe für Teilhandlungen einer Gesamthandlung auffassenlassen - also zunächst als Teil-Begriffe für den einer gegenstandsgebundenen Handlung - bestehen ja durchaus Verschränkungen zwischen einzelnen Handlungskompetenzen, Verschränkungen, für die als nicht-kontingentes, Einheit stiftendes Kriterium der Bezug auf das Eintreten eines Desäquilibriums zur Verfügung steht. Gleichwohl fehlt es dann aber noch an einem Zusammenhang zwischen den Fähigkeiten zum Vollzug der jeweiligen Arten von Gesamthandlungen.

Selbst diese Beobachtung muß freilich noch etwas abgeschwächt werden. Auch wenn es empirisch nicht die Regel sein dürfte, so ist es logisch gesehen doch nicht ausgeschlossen, daß es auch auf der Ebene der jeweiligen Gesamthandlungen zu "Koordinationen" und insofern zu einem einheitlichen Subjekt kommt. Man kann sich das am Beispiel selbst der komplexesten sensomotorischen Handlungen, der gegenstandsreflektierenden, verdeutlichen: Handlungen wie "Nüsse sammeln", "eine Grube ausheben", "Laub zusammentragen" usw. mögen ja ihrerseits noch "unter bezug" auf eine bestimmte Abweichung hin vollzogen werden, so daß sich hier von einer Gesamthandlung höheren Grads, z.B. "einen Vorratskeller anlegen", o.ä., sprechen läßt. Ja, es scheint sogar der extreme Fall zumindest begrifflich nicht ausgeschlossen zu sein, in dem alle Handlungen eines Individuums als Teilhandlungen einer einzigen Gesamthandlung auftreten. In einer solchen Situation läge also eine Symmetrie zwischen Körperidentität und "Subjekt"identität vor.

Allerdings - und das nun ist eine Grenze, die innerhalb der Logik sensomotorischer Begriffe in der Tat nicht überschreitbar ist - stellt diese Symmetrie sich immer nur kontingent, ohne das Zutun des jeweiligen Handlungssubjekts, ein. Wenn es hier zu Koordinationen von Gesamthandlungen kommt, so geschieht das, infolge der Logik dieser Handlungsbegriffe, ohne

Wissen und Wollen des jeweiligen Handlungs"subjekts", durch Ereignissequenzen, für die die Regeln naturkausaler Beziehungen gelten.

Das Gleiche trifft, qua Definition, auch auf die gesamten, einem Leib zusprechbaren psychologischen Merkmale i.w.S. zu, also z.B. auf alle Kognitionen und Intentionen. Daß beispielsweise die einzelnen Absichten der sensomotorischen Prä-Subjekte,die einem einzigen Leib zukommen, bis auf die elementarste und die "oberste" Absicht, in einer transitiven Beziehung zueinander stehen, ist zwar logisch möglich, für den Begriff eines Prä-Subjekts aber nicht notwendig, und empirisch gesehen sogar wenig wahrscheinlich.

Anders verhält es sich allerdings bei den Beziehungen zwischen den Elementen einer einzelnen Gesamthandlung. Fragen danach, in welcher logischen Relation die einzelnen psychischen Zustände eines sensomotorischen "Subjekts" zueinander begrifflich gesehen stehen können, sind daher nur sinnvoll, wenn man jeweils zwischen dem Bezug auf Körperidentität und "Subjekt"identität unterscheidet.
Relativ zur "Subjekt"identität z.B. ist es logisch ausgeschlossen, daß zwei oder mehr Glaubenshaltungen ein und"desselben" sensomotorisch handlungsfähigen Individuums in einem Widerspruch zueinander stehen: Da unsere Kriterien für die Fixierung einer solchen Identität von bestimmten Handlungsmustern abhängen, deren Grenze wir fixieren (wobei wir uns natürlich bemühen werden, zu in sich widerspruchsfreien Regelungen zu kommen), würde jedes neue Handlungsmuster, das in einen Widerspruch zu zuvor festgestellten Mustern gerät, lediglich zur Etablierung eines neuen "Subjekts" führen.
BENNETT (1976, S.113ff.) hat auf vergleichbare Weise argumentiert. Nehmen wir an, so ein von ihm erwähntes Beispiel, man wolle einem Hund zuschreiben, er glaube, daß eine bestimmte Katze auf einem Baum ist, und daß dieselbe Katze auf dem Erdboden ist - es scheint, daß es dann kaum Verhaltensweisen gibt, welche den Schluß auf eben eine solche zusammengesetzte Überzeugung erlauben. Selbstverständlich kann der Hund nacheinander einmal die eine und einmal die andere Glaubenshaltung erkennen lassen, aber das würde dann lediglich zeigen, daß sich seine Überzeugung gewandelt hat, oder etwas seinem Gedächtnis entfallen ist, usw.
Dennoch gilt die generelle These, daß sprachunfähige Individuen keinen logischen Fehler begehen können (BENNETT, 1976, S.116, S.114), eben nur unter Bezug auf die "Subjekt"identität solcher Lebewesen, nicht unter Bezug auf ihre Körperidentität. Relativ zu einunddemselben Körper mag sich ja durchaus davon sprechen lassen, daß "ein" Hund miteinander Unverträgliches glaube - er zeigt dann eben zueinander in Widerspruch stehende Handlungsmuster innerhalb ein und derselben Situation, etwa ein dauerndes Schwanken zwischen einem Handeln, als wäre die Katze auf dem Baum, und einem Handeln, als wäre die Katze

auf dem Erdboden. Wie man weiß, lassen sich derartige tendenziell neurotische Zustände sogar experimentell an Tieren hervorrufen.
Diese Doppeldeutigkeit ändert sich im übrigen auch dann nicht, wenn man es mit sprachfähigen Individuen zu tun hat. Zwar sind wir es gewohnt, davon zu sprechen, wir hätten von "einem" Subjekt innerhalb eines Redezusammenhangs zwei oder mehr Überzeugungen äußern hören, die - zumindest nach unserer Auffassung - miteinander logisch unverträglich sind. Bei einem entsprechend weit gefaßten Identitätsbegriff - den wir m.E. im alltagssprachlich vermittelten Umgang miteinander durchaus anzuwenden gewohnt sind - wäre das aber zugleich ein Zeichen für einen Identitätsbruch dieses Subjekts. Das Subjekt "spaltet" sich in einem solchen Fall, und die so entstehenden "Teilsubjekte" lassen jene Widersprüchlichkeit dann nicht mehr erkennen. Die zusätzliche Komplexität, die sprachlich vermittelte Fälle gegenüber den sprachlich unvermittelten kennzeichnet, liegt also nicht so sehr in diesem Punkt, sondern in einem etwas anders gearteten: Darin, daß der von uns als "nicht mit sich identisch" beschriebene Sprecher mit dem Anspruch auftreten kann, daß wir in den von uns vorausgesetzten Identitätskriterien problematische Annahmen haben einfließen lassen. Sprachfähigen Individuen wächst eine bestimmte Identität nicht nur zu, sondern sie gestalten diese selbst mit, so daß es zwischen verschiedenen Subjekten zu einem "Konflikt" kommen kann, in dem jeder seine eigene Identität durchzusetzen bemüht ist. Wir werden darauf später noch zurückkommen.

Mit zunehmender Komplexität des Begriffs der jeweiligen sensomotorischen Gesamthandlung erweitert sich auch die Komplexität des mit dem jeweiligen Handlungsprädikat verknüpften Subjektbegriffs. Das Gleiche läßt sich für den Begriff eines "Objekts" für ein Prä-Subjekt sagen, wenn man die Logik der drei Unterklassen gegenstandsgerichteter sensomotorischer Handlungen miteinander vergleicht. Da im übrigen auch hier gilt, daß nur einige, nicht aber schon alle wesentlichen Merkmale des üblichen Objektbegriffs erfüllt sind, werde ich von jetzt an jeweils von "Prä-Objekten" sprechen.

Ich gebe im Folgenden kurz einige Stichworte zur Charakterisierung der Grundmerkmale der drei Stufen von Prä-Objekten für ein Prä-Subjekt an. Diese Stichworte sind allerdings in einer wichtigen Hinsicht verkürzt: Sie gehen nicht ein auf die logisch möglichen und empirisch bekannten Fälle von Verschränkungen von bereits verhaltensphysiologisch erfaßbaren "objektkonstituierenden Leistungen" mit sensomotorischen kognitiven Aspekten. Zudem muß ich mich hier auf mehr hypothetische Darstellungen beschränken, ohne auch deren Legitimation in der an sich geforderten Ausführlichkeit vorzutragen.

Schließt man sich der weiter oben (Kap.3.1) angedeuteten Vermutung an, so besteht zwischen der für sensomotorische Handlungsbegriffe charakteristischen, beginnenden Differenzierung zwischen "Subjekt" und "Leib" einerseits und der Rede von "Objekten", die einem "Subjekt" gegenüberstehen, andererseits, ein enger Zusammenhang. Um mit Sinn von einer "Konfrontation" mit einem "Objekt" zu sprechen, ist es, so mag man annehmen, eben begrifflich erforderlich, daß ein "Subjekt" zumindest tendenziell sich selbst in seiner Leibhaftigkeit einem "Außen" gegenüber "erfahren" kann.

Von diesen Überlegungen her gesehen scheint es sich anzubieten, den Komplexitätsgrad der für ein Prä-Subjekt in seinen Handlungen berücksichtigbaren Prä-Objekte an zwei Kriterien zu messen: Zum einen an seiner Fähigkeit, gegenüber einem Außen in raum-zeitlich distanzierter Weise zu handeln; und zum anderen an seiner Fähigkeit, auf qualitative Merkmale des jeweiligen Außen hin so zu reagieren, daß daran eine nicht-kontingente Verschränkung solcher Merkmale ablesbar wird. Unter bezug auf das erste Kriterium möchte ich im Folgenden vom jeweiligen "Handlungsraum" eines Prä-Subjekts sprechen - womit, trotz des Terminus, also sowohl räumliche wie zeitliche Beziehungen gemeint sind. Für eine genauere Anwendung des zweiten Kriteriums stehen uns, wie sich im einzelnen noch zeigen wird, die einzelnen "Handlungsdimensionen" zur Verfügung - das sind die drei Ebenen, die sich unterscheiden lassen, sobald die Stellung der Gliedmaßen, die Position des Leibes und der Ort des gesamten Körpers des Individuums infolge sensomotorischer Handlungen verändert wird.

Im einzelnen ergibt sich dann:

a) Auf der Stufe der gegenstandsgebundenen Handlungen ist der Handlungsraum außerordentlich eng: Seine Grenzen liegen dort, wo es für das jeweilige Prä-Subjekt nichts mehr zu befühlen, betasten, anzuschauen, anzuhören usw. gibt. Zudem ist hier lediglich eine einzige Handlungsdimension gegeben.

Beides hat zunächst zur Folge, daß Prä-Subjekte dieser Stufe in ihrem i.w.S. objektgerichteten Handeln von der Anwesenheit von Prä-Objekten abhängig sind: Daß es "für sie" etwas außerhalb von ihnen gibt, zeigt sich in ihren Handlungen nur, sofern sie etwas in der jeweiligen Handlungssituation berühren, beschauen, riechen usw. können[1].

Darüber hinaus ergibt sich aus dem Gesagten, daß dieser räumlich wie zeitlich sehr enge Handlungsraum in sich allein qualitativ-räumlich gegliedert ist, wobei zudem diese beiden Aspekte noch nicht differenziert sind: Prä-Subjekte dieses Typs können in ihren Handlungen erkennen lassen, daß sie auf polar-konträre Unterschiede wie hart/weich, groß/klein, schwer/leicht, glänzend/stumpf, laut/leise sowie z.B. auf Farbvariationen hin differenziell zu agieren vermögen. Es hat hier aber noch keinen Sinn, davon zu sprechen, daß diese Prä-Subjekte mehr als allein additive Verknüpfungen von zwei oder mehr dieser Unterschiede zu "berücksichtigen" fähig wären: Es kann also z.B. dazu kommen, daß ein solches Prä-Subjekt in seinen Handlungen zugleich auf etwas Hartes und auf Großes hin agiert; da diese Handlungen jedoch verschieden sein müssen, nur innerhalb einer Handlungsdimension ablaufen können, und so keine Koordination durch Vollzug einer übergreifenden Handlung erlauben, ist dieses Zusammentreffen allein kontingent. Und es hat auch noch keinen Sinn, davon zu sprechen, daß das jeweils vom Subjekt Empfundene eine räumlich abgegrenzte Identität besäße: Die Unterscheidung zwischen einem zunächst in einem Ort l_1 empfundenen Harten und einem sodann in l_2 empfundenen Harten, die hier an den Handlungen des Prä-Subjekts identifizierbar ist, liefert nicht auch schon Indizien, anhand derer sich entscheiden ließe, ob dieses Harte für das Prä-Subjekt ein anderes oder dasselbe ist wie jenes.

b) Auf der Stufe der <u>gegenstandsbezogenen Handlungen</u> hat sich der Handlungsraum etwas erweitert. Das hängt vor allem damit zusammen, daß von hier an zwei verschiedene Handlungsdimensionen: Gliedmaßen- und Leibpositionsveränderungen, auftreten. Zugleich ist dieser Handlungsraum in sich sehr viel stärker gegliedert als auf der vorangegangenen Stufe.

So ist der Vollzug einer Handlung hier nicht mehr von der unmittelbaren Gegenwart eines Prä-Objekts abhängig: Es kann z.B. der Fall eintreten, in dem ein bestimmtes Prä-Objekt der es betastenden Hand entgleitet, "für diese" also nicht mehr vorhanden ist, gleichwohl aber mit den Augen in seinem

---

1) Das schließt allerdings nicht die Möglichkeit aus, daß die jeweiligen "Gegenstände" <u>für uns</u> in der betreffenden Handlungssituation gelegentlich nicht vorhanden sind, etwa weil es zu "Phantomempfindungen" kommt.

Entgleiten verfolgt wird - wobei zwischen den Schauhandlungen und den zuvor realisierten Tasthandlungen dadurch ein nicht-kontingenter Zusammenhang erhalten bleibt, daß das Subjekt durch Handlungen des Leibes ("sich still verhalten", "den Körper etwas nach rechts drehen", usw.) diese beiden Handlungsbereiche aufeinander abstimmt[1]. Innerhalb gewisser Grenzen ist es hier sogar logisch möglich, daß ein Prä-Objekt gänzlich dem unmittelbaren Perzeptionsbereich des Prä-Subjekts entschwindet, und von diesem gleichwohl noch in seinen Handlungen berücksichtigt wird: So z.B., wenn sich davon sprechen läßt, daß ein "Gegenstand" von dem Prä-Subjekt "gesucht" wird. Allerdings hat ein solcher Begriff hier nur insoweit Sinn, als das Gesuchte, wiewohl gerade nicht wahrgenommen, noch innerhalb des in dem Handlungsbereich kurzzeitig Wahrnehm<u>baren</u> liegt: So z.B., wenn der Ball eines Kleinkindes hinter einem Tuch verschwindet, und dieses Tuch vom Kind beiseite geschoben werden könnte.

Darüber hinaus können Handlungen dieser Stufe eine nicht nur additive sondern auch eine subordinierende Koordination von Qualitäten der Umwelt erkennen lassen. Damit geht einher, daß es von dieser Stufe an Prä-Objekte für die Prä-Subjekte gibt, die über die schon angesprochene raum-zeitliche eine auch qualitative Identität besitzen.

So ist es z.B. logisch möglich, daß ein Prä-Subjekt dieser Stufe in seinen Handlungen die Berücksichtigung von etwas "Rundem" - einem Ball z.B. - zeigt (durch entsprechende Hohlformung der Hand z.B.), und zugleich die Berücksichtigung von etwas "Glänzendem" - der Lichtreflexion der Außenfläche des Balles - (durch entsprechende Augenbewegungen), und beides durch leibbezogene Handlungen auf nicht-kontingente Weise miteinander koordiniert, so daß "für es" dieses Runde zugleich glänzend, bzw. dieses Glänzende zugleich rund ist.

Ja, es ist sogar logisch möglich, daß die in dem soeben erwähnten Beispiel noch unentschieden gelassene Verteilung von "Objekt-" und "Prädikatstelle" bei anderen Handlungsgelegenheiten zugunsten der einen oder anderen Alternative behoben

---

1) Kombinationen von Schauhandlungen und Tasthandlungen sind zwar auch schon auf der Stufe der gegenstandsgebundenen Handlungen logisch möglich. Doch ist es dafür ja erforderlich, daß die Beziehung zwischen z.B. Handbewegungen und Kopfstellung kontinuierlich bleibt, und ob das der Fall ist, ist auf jener Stufe noch kontingent, da es an der vermittelnden Dimension der leibbezogenen Handlungen fehlt.

wird: So z.B., wenn das Runde zunächst, infolge eines bestimmten Lichteinfalls, als "glänzend" berücksichtigt wurde, und dann, infolge einer Veränderung des Lichteinfalls, als "stumpf", und zwar ohne daß dadurch seine Berücksichtigung als etwas raum-zeitlich identisch bleibendes Rundes beeinträchtigt würde. In einem gewissen Sinne kommt es hier also auch bereits zu "Klassenbildungen" für ein Prä-Subjekt.

Man sieht, daß auf dieser Stufe der Entwicklung zugleich eine Koordination verschiedener Sinnesmodalitäten eintreten kann: Ein Prä-Objekt beginnt hier, auf vielfältige Weise sinnlich erfahrbar zu werden: Es sieht so und so aus; faßt sich so und so an; hat einen bestimmten Geruch, einen bestimmten Geschmack, usw., - und ist doch jeweils "dasselbe" Prä-Objekt.

Interessanterweise verändert sich dadurch, relativ zur Stufe der gegenstandsgebundenen Handlungen gesehen, auch der logische Charakter der Ausdrücke, die mit den hier verwendbaren psychologischen Prädikatoren sinnvoll verknüpfbar sind. Dort waren es polar-konträre Ausdrücke wie "hart - weich" sowie Farbprädikatoren. Hier hingegen lassen sich bereits Individuativa wie "Ball", "Lebewesen" usw. einsetzen, Ausdrücke mithin, zu deren Bedeutung es u.a. gehört, Gegenstände unterscheiden zu helfen, die einen verschiedenartigen sinnlichen Zugang erlauben.
BENNETT (1976, S.114) hat eine These aufgestellt, die auf lehrreiche Weise im Widerspruch zu dieser Überlegung steht. Er hält es für selbstverständlich, daß sich von einem noch nicht sprachfähigen Subjekt a mit Sinn sagen lasse, es nehme einen Sachverhalt P wahr, ohne gleichzeitig Q wahrzunehmen, auch wenn P und Q bedeutungsäquivalent sind - vorausgesetzt nämlich, daß P und Q verschiedene Sinnesmodalitäten einschließen; denn dann könne a das eine wahrnehmen und das andere nicht.
M.E. ist diese Auffassung in beiden denkbaren Varianten unhaltbar. Wenn P und Q nämlich bei Beteiligung verschiedener Sinnesdimensionen bedeutungsäquivalent sind, dann läuft das darauf hinaus, daß der gemeinte Sachverhalt, qua Bedeutung der für ihn verwendeten Bezeichnungen, auch keinen unmittelbaren Bezug mehr auf eine bestimmte Sinnesdimension enthält - wie z.B. bei "es gibt in 1 einen Ball". Es ist daher gleichgültig, ob a diesen Sachverhalt optisch oder taktil usw. in Erfahrung gebracht hat.
Soll hingegen durch die Beteiligung verschiedener Sinnesdimensionen ein wesentliches Merkmal der perzipierten Sachverhalte angezeigt sein, so können diese auch nicht mehr äquivalent sein: Etwa wenn a einmal empfindet, daß es in 1 etwas Weiches gibt, und einmal, daß es in 1 etwas Buntes gibt.

Im übrigen freilich muß der Gebrauch von polar-konträren Prädikatoren, von Individuativa usw. im propositionalen Teil des gesamten sensomotorisch zu verstehenden psychologischen Ausdrucks natürlich immer cum grano salis verstanden werden: Man vergesse nicht, daß es sich bei solchen Ausdrücken um Derivative von Zuschreibungen von nicht-sprachlichen Handlungsbegriffen handelt. Ein "Ball" ist "für" ein solches Individuum eben nicht das, was wir als sprachfähige Individuen einander z.B. mit Hilfe unserer Handlungen des Zeigens usw. veranschaulichen könnten - insofern ist die Verwendung eines solchen Ausdrucks hier also nur ein Behelf, der sich mangels anderer, zur Abkürzung der Beschreibung komplexer Handlungskonstellationen geeigneterer, Ausdrücke anbietet.

c) Auf der Stufe der gegenstandsreflektierenden Handlungen schließlich erweitert sich der Handlungsraum auf prinzipiell unbegrenzte Weise (wiewohl empirisch in den meisten bekannten Fällen natürlich allein schon durch die individuelle körperliche Leistungsfähigkeit Beschränkungen gesetzt sind). Zudem treten von nun an alle drei Handlungsdimensionen in verschränkter Weise auf.

Abgesehen davon, daß dadurch die schon erwähnten raum-zeitlichen Distanzierungs- und qualitativen Subordinationsmöglichkeiten an Komplexität erheblich zunehmen können, erlaubt diese dritte Stufe es noch, Handlungen zu vollziehen, im Rahmen derer Prä-Objekte, die zunächst als isolierte Momente auftreten, auf nicht-kontingente Weise in einen Zusammenhang miteinander treten.

Unter Bezug auf die gegenstandsbezogenen (und noch viel weniger die gegenstandsgebundenen) Handlungen hat es noch keinen Sinn, von einer eventuellen Berücksichtigung des Unterschieds zwischen isolierten "Einzelgegenständen" und potentiellen Teilen eines Zusammenhangs durch das Prä-Subjekt zu sprechen. Bis zu einem gewissen Grade sind dort ja alle wahrgenommenen Prä-Objekte mehr oder weniger stark gegliederte Teile des mehr oder weniger unmittelbar präsenten Handlungsraums - was wahrgenommen bzw. empfunden worden ist, ist zugleich ein Moment jeweils vollzogener Handlungen. Von der Stufe der gegenstandsreflektierenden Handlungen an indes übersteigt die Fülle des Wahrgenommenen prinzipiell infolge der mit dem Hinzutreten der dritten Handlungsdimension verknüpften Zunahme des Handlungsraums die Menge des Wahrgenommenen, das für den Vollzug einer jeweils aktuellen gegenstandsreflektierenden Handlung relevant ist. Das führt dazu, daß alles das, was auf diese Weise, obwohl wahrgenommen, nicht unmittelbar in einer einzelnen gegenstandsreflektierenden Handlung berücksichtigt ist, an die Stelle eines zunächst in keinem Zusammenhang stehenden, eines "isolierten" Prä-Objekts rückt - um freilich gegebenenfalls, bei dem Vollzug einer anderen gegenstandsreflektierenden Handlung, durchaus einbezogen werden zu können.

Eine - in ihrer Bedeutung kaum zu unterschätzende - Folge dieser "Vereinzelung", der Ausgrenzung eines Prä-Objekts aus unmittelbar realisierten Handlungszusammenhängen ist es, daß diese"Gegenstände" sehr viel mehr als auf den früheren Entwicklungsstufen multifunktional verwendet werden können. Ein und dasselbe Prä-Objekt, sagen wir: Ein Zweig eines jungen Baumes, kann z.B. einmal gelagert werden und so als "Vorratsobjekt" dienen; es kann zur Aufschichtung eines Nachtlagers verwendet werden und so zu einem "Material" werden; und es kann zum Stochern in einem Ameisenbau oder in heißer Asche verwendet werden und so die Funktion eines "Werkzeugs" erhalten, usw.

Es gibt eine auffallende Entsprechung zwischen diesen Charakteristika der drei Stufen gegenstandsgerichteter Handlungen und einem bestimmten syntaktischen Aspekt der Logik der kognitiven psychologischen Ausdrücke, die sich als Metaprädikatoren zu den jeweiligen Handlungsbegriffen in ihrer Bedeutung erklären lassen mögen:
Sensationsprädikatoren wie "etwas Hartes, Weiches, Lautes usw. in } empfinden" lassen noch keine propositionale Ergänzung zu[1], sondern sind allein mehrstellige Ausdrücke: Die fehlende qualitativ-räumliche Differenzierung mag sich darin ausdrücken.
Perzeptionsausdrücke wie "sehen, hören, fühlen usw., daß p" benötigen eine propositionale Ergänzung: Der Beginn der Differenzierung von raum-zeitlich abgrenzbaren Gegenständen, die sich zudem in ihren Akzidentien verändern können, mag damit im Zusammenhang stehen[2].
Und Kognitionsausdrücke wie "glauben, wissen, daß p" erfordern, genau wie die Perzeptionsausdrücke, eine propositionale Ergänzung, lassen sich also nicht mehr als einfach mehrstelli-

1) Ausdrücke wie "jemand empfindet, daß p", oder "hat das Empfinden, daß p" dürften sich auf bereits sprachfähige Subjekte beziehen.
2) Mehrstellige, und nicht propositional ergänzte Ausdrücke für visuelle, taktile usw. Erfahrungen i.w.S., wie z.B. "jemand sieht etwas Rotes" usw., fasse ich nicht als Perzeptionsausdrücke, sondern als Sensationsausdrücke auf.

ge Prädikatoren verwenden.[1] Im Gegensatz zu den Perzeptionsausdrücken lassen sie es aber auch noch zu, daß es zu (temporalen) wenn-dann-Verknüpfungen zwischen mehreren propositionalen Gehalten kommt. Man kann mit Sinn sagen, daß jemand glaube, es werde in t2 S2 geschehen, sobald in t1 S1 geschehen ist. Aber es widerspricht dem üblichen und sinnvollen Gebrauch, zu sagen, daß jemand ein Gleiches "höre", "sehe", usw. Der Umstand, daß auf der Stufe der gegenstandsreflektierenden Handlungen allein durch das Handlungs"subjekt" gestiftete Zusammenhänge zwischen zunächst "für es" vereinzelten Sachverhalten aufzutreten beginnen, mag sich in dieser Eigentümlichkeit niederschlagen.
Ich kann diesen Überlegungen hier indes nicht weiter nachgehen. Sie müßten in einer eigenen Untersuchung zur Logik sensomotorischer Handlungsbegriffe genauer verfolgt werden.

---

1) Formen wie "das Wissen um die Härte von Metall", usw., fasse ich als bloß linguistische (d.h. die Oberflächengrammatik betreffende) Varianten von "wissen, daß Metall hart ist" auf.

4. Sensomotorische und zeichensprachliche Handlungsbegriffe

In den zuletzt vorgetragenen Überlegungen war lediglich von Stufen verschieden komplexer "Objekte" für ein zu sensomotorischen Handlungen fähiges Prä-Subjekt die Rede. Das bedeutet freilich keineswegs, daß es logisch ausgeschlossen wäre, mit sensomotorischen Handlungsbegriffen auch Geschehen zwischen zwei oder mehr Prä-Subjekten auszudrücken. Auch ist es nicht so, daß man davon sprechen müßte, die jeweiligen Prä-Subjekte wären auf dieser Stufe für einander nur als mehr oder weniger differenziert erkennbare Körper, gar als "Dinge" vorhanden. Genau so nämlich, wie sich auf der Stufe sensomotorischer Begriffe davon reden läßt, daß ein Prä-Subjekt "weiß", daß eine bestimmte Art von Prä-Objekt sich unter bestimmten Umständen so und so bewegen würde (z.B. ein auf einer Kante liegender Stein bei entsprechender Berührung herunterfallen würde), darf man auch ohne Bedenken unter bestimmten Bedingungen davon reden, daß ein solches Prä-Subjekt von einem anderen Prä-Subjekt weiß, daß dieses etwas bestimmtes gesehen hat, etwas will, etwas weiß, usw. - wobei die hier verwendeten psychologischen Ausdrücke freilich selbstverständlich weiterhin als ausschließlich sensomotorisch bezogen verstanden werden müssen. Unter dieser Einschränkung ist es folglich durchaus logisch möglich, daß auf jeder der hier unterschiedenen Stufen der sensomotorischen Entwicklung - empirisch gesehen natürlich in der Regel verschränkt mit rein verhaltensmäßigen Lebensäußerungen - unbegrenzt spezifizierte Formen von "Kommunikation" zu finden sind. Nur bedarf es besonderer Vorsicht, wenn man diesen Begriff der Kommunikation mit dem Begriff sprachlicher Verständigung i.e.S. in eine Beziehung bringen will.

Ob es dazu kommt, daß man in einem gegebenen Fall von sensomotorischen Interaktionen zwischen verschiedenen Prä-Subjekten sprechen kann, ist mithin eine allein empirische Frage. Derartige Situationen sind kein unerläßlicher Bestandteil der Logik sensomotorischer Handlungsbegriffe; aber dort, wo man von ihnen reden möchte, ist man auch nicht dazu genötigt, den mit dieser Logik gesetzten Rahmen zulässiger Redeweisen zu sprengen. Es gibt allerdings Fälle, die gute Gründe dafür liefern, diesen Rahmen zu erweitern und von einer neuen Art von Handlungen zu reden; es sind eben diese Fälle, die als Indiz für den Übergang von sensomotorischen Handlungsfähigkeiten zu Sprachhandlungsfähigkeiten dienen können.

Nehmen wir an, wir beobachteten eine Gruppe von gesellig lebenden Primaten beim Umgang miteinander (wobei vorausgesetzt sei, daß diese Tiere die angedeuteten Kriterien für den Vollzug gegenstandsreflektierender sensomotorischer Handlungen erfüllen). In dieser Gruppe komme es dazu, daß eines der Tiere, B genannt, sich anschicke, zu einem bestimmten Ort 1 zu gehen, was unter anderem erfordere, daß es sich recht eng an einem anderen Tier, an A, entlangdrücke. A freilich lasse für uns deutlich erkennbare Anzeichen dafür sehen, daß er nicht will, daß B so eng an ihm vorbeigeht: Er gerate z.B. in eine gewisse Unruhe (weiche also von seinem "Normalzustand" ab), und beginne, Handlungen zu vollziehen, die dazu geeignet sein könnten, B daran zu hindern, in seine, A's, Nähe zu kommen.

Eine solche Situation liegt durchaus noch innerhalb der Grenzen üblicher sensomotorischer Handlungskonstellationen. Nehmen wir jedoch an, A vollziehe nicht nur die bereits geschilderten Handlungen, sondern tue noch etwas mehr. Statt z.B. allein seine Muskeln anzuspannen, sich aufzurichten und sich in eine strategisch günstige Position zu bringen - alles Handlungen also, aus denen die bereits erwähnte Intention A's hervorgeht -, vollziehe er darüber hinaus noch eine Reihe von Handlungen, die auf recht deutliche Weise zur Folge haben, daß B wahrnehmen kann, daß A jene Vorbereitungen trifft, daß A also nicht will, daß B an ihm vorbeigeht: Beispielsweise, indem A sich B gegenüber so zuwendet, daß dieser sehen kann, daß A in Unruhe versetzt ist, daß er seine Muskeln anspannt, usw. Und auffallenderweise reiche das dann schon aus, um B dazu zu bringen, von seinem ursprünglichen Willen, an A vorbeizugehen, abzulassen.

Wie sollte man einen solchen Fall genauer beschreiben, d.h.: Welche Handlungen sind hier von den Beteiligten, insbesondere von A, vollzogen worden? Unter der Vielzahl von Ausdrücken für gegenstandsreflektierende sensomotorische Handlungen mag sich z.B. der des "jemanden an etwas hindern" anbieten. Aber genau genommen ist dieser Ausdruck für den eben geschilderten Handlungszusammenhang unangemessen. Die Handlung A's ist ja nicht, wie es für eine gegenstandsreflektierende Handlung dieses Typs kennzeichnend ist, unter Einsatz bestimmter körperlicher Mittel erfolgreich gewesen. Vielmehr hat A eine bestimmte Handlung vollzogen, die B darauf aufmerksam gemacht hat, daß A unter bestimmten Umständen körperliche Mittel gegen ihn einsetzen würde. Genau damit ist der Bereich allein sensomotorischer Handlungen aber bereits verlassen und der elementarer Zeichenhandlungen erreicht: Mit gutem Grund scheint man in einem solchen Fall davon sprechen zu können, daß A dem B gegenüber "dargestellt", zu "verstehen gegeben", "ausgedrückt", "ein Zeichen dafür übermittelt" habe, daß er (A) nicht will, daß B an ihm vorbeigeht.

Freilich ist es wichtig, sich auch hier wieder bewußt zu bleiben, daß Formulierungen des eben gewählten Typs in einem für erkenntnistheoretische Überlegungen zentralen Punkt vereinfacht sind. Das, was sich in der geschilderten Situation "beobachten", d.h. unter die bisher systematisch zur Verfügung stehenden Unterscheidungen subsumieren läßt, ist: Daß es zunächst ein Prä-Subjekt A1 gibt, welches die Intention verfolgt, B daran zu hindern, einen bestimmten Weg einzuschlagen; und daß es darüber hinaus ein zweites Prä-Subjekt A2 gibt, welches die Absicht verfolgt, daß B bemerkt, das Prä-Subjekt A1 wolle nicht, daß B einen bestimmten Weg einschlägt.

Gewiß sind A1 und A2 demselben Körper zuzurechnen. Als Prä-Subjekte sensomotorischer Handlungen indes sind sie, da sie ihre Einzelidentität ja gerade aus dem Vorliegen einer bestimmten Intention, Kognition usw. gewinnen, keineswegs identisch. Daß wir, bei vernünftiger Überlegung, gleichwohl anläßlich einer solchen Handlungskonstellation von einem einzigen Handlungsganzen, und infolgedessen auch von einem einzigen Subjekt sprechen wollen, läßt sich mithin nicht allein unter Bezug auf Beobachtbares, auf die Empirie, rechtfertigen, auch wenn es dazu gewiß eines Falls eben dieser Art bedarf. Abgesehen von einem solchen empirischen Befund hängt eine solche "Beschreibung" des "Gegebenen" vielmehr auch noch davon ab, daß wir unser Interesse zur Geltung bringen, Stufen immer komplexer werdender Arten von Selbstbezüglichkeit gegebenenfalls auch durch systematisch neue begriffliche Mittel artikulieren zu können.

Denn in der Tat impliziert der Begriff zeichensprachlicher Handlungen, wenn man ihn auf die angedeutete Weise in seiner Bedeutung zu erklären versucht, ja eine ganz andere Art von Selbstreflexivität als die, die bei den sensomotorischen Handlungsbegriffen nachweisbar ist. Auf den Stufen sensomotorischer Handlungen "bezog" sich das jeweilige Individuum jeweils allein auf seinen Körper, als den Teil von Natur an ihm. Von nun an, d.h. von der Stufe der Zeichenhandlungen an, scheint es hingegen kennzeichnend zu sein, daß das betreffende Subjekt sich auf sich selbst als ein sensomotorisches Prä-Subjekt "bezieht", auf ein Lebewesen also, das nicht nur ein Körper ist, sondern einen Körper, einen Leib, hat. Das "sich" in Ausdrücken wie "sich fortbewegen", "sich aufrichten" usw. einerseits, und das "sich" in Ausdrücken wie "sich (gegenüber jemandem anderes) ausdrücken" andererseits haben eine wesentlich verschiedene Bedeutung.

4.1 Allgemeine Merkmale des Begriffs sprachlichen Handelns: Erklärungsmöglichkeiten

Gemessen an vielen anderen sprachlichen Handlungen - etwa denen des miteinander Diskutierens, des Erzählens, des einen Vertrag Aushandelns usw. usw. - ist der soeben erwähnte Fall einer zeichensprachlichen Handlung ohne Zweifel außerordentlich elementar. Gleichwohl, so möchte ich behaupten, lassen sich an ihm bereits - wenn auch zum Teil nur in Ansätzen - alle jene Kennzeichen feststellen, die wir oben (Kap.2) vorläufig für den Begriff sprachlichen Handelns notiert hatten:

1. Zeichen bestehen, folgt man dem soeben skizzierten Gedankengang, in den einfachsten Fällen aus den miteinander im Zusammenhang auftretenden Schemata von Teilen zweier sensomotorischer Aktivitätskomplexe: Mit dem ersten dieser Schemata liegt ein Teil vor, der für einen eventuellen Betrachter des betreffenden Subjekts einen Schluß auf den psychischen Zustand i.w.S. erlaubt, in dem es sich befindet. Und das zweite dieser Schemata ist Teil einer Handlung, mit der die Aufmerksamkeit eines eventuellen Betrachters auf jenen psychischen Zustand gelenkt werden soll.

Durch den Zusammenhang, in den diese beiden Schemata hier rücken, verwandeln sie sich von partikulären "Anzeichen" in Teile eines "Zeichens". Zugleich verändert sich die Art der "Bedeutung", die sich ihnen zuschreiben läßt. Man kann nämlich zwar bereits in Fällen, in denen allein zu sensomotorischen Aktivitäten fähige Individuen miteinander handeln, davon sprechen, daß bestimmte Teilmomente einer solchen Aktivität eines Prä-Subjekts A für mehrere Individuen B, C, D usw. "dasselbe" bedeuten. Aber daß es zu dieser Bedeutungsidentität kommt, ist gänzlich unabhängig von den Intentionen des Prä-Subjekts, dessen Lebensäußerungen in einem solchen Fall "gedeutet" werden. In den im Moment betrachteten Geschehen hingegen verhält es sich anders: In der Verwendung eines Zeichens ist ja eine Teil-Intention auf seiten des handelnden Subjekts enthalten, die gerade darauf zielt, daß seine Handlungen von einem eventuellen Mitagierenden auf eine ganz bestimmte Weise "interpretiert" werden: Im ersten Fall ist es, relativ zu den Intentionen des Individuums, dessen Lebensäußerungen "gedeutet" werden, völlig kontingent, ob vielleicht anwesende Mithandelnde auf identische Weise bestimmte Bedeutungen "erschließen". Im zweiten hingegen gilt dies nicht mehr (was freilich nicht damit verwechselt werden darf, wie sich die Fähigkeit zum Vollzug von Zeichen mit gemeinsam geteilter Bedeutung einstellt: Das ist weiterhin ausschließlich kontingent).

2. In einem engen Zusammenhang mit dem soeben erwähnten Punkt steht die spezielle Art von Selbstreflexivität, von der sich von dem Beginn der Fähigkeit an, Zeichen geben zu können, sprechen läßt. Eben weil das handelnde Individuum hier in einem gewissen Sinne selbst darauf hinwirkt, daß Andere seine Aktivitäten auf eine bestimmte Weise "interpretieren", mag man auch davon reden, daß das verwendete Zeichen nicht nur für mögliche Mithandelnde, sondern auch für den Handelnden selbst dasselbe bedeuten. Auch das ist natürlich ein Charakteristikum, welches diese Art von Handlungen von sensomotorischen Handlungen unterscheidet.

Ein zu zeichensprachlichen Handlungen fähiges Subjekt ist also - das gehört zu seinem Begriff - in der Lage, einem oder mehreren Anderen gegenüber "auszudrücken", "darzustellen", was es will, empfindet usw. Es scheint daher einen guten Sinn zu geben, in einem solchen Fall davon zu sprechen, daß ein solches Subjekt "weiß", was es will, empfindet, usw. - wobei freilich zu beachten ist, daß es sich bei diesem "Wissen" eher um eine Art von Können handelt, i.S. der englischen Unterscheidung zwischen "know that" und "know how". Für den üblichen Gebrauch des Ausdrucks "jemand weiß, daß p" ist es ja u.a. kennzeichnend, daß dieser "jemand" eine bestimmte Erfahrung mit einem für ihn Äußeren gemacht hat (vgl. Kap. 3.2, sowie weiter unten, Kap.7) - und diese Externitätsrelation fehlt hier. Andere Kennzeichen des Wissensbegriffs, so z.B. der dispositionale Charakter der mit der Zuschreibung eines solchen Ausdrucks verknüpften Handlungen, lassen sich hier hingegen durchaus in Übereinstimmung mit dem Vorliegenden bringen, so daß die erwähnte Redeweise, mit der entsprechenden Einschränkung, als durchaus legitim gelten darf.

Das Gleiche gilt von den Versuchen, unter Hinweis auf das Entstehen von Sprachfähigkeiten bereits in einem, wenn auch elementaren Sinn, nicht mehr bloß von der "Identität" eines Individuums, sondern von der "Ich-Identität" eines solchen zu sprechen: Die hier auftretende spezielle Art von Selbstbezüglichkeit legt es ja nahe, betonen zu wollen, daß ein solches Individuum nicht allein für Andere in wechselnden Umständen "dasselbe" bleiben kann, sondern auch für sich selbst - was sich eben darin äußert, wie es sich anderen darzustellen vermag.

Auch hier versteht es sich aber natürlich, daß wir es an dieser Stelle lediglich mit dem Anfang einer Entwicklung zu tun haben. Auf komplexere Formen von Ich-Identität werde ich später noch kurz eingehen.

3. Das im voraufgegangenen Kapitel geschilderte Beispiel betraf einen Fall, in dem ein Individuum erkennen läßt, daß es eine bestimmte Absicht auszudrücken fähig ist. Doch ist der Beginn zeichensprachlicher Rede logisch gesehen selbstverständlich nicht auf den Ausdruck von Intentionen beschränkt. Alle anderen psychischen "Geschehen" der sensomotorischen Handlungsstufe sind ebenso geeignet, von den einfachsten Sensationen über die Perzeptionen bis hin zu den Kognitionen, und von den einfachsten "Abweichungszuständen" bis hin zu den komplexesten. Doch ist der Ausdruck von Intentionen (sowie, damit zusammenhängend, von Kognitionen) aufgrund der Grundmerkmale ihres Begriffs am ehesten geeignet, als Exempel dafür zu dienen, warum sich unter Bezug auf diese Form von Geschehen mit Sinn von der "Vergegenwärtigung situationsferner Sachverhalte" sprechen läßt: Eine Intention mag sich ja auf einen Sachverhalt beziehen, der vom handelnden Subjekt raum-zeitlich distanziert ist - so z.B., wenn jemand die Absicht verfolgt und deutlich macht, daß er sich vor einem nahenden (aber noch nicht sichtbaren) Feind verstecken möchte, daß er an einer gewissen (aber fernen) Stelle Nahrung für seinen Nachwuchs sammeln möchte, usw.

3.1 In jede sensomotorische Kognition gehen zahlreiche Sensationen und Perzeptionen ein: Wer (in sensomotorischem Sinne) weiß, daß es in einem Ort 1 eine Wasserstelle gibt, von dem gilt, daß er bei seinen Aktivitäten im Zusammenhang mit dieser Wasserstelle zahlreiche Empfindungen und Wahrnehmungen gemacht haben muß: Er mag die Temperatur des Wassers gespürt, seinen Geschmack gekostet und den Grad seiner Sauberkeit bei der Körperpflege bemerkt haben; er mag gesehen haben, daß der Weg ins Wasser recht abschüssig, und ertastet haben, daß der Grund, über dem das Wasser sich befindet, etwas weich ist, usw. - die Vielfalt dieser sensomotorischen Aspekte des Sachverhalts "in 1 gibt es eine Badestelle" muß aber keineswegs dazu führen, daß die einem potentiellen Anderen gegenüber dargestellte Absicht, sich zu jener Wasserstelle zu begeben, in den je-spezifischen Ausdruck dessen zerfällt, daß man sich nach nicht zu klarem Wasser, nach sauberem Wasser, nach einer zum Baden geeigneten Örtlichkeit usw. begeben wolle: Der auf diese Weise artikulierte Sachverhalt bleibt "derselbe", obwohl er eine Vielzahl sensomotorisch erfahrbarer Aspekte enthält.

3.2 Bereits unter die einfachsten Begriffe sensomotorischen Handelns, so wurde weiter oben (Kap.3.1) zumindest ansatzweise zu zeigen versucht, fallen raum-zeitlich bestimmbare Konstellationen von Geschehen, die gegenüber "normalen" verhaltensphysiologisch erfaßbaren Ereignissen eine Reihe von Besonderheiten besitzen, und die, faßt man sie zu einem Zusammenhang zusammen, als ein so entstehender Komplex nicht mehr den Regeln naturkausaler Beziehungen zu unterliegen scheinen: Die Lebensäußerungen der mit solchen Konzepten gemeinten Individuen sind durch den je-individuellen biographisch bestimmten Umgang mit ihrem "Leib" vermittelt, und das trifft für "natürliche" Abläufe nicht zu (vorausgesetzt natürlich, man ist bereit, die genannten Unterschiede als wesentliche differenzierende Merkmale für den Gebrauch der Ausdrücke "Naturgeschehen" und "sensomotorisches Geschehen" zu akzeptieren). Diese Vermittlung der Aktivitäten eines Lebewesens durch seinen Leib bringt zugleich eine gewisse energetische Distanzierung zwischen "Umwelt" und "Individuum" mit sich: Das energetische Potential von Umweltgegenständen wirkt sich auf ein Lebewesen nicht mehr unmittelbar aus, da dieses es ja gelernt hat, sich bis zu einer gewissen Grenze darauf einzustellen.

Diese energetische Distanzierung nun setzt sich mit dem Entstehen der Fähigkeit, Zeichen gebrauchen zu können, nicht nur quantitativ fort, sondern wird auch noch qualitativ verändert. Wir haben darauf im Zusammenhang mit der Beispieldiskussion bereits andeutungsweise hingewiesen: Die Distanzierung ist nicht nur eine von der eigenen wie der äußeren Natur, sondern auch eine von der sensomotorisch vermittelten eigenen Natur. Schauen wir uns kurz an, warum das so ist.

In einem gewissen Sinn bringt bereits jeder Übergang von einem sensomotorischen Evolutionsniveau zu dem nächst-höheren notwendig ein zusätzliches Maß energetischer Lockerung mit sich. So ist z.B. der Begriff einer sensomotorischen Sensation, wie er im Zusammenhang mit Begriffen für gegenstandsgebundene Handlungen expliziert werden mag, sehr eng mit den entsprechenden Begriffen für Abweichungen ("Bedürfnisregungen" usw.) bzw. intentionalen Zuständen im einfachsten Sinne ("Lust empfinden, zu ...") verknüpft. Diese auf den energetischen Aspekt eines Individuums bezogenen Ausdrücke bezeichnen zugleich gewisse relativ situationsnahe Handlungstendenzen. In dem Moment aber, in dem ein Individuum die Fähigkeit erwirbt, gegenstandsbezogene oder gar gegenstandsreflektierende Handlungen zu vollziehen, gehen jene Sensationen in einen umfassenden Handlungszusammenhang ein - und empirisch nachweisbare Beispiele für einen solchen "Evolutionsschritt" werden sich nur dann finden lassen, wenn die mit dem Vorliegen einer Sensation zunächst gegebenen situationsnahen Handlungstendenzen sich allmählich immer mehr abschwächen.

Letztlich können auf diese Weise nicht nur Sensationen, sondern auch sensomotorische Kognitionen, nebst den mit ihnen zusammenhängenden Intentionen, in eine Gesamthandlung übergeordneter Art eingehen und so ihre - ohnehin schon sehr viel unmittelbarere - handlungserzwingende Gewalt verlieren. Freilich: Ob dies der Fall ist, ob die Intention, Gras zu suchen, z.B. "in den Dienst" der Intention, sich eine Lagerstelle zu richten, tritt, das ist kontingent - es gehört zur Logik des Begriffs eines sensomotorischen Handlungssubjekts, daß dieses noch nicht imstande ist, einen Teil seiner Intentionen (bzw. psychischen Zustände i.w.S.) zum "Gegenstand" eines anderen Teils seiner Intention zu machen. Genau dies aber tritt ein, sobald eine Zeichenhandlung vollzogen werden kann: Die in dem oben skizzierten Beispiel verfolgte Absicht (zu verhindern, daß jemand zu nahe an einem vorbeigeht, usw.) ist ja "Objekt" einer zweiten Intention, mit der auf jene aufmerksam gemacht wird. Eben das wird in der Regel aber empirisch nur dann möglich sein, wenn die zu Handlungen nötigende Gewalt des ersten psychischen Zustands etwas abgeschwächt ist. In Extremfällen mag das dazu führen, daß beispielsweise jene Teilhandlung, die zunächst allein ein Anzeichen für eine bestimmte Absicht gegenüber einem Prä-Objekt ist und sich zum Teil eines Zeichens wandelt, nur noch in einem sehr geringem Maße wirklich eine brauchbare Mittelhandlung zum Erreichen des jeweiligen objektbezogenen Ziels ist. Man mag diese Entwicklung - die sich mit dem Gebrauch auch nur etwas komplexerer Zeichen natürlich fortsetzt - geradezu als eines der Kriterien für den Übergang zu "konventionellen" Zeichen verwenden.

M.a.W.: Die Anzeichen für z.B. eine bestimmte sensomotorische Kognition erkennen lassen heißt, Bemühungen realisieren, die dazu dienen könnten, eine bestimmte auf den Gegenstand jener Kognition gerichtete Intention zu verwirklichen. Ein Zeichen für eine bestimmte Kognition geben, heißt eben dies zumindest tendenziell gesehen nicht mehr: Mit der Entwicklung sprachlicher Handlungsfähigkeiten entfernt sich ein Subjekt allmählich von seiner sensomotorisch vermittelten Natur[1].

3.3 Für ein sensomotorisches Prä-Subjekt - soweit man auf dieser Evolutionsstufe schon von einem "für es", von einer eigenen "Perspektive", reden darf - sind die Zustände seiner jeweiligen Umwelt eng verknüpft mit dem jeweiligen Zustand seines Leibes. Das gilt in einem gewissen Sinne sogar dann, wenn man einem solchen Individuum eine Kognition zuschreibt: Alle

---

1) Auf die für den Begriff menschlicher Rede charakteristische energetische Distanzierung ist vor allem in den Arbeiten hingewiesen worden, die sich mit der Abgrenzung jener Art von Aktivität von tierischem Signalverhalten befaßt haben. Die ethologische Grundlage dafür liefern die zahlreichen Beobachtungen zum Funktionswechsel von kompletten Verhaltensschemata. Vgl. dazu z.B. PLOOG (1972, S.106ff.), HÖRMANN (1976, S.339ff.).

Kognitionsausdrücke sind zwar, semantisch gesehen, rein dispositional; wer etwas "glaubt", braucht mithin in diesem Augenblick keine besondere Aktivität, oder sonstige Anzeichen für das Vorliegen einer speziellen psychischen Verfassung, erkennen zu lassen. Sensomotorische Kognitionsbegriffe besitzen jedoch, verglichen mit sprachlich vermittelten Begriffen dieser Art, eine Besonderheit: In dem Moment, in dem der mit ihnen bezeichenbare "latente" Zustand handlungsbestimmend wird, muß er sich auch in einem konkreten psychischen Zustand niederschlagen.

Für die verschiedenen Aspekte von Zuständen dieses Typs gibt es drei spezielle Klassen psychologischer Ausdrücke: Wie sich zeigen ließe, bietet es sich an, hier von sensomotorischen Erinnerungen, sensomotorischen Vorstellungen und sensomotorischem Denken zu sprechen.

Ich möchte auf die Logik dieser Begriffe im einzelnen hier nicht eingehen; das würde uns von den im Augenblick verfolgten Zielen zu sehr abbringen. Es mag genügen, vorerst ein von der Bedeutung sprachlicher Handlungsbegriffe her gesehen besonders auffallendes Merkmal festzuhalten: Den Umstand, daß Allgemeines (der im propositionalen Teil des Ausdrucks angegebene Sachverhalt) und Einzelnes (der psychische Zustand, der durch "sich erinnern" usw. bezeichnet ist) hier in eng verschränkter Form auftreten. Eben das ändert sich nämlich - wenn auch zunächst natürlich nur in sehr schwacher Weise - mit dem Übergang zur Sprachfähigkeit.

Ob jemand von etwas "weiß", das bemißt sich bei einem sprachfähigen Subjekt ja nicht mehr primär daran, ob es sich in seinen (nicht-sprachlichen) Handlungen gegebenenfalls dem gewußten Sachverhalt entsprechend einzurichten vermag, sondern daran, ob es sein Wissen mit Hilfe von Zeichen artikulieren kann. Es mag Einer - beispielsweise infolge eines unheilbaren körperlichen Gebrechens - unfähig sein, jemals durch seine nicht-sprachlichen Handlungen unter Beweis zu stellen, daß er weiß, wie man ein bestimmtes Gericht kocht, wie man ein Stück Holz so bearbeitet, daß es zu einem Sitzmöbel wird, usw.;

aber das schließt nicht aus, daß wir gleichwohl davon sprechen dürfen, er "wisse", wie man dies tut: Es genügt, um eine solche Zuschreibung als berechtigt erscheinen zu lassen, daß er uns z.B. eine korrekte Anleitung dafür formuliert, wie man vorzugehen habe, usw.

Das Auftreten sensomotorischer Erinnerungen, Vorstellungen und Denkfähigkeiten wird mithin für ein Individuum , das einmal sprachfähig geworden ist, in einem gewissen Ausmaß überflüssig: An seine Stelle mag die Fähigkeit treten, mit Zeichen umgehen zu können. Selbstverständlich ist es logisch ausgeschlossen, daß diese Entwicklung zu einer vollständigen Auflösung sensomotorischer Fähigkeiten führt: Auch Sprechen, Schreiben usw., d.h. alle Aktivitäten "äußerlicher" Art, die mit dem Gebrauch von Zeichen i.w.S. verbunden sind, sind ja zum Teil sensomotorische Handlungen, an denen man entsprechende psychische Zustände unterscheiden können wird.

Die mit dem Vollzug solcher Handlungen eventuell "vergegenwärtigten" Sachverhalte müssen sich aber psychisch nicht mehr in sensomotorischen Vorstellungen usw. niederschlagen: Das mit ihnen repräsentierte "Allgemeine" mag, ganz anders als im Fall bloß sensomotorisch handlungsfähiger Prä-Subjekte, niemals mit einem psychischen "Einzelnen" verschränkt auftreten, und doch können wir in den Besitz von Indizien kommen, die die Behauptung, ein Subjekt solcher Art "wisse, daß p", auf völlig zufriedenstellende Weise begründen helfen.

4.2 Konstitutionstheorie und Etikettentheorie der Sprache

Wenn die weiter oben vorgetragenen philosophie-methodologischen Überlegungen haltbar sind; und wenn unsere im Anschluß daran vollzogenen Ausführungen dem in jenen Überlegungen skizzierten Verfahren in den wesentlichen Punkten entsprechen, scheint unsere Explikation des Begriffs elementarer sprachlicher Handlungen also zumindest ansatzweise eine legitimierende Erklärung für die in Kapitel 2. wiedergegebenen, häufig angeführten Grundmerkmale eben jenes Begriffs zu liefern. Aber natürlich folgt aus jener Explikation noch einiges mehr. Insbesondere ergeben sich Konsequenzen für die Entscheidung zwischen "Etiketten-" und "Konstitutionstheorie" der Sprache.

Ich hoffe, aus dem bisher Gesagten ist Eines zumindest bereits recht deutlich geworden: Wenn die hier vertretene Auffassung akzeptabel ist, dann beinhält die Entwicklung zur Sprachfähigkeit, begrifflich gesehen, wesentlich mehr als das, was sich unmittelbar im Zusammenhang mit dem Äußern bestimmter Laute, Gesten usw. feststellen lassen mag: Es verändert sich vielmehr die gesamte Skala der Möglichkeiten eines Individuums, Handlungen in raum-zeitlich strukturierter Weise koordinieren zu können. Da eben dies auch ein entscheidendes Indiz für das Auftreten neuartiger kognitiver und intentionaler Zustände ist, gibt es einen guten Grund dafür, eher der "Konstitutionstheorie" zuzuneigen.

In der Tat läßt sich nachweisen, daß zumindest einige der oben (Kap.2) aufgezählten Merkmale des Begriffs eines "Objekts" für ein Subjekt erst dann erklärbar werden, wenn man davon ausgeht, daß dieses Subjekt bereits sprachfähig ist, und nicht lediglich sensomotorische Handlungen zu vollziehen vermag.

So trifft z.B. der Umstand, daß "Objekte" gemeinhin als etwas aufgefaßt werden, von dem mehrere Subjekte dieselben Erfahrungen machen (können), daß Objekte also Teil einer partiell realen und partiell potentiellen "Gegenstandsgemeinschaft" sind, auf sensomotorische Prä-Objekte ersichtlich, wenn überhaupt, nur aus kontingenten Gründen zu: Es ist zwar logisch möglich, daß sich eine solche Identität der Erfahrungen einstellt, aber es ist nicht notwendig - und empirisch gesehen sogar recht unwahrscheinlich: Mit dem Erwerb sensomotorischer Handlungsfähigkeiten beginnt ja, wenn die oben vorgetragenen Überlegungen zutreffen, ein Prozeß der "Individuierung" der Natur. Sprachlich artikulierbare Sachverhalte, bzw. entsprechend bezeichenbare Objekte, scheinen hingegen jenes Moment Intersubjektivität aus begrifflichen Gründen zu enthalten.

Auch tritt, wie bereits erwähnt, mit dem Übergang zur Sprachfähigkeit eine besondere Art von Selbstbezüglichkeit auf: Die Individuen sind nicht mehr allein fähig, sich auf ihre eigene Natur einzustellen, sondern auch auf ihre individualbiografisch - d.h.: Durch sensomotorische Handlungsfähigkeiten - vermittelte Natur. Mit anderen Worten: Sie können das, was sie empfinden, wahrnehmen, glauben usw. als Empfindung usw. zunächst gegenüber einem Anderen darstellen - und das beinhält, wie wir bereits gesehen haben, daß sie die Fähigkeit besitzen, sich von diesen psychischen Zuständen i.w.S. zu distanzieren, sie schließlich selbstreflexiv zu "kontrollieren" - womit ebenfalls ein bekanntes Merkmal des traditionellen Objektbegriffs verständlich werden mag.

Es wird in diesem Zusammenhang daher nicht verwundern, daß die oben (Kap.0) angeführte Hauptschwierigkeit der Etikettentheorie der Sprache gerade dann aufgelöst werden kann, wenn man die wesentlichen Prämissen dieser Theorie aufgibt und sie der Konstitutionstheorie annähert.

Vergegenwärtigen wir uns jene Schwierigkeit noch einmal. Nehmen wir an, wir beobachteten ein Individuum, welches im Laufe eines Tages höchst verschiedenen Tätigkeiten nachgeht, und dabei Gegenstände verwendet, die von uns aus gesehen derselben Art sind: Es bemüht sich, Nahrung für seinen Nachwuchs zu besorgen, indem es belaubte Zweige heranschafft; es wehrt einen Angriff auf seinen Rang in der sozialen Ordnung der Gemeinschaft ab, in der es lebt, indem es jene Zweige einsetzt, um jemanden auf Distanz zu halten; es betreibt, in Gemeinschaft mit Anderen, Körperpflege, indem es die Zweige als Kratzer benutzt, usw. usw.

Kein Zweifel, um es zu wiederholen, daß die hier jeweils verwendeten Gegenstände für uns immer "belaubte Zweige" bleiben, obwohl sie in so vielfältiger Weise eingesetzt werden. Läßt sich das aber auch relativ zur "Perspektive" des betrachteten Individuums sagen? An welchem Kriterium soll sich das bemessen? - Offensichtlich ist es so, daß diese Gegenstände dann, wenn wir es mit einem allein zu sensomotorischen Handlungen fähigen Individuum zu tun haben, "für es" in der Regel keineswegs dieselben sind: Sie gehen jeweils in den einzelnen "Funktionskreisen" der Nahrungsvorsorge für den Nachwuchs, der Waffenverwendung gegenüber Angreifern und des Werkzeuggebrauchs für die Körperhygiene auf - über diese Funktionskreise hinausreichende Identitätskriterien gibt es hier nicht.

Gewiß - darauf haben wir weiter oben schon verwiesen -, es ist der Fall logisch gesehen nicht auszuschließen, in dem alle jene Funktionskreise Teile einer übergeordneten Intention sind und insofern in einem Zusammenhang miteinander stehen. Aber das ist, wie ebenfalls bereits früher erwähnt, empirisch recht unwahrscheinlich, und impliziert darüberhinaus, begrifflich betrachtet, daß ein so sich etablierender hierarchisch geordneter Konnex von "Aspekten" eines einzigen "Objekts" lediglich kontingent (d.h. ohne Zutun des betreffenden Individuums) zustande kommt. In der Regel hat man also, solange man allein Begriffe sensomotorischer Abläufe verwendet, keine Möglichkeit, mit gutem Grund davon zu sprechen, daß "ein" Subjekt (für es) "ein" Objekt in verschiedenen Handlungszusammenhängen verwende. Genau das gehört aber zu einem der wesentlichen Merkmale unseres üblichen Objektbegriffs.

Eben jene begriffliche Eigentümlichkeit nun ändert sich mit dem Übergang zu Ausdrücken sprachlicher Handlungen, bzw. zu dem eines durch die Fähigkeit zum Vollzug solcher Handlungen charakterisierten Subjekts: Ob ein Sachverhalt, bzw. ein Gegenstand, für ein sprachfähiges Subjekt "derselbe" wie ein vermeintlich anderer ist, hängt hier ja nicht mehr von seinen nicht-sprachlichen Handlungen ab, sondern davon, wie es diesen Sachverhalt/Gegenstand sprachlich einordnet bzw. gegebenenfalls einordnen würde.

Nun kann auf der im Moment betrachteten Stufe elementarster sprachlicher Aktivitäten sicherlich noch nicht davon gesprochen werden, daß es zu einer relativ unzweideutigen und intersubjektiv stabilen "sprachlichen Einordnung" käme. Das ist noch nicht einmal dort der Fall, wo nicht mehr allein Zeichen i.e.S., sondern bereits Wörter und Sätze verwendet werden können - schließlich impliziert die Identität des Lautschemas zweier Sätze trivialerweise noch nicht, daß damit in jedem Fall auch dieselben Sachverhalte bezeichnet werden. Sollen potentielle Unsicherheitsquellen hier zugeschüttet werden, so bedarf es also eines sprachlichen Niveaus, auf dem nicht bloß Wörter und Sätze schlechthin verwendet werden können, sondern ganz bestimmte Wörter und Sätze: Solche nämlich, mit denen Identitätskriterien thematisiert und fixiert werden können. Gleichwohl ist nicht zu bestreiten, daß bereits der Beginn des Spracherwerbs in der Tat zumindest Ansätze dafür mit sich bringt, daß die zunächst an nicht-sprachliche Handlungskompetenzen gebundene Identität eines "Objekts" für ein "Subjekt" von anderen Kriterien abhängig zu werden beginnt. –

Trotz alledem wird man freilich nicht übersehen dürfen, daß auch die Etikettentheorie der Sprache einen plausiblen Kern enthält: Die Ausdifferenzierung der Subjekt-Objekt-Relation aus naturkausalen Reaktionszyklen ist, folgt man dem hier skizzierten Verständnis der in diesem Zusammenhang relevanten Begriffe, ein "Prozeß", der kontinuierlich über mehrere Stufen abläuft; und dieser Prozeß beginnt mit dem Entstehen sensomotorischer Handlungsfähigkeiten und setzt sich im Rahmen der Evolution von komplexer werdenden Sprachfähigkeiten, wie wir noch genauer sehen werden, weiter fort. M.a.W.: Es spricht zwar nichts für die Vorstellung, der Zeichengebrauch bestehe lediglich aus der Verwendung von "Etiketten", die an sich schon für das betreffende Subjekt vorhandenen Gegenständen zugeordnet werden. Aber es gibt doch auch gute Gründe dafür, in einem bestimmten, im einzelnen freilich jeweils zu spezifizierenden Sinne davon zu sprechen, daß sich bereits auf vorsprachlichen Entwicklungsstufen hochdifferenzierte Unterscheidungsfähigkeiten zumindest von "Prä-Objekten" antreffen lassen, und daß der Begriff dieser Fähigkeiten sogar ein unerläßliches Mittel ist, um wichtige Eigenschaften des Begriffs der Sprachfähigkeit erklären zu können. Man darf nur nicht - und das ist eine Gefahr, der die sprachtheoretischen Ausführungen z.B. PIAGETS gelegentlich zu erliegen scheinen - so weit gehen, anzunehmen, daß die mit der Rede von sensomotorischen Prä-Objekten verknüpften Kognitionsfähigkeiten von noch sprachunfähigen Individuen im Prinzip genau dieselben seien wie die, welche bei der Rede von Objekterkenntnisfähigkeiten von sprachfähigen Individuen gemeint sind. Andernfalls erliegt man der irrigen Auffassung, daß es für den Spracherwerb wirklich nur noch einer "Etikettierung" von sensomotorisch schon ausgebildeten "Begriffen" bedarf.

Gesteht man diese Überlegungen zu, so läßt sich zumindest eine radikale Fassung der Konstitutionstheorie ebenfalls nicht aufrecht halten. Sie muß in ihren Prämissen genauso abgeschwächt und ihrem Widerpart etwas angenähert werden, wie die Etikettentheorie. Tut man dies, kann allem Anschein nach auch der oben skizzierte Haupteinwand gegen diese Position ohne Schwierigkeiten aufgelöst werden: Der Einwand nämlich, sie sei nicht in der Lage, zu erklären, welche Rolle die für den Gebrauch des "materiellen Substrats" von Zeichen i.w.S. offensichtlich erforderlichen Unterscheidungsleistungen innerhalb der Gesamtkonzeption spielen.

4.3 Zwischenresüme. Verhältnis zu abweichenden Auffassungen des Sprachbegriffs. LOCKE.

Für die bisher hier vorgetragenen Vorschläge zum genaueren Verständnis unseres Begriffs sprachlichen Handelns ist vor allem viererlei bedeutsam gewesen:

- Bei diesen Vorschlägen wurde zwar auf bestimmte "mentale" Begriffe zurückgegriffen. Aber diese Begriffe wurden als von vorsprachlichen Handlungskonzepten ableitbar verstanden. Verschieden weit differenzierte Stufen der Objektbildung für - sich ebenfalls erst herausbildende - Subjekte ließen sich daher, so jedenfalls die These, in Terms von Handlungskonstellationen explizieren.
- Sobald man annehmen durfte, daß eine empirisch nachweisbare Möglichkeit dafür besteht, Schemata von Lebensäußerungen - hier: Von vorsprachlichen Handlungen -, zu größeren Einheiten zusammenzufassen, und sich bei einer solchen Zusammenfassung neue Arten selbstreflexiver Beziehungen ergeben würden, wurden diese als Kriterium dafür verwendet, um "Stufen" solcher Lebensäußerungen "kategorial" zu differenzieren.
- Es wurde zwischen (kausalen) Erklärungen für die faktische Evolution zu einem bestimmten Entwicklungsstand einerseits und (legitimierenden) Erklärungen für Thesen über Zusammenhänge zwischen Begriffen andererseits unterschieden.
- "Inhaltliche" und "methodologische" Überlegungen innerhalb begrifflich-philosophischer Argumentationen wurden als in einem bestimmten Zusammenhang miteinander stehend konzipiert: "Ziel" der inhaltlichen Ausführungen zum Verständnis des einen oder anderen Grundbegriffs sollte es sein, einen der Schritte auf dem Wege der Explikation unseres eigenen Tuns als jemand, der begrifflich-philosophische Argumente vorträgt, zu vollziehen.

Es ist bisher zu zeigen versucht worden, wie sich unter Berücksichtigung dieser Punkte eine Erklärung für bestimmte Merkmale des traditionellen Sprach- und Objektbegriffs anbietet und was für Konsequenzen daraus für die etiketten- und die konstitutionstheoretische Auffassung vom Verhältnis von "Sprache" und "Kognitionsfähigkeiten" i.w.S. zu erschließen sind. Behält man diese Überlegungen im Auge, so bieten sich darüberhinaus m.E. für vier problematische Tendenzen der einen oder anderen sprachphilosophischen Richtung des 2o.Jahrhunderts plausible Alternativen an: Für die phänomenologische These, daß sich über die "Bedingungen" des Spracherwerbs aus prinzipiellen Gründen nur innerhalb einer speziellen Art "funktionaler Beschreibungen" etwas sagen lasse (Kap. 4.3.1); für die Neigung zu einem reduktionistischen Sprachbegriff (Kap. 4.3.2); für die Tendenz großer Teile der neuzeitlichen Sprachtheorie zum Solipsismus (Kap. 4.3.3), und für die Zirkularität zahlreicher neuerer Versuche zur Explikation des Sprachbegriffs (Kap. 4.3.4). Ich möchte das im Folgenden kurz zu zeigen versuchen. Anschließend werde ich das bereits begonnene Unternehmen fortsetzen, verschiedene Stufen von Begriffen elementaren sprachlichen Handelns miteinander in Beziehung zu bringen, um sodann die mit diesen Begriffen logisch verknüpften Kognitionsmöglichkeiten für die jeweiligen Subjektarten zu skizzieren.

Die genannten vier neuralgischen Aspekte aktueller sprachtheoretischer Ansätze lassen sich zumindest zum Teil nur vor dem Hintergrund eines Sprachbegriffs verstehen, der zu Beginn der neuzeitlichen Philosophie entwickelt wurde. Die vielleicht beste Einführung in diesen Sprachbegriff, darauf ist mehrfach, und zu Recht, hingewiesen worden, bietet die Lektüre der Ausführungen LOCKES im dritten Buch seines "Essay Concerning Human Understanding". Ich möchte daher damit beginnen, daß ich einige Grundzüge der Auffassungen LOCKES kurz in Erinnerung bringe. Genau genommen sind LOCKES Überlegungen,insbesondere wenn man sie mit einem Auge auf die Analytische Philosophie des 2o.Jahrhunderts liest, in zweifacher Hinsicht interessant: Sowohl in Bezug auf die von LOCKE vorgetragenen Bestimmungen des Sprachbegriffs, wie auch relativ zu den sprachkritischen Absichten, die für ihren Autor mit jenen Bestimmungen eng zusammenhängen. Ich werde mich im Folgenden jedoch mehr auf den ersten dieser beiden Aspekte konzentrieren.

Auch die Überlegungen LOCKES werden freilich am ehesten dann verständlich, wenn man sie vor der Folie eines anderen Sprachbegriffs betrachtet, eines Sprachbegriffs, der gewissermaßen die einfachste Fassung einer etikettentheoretischen Position darstellt: Vor der Überzeugung, derzufolge zwischen sprachlichen Mitteln und dem mit ihnen Bezeichenbaren eine Art Abbildbeziehung herrscht, in der die psychische Vermittlung zwischen jenen beiden Polen durch Empfindungen, Wahrnehmungen usw., auch wenn sie als unerläßlich zugestanden wird, noch keine tragende Rolle zugewiesen erhält.

In Grundzügen läßt sich diese Auffassung auch heute noch in common-sense-Vorstellungen vom Sprachbegriff finden; in differenzierterer Form hat sie die Philosophie der griechischen Antike und des europäischen Mittelalters bestimmt; zudem hat sich WITTGENSTEIN in seinem "Tractatus logico-philosophicus" bekanntlich an einem solchen Konzept kritisch orientiert. In unserem Zusammenhang genügt es allerdings, wenn wir auf eine genauere Darstellung dieses Sprachmodells verzichten und uns nur kurz einige Einwände vergegenwärtigen, die mit gutem Grund gegen es erhoben werden mögen. Allein die Rede von einer abbildenden "Beziehung" wirft nämlich schon zahlreiche Schwierigkeiten auf:

- Geht man davon aus, daß es sich bei den "Abbildern" um einzelne Wörter (oder Begriffe) handelt, so fällt ein deutlicher Unterschied zwischen den Beziehungen ins Auge, die zwischen Abbildern im strengen Sinne einerseits und Wörtern (Begriffen) andererseits logisch möglich sind: Erstere können nur in raumzeitlichen Beziehungen zueinander stehen, letztere hingegen können darüberhinaus auch noch durch Relationen verschiedenen Allgemeinheitsgrads miteinander verknüpft sein: Mit Hilfe von Bildern läßt sich ein Geschehen darstellen, das zum Beispiel nahe einem anderen, oder später als ein anderes, abläuft; es läßt sich mit ihnen aber nicht zum Ausdruck bringen, daß man sich in einem gegebenen Fall zwar auf ein bestimmtes Pferd bezieht, dabei aber besonders den Umstand im Auge hat, daß es, wie jedes andere Pferd auch, zur Klasse der Wiederkäuer gehört.

- Geht man davon aus, daß es sich bei den "Abbildern" um Sätze handelt, so ist problematisch, wie sich die für Bilder ansonsten doch mögliche eins-zu-eins-Beziehung zwischen Bildteilen und Teilen des Abgebildeten bei einigen charakteristischen Satzteilen verstehen lassen soll: Den logischen Partikeln einschließlich des Negators z.B., oder den Quantoren, usw.

- Wenn wir ein Bild, den Ausdruck im üblichen Sinne genommen, verstehen wollen, genügt es in der Regel keineswegs, diesen Gegenstand bloß "anzuschauen": Wir müssen auch wissen, welche Rolle er relativ zu dem "Abgebildeten" spielen soll. Stellen wir uns, um ein Beispiel WITTGENSTEINS aufzugreifen, das Bild eines Boxers vor: Ist damit allein eine Darstellung einer bestimmten Sportlerpersönlichkeit, mit den für sie charakteristischen Besonderheiten, gemeint? Oder eine Art "Anleitung" dafür, wie man sich beim Boxen in einer bestimmten Ausgangsposition verhalten bzw. nicht verhalten sollte? Derartige Fragen beantworten zu können, ist für die Interpretation des Bildes ersichtlihh recht bedeutsam.

Analoges kennen wir bei Sätzen in noch ausgeprägterer Form: Deren Sinn ist offensichtlich nicht hinreichend erfaßbar, wenn man eine schlichte "Parallelitätsbeziehung" zwischen sprachlich Artikuliertem und Satz annimmt: Schließlich macht es einen wesentlichen Unterschied aus, ob man "Hans fährt nach Berlin" z.B. als eine bloße Beschreibung oder als einen an Hans gerichteten Auftrag interpretiert.

M.a.W.: Bereits für Bilder i.e.S., und noch ausgeprägter für Sätze, gilt, daß sich ihr Sinn erst dann ermitteln läßt, wenn man auch die Vermittlung der Beziehung zwischen ihnen und dem jeweiligen "Abgebildeten" durch ein die Bilder/Sätze zu bestimmten Zwecken benutzendes Subjekt mit berücksichtigt. Die schlichte Abbildtheorie läßt das aber nicht zu.

- Äußerst unklar bleibt innerhalb einer solchen Konzeption der Status der Überlegungen, mit denen die Abbildtheorie formuliert wird[1]. Sollen die in diesem Zusammenhang verwendeten

1) WITTGENSTEIN hatte im "Tractatus" aus diesem Umstand den Schluß gezogen, daß sich die Beziehungen zwischen abbildender Sprache und Welt nicht aussprechen ließen, die Philosophie daher verstummen solle, sobald sie ihre eigene Aporetik durchschaut habe. Dagegen war bereits RUSSELL mit seinem Vorschlag aufgetreten, eine Hierarchie von Metasprachen zu bilden, ein Vorschlag, der jedoch zu der im Folgenden

Sätze ebenfalls "Abbilder" sein? Dann tritt allem Anschein nach ein eigentümliches Iterationsproblem auf: Stellen wir uns vor, ein Maler wollte nicht nur ein Bild von einer Landschaft malen, sondern auch eines von sich, wie er diese Landschaft malt. Dagegen wäre nichts einzuwenden - nur dürfte er nicht mit dem Anspruch auftreten, mit dem so entstehenden Bild genau die Beziehung dargestellt zu haben, die im Moment des Malens vorlag: Diese erschöpft sich ja nicht in der Relation zwischen Maler und Landschaft, sondern beinhält zusätzlich auch den Maler, der sich als eine Landschaft malende Person abbildet: Das Abbildmodell der Sprache scheint es nicht zuzulassen, daß die eigenen Ausführungen noch zum Gegenstand expliziter Argumentation gemacht werden. Das aber würde eine erhebliche Einbuße für die Rationalitätsansprüche sprachtheoretischer Überlegungen mit sich bringen.

Ein solches Abbildmodell also entspricht, wie bereits angedeutet, LOCKES Auffassung durchaus nicht - seine Ausführungen sind vielmehr von dem Interesse bestimmt, sich von ihm deutlich zu distanzieren. Getreu dem generellen Ansatz der neuzeitlichen westlichen Philosophie stehen für ihn Sprecher und Welt einander nicht unmittelbar gegenüber; "zwischen" beiden liegen vielmehr bestimmte psychische Leistungen, die unter anderem die Bildung von "Ideen" bzw. "Vorstellungen" zur Folge haben, und deren jedes Subjekt sich prinzipiell bewußt werden kann.Dem entspricht eine differenziertere Fassung der Etikettentheorie der Sprache: Zeichen sind hier nicht den Dingen bzw. Sachverhalten unmittelbar zugeordnete Aufkleber, sondern werden als Mittel aufgefaßt, um jene "Ideen" oder "Vorstellungen" zu kennzeichnen.

Diese Differenzierung nötigt auch in anderen Teilen des gesamten begrifflichen Systems zu einer Reihe von zusätzlichen Überlegungen. In einem gewissen Sinne hat sich durch die bewußtseinstheoretische Abkehr der neuzeitlichen Philosophie von

---

(Forts.Anm.S.1o2)
veranschaulichten "Metasprachenproblematik" führt. K.-O. APEL (1963, S.23ff.) und andere haben darauf mehrfach hingewiesen. - Zu einem abweichenden Lösungsvorschlag für die Metasprachenproblematik s. ROS, Einige Bemerkungen ...

der antiken und mittelalterlichen Ontologie die Frage, ob man sich für die Etiketten- oder die Konstitutionstheorie der Sprache entscheiden soll, nämlich in eine analoge Frage bezüglich des Verhältnisses von psychischen Leistungen und Welt gewandelt. Folgerichtig sind die ausführlichsten erkenntnistheoretischen Debatten, wie man weiß, ungefähr vier Jahrhunderte hindurch innerhalb dieses Rahmens geführt worden: "Mentalismus" und "sensualistischer Empirismus" (zwei mögliche Varianten der bewußtseinstheoretischen Etikettentheorie) einerseits und "Transzendentalphilosophie" und "Dialektische Erkenntnistheorie" (zwei mögliche Varianten der bewußtseinstheoretischen Konstitutionstheorie) andererseits wurden einander gegenübergestellt.

Ganz gleich allerdings, wie man sich innerhalb dieses Problemhorizonts entscheidet: Eine der genannten Alternativen bevorzugen, heißt keineswegs schon, daß man auch bereits die Frage beantwortet hätte, in welchem Sinne das Verhältnis von psychischen Leistungen i.w.S. und Sprachfähigkeit interpretiert werden sollte. Wie wenig ein bestimmter Schluß in dem einen Zusammenhang eine bestimmte Auffassung auch innerhalb des anderen Kontextes mit sich bringt, zeigt das Beispiel KANTS und PIAGETS, um nur je einen Vertreter der transzendentalphilosophischen und der dialektischen psychologischen Konstitutionstheorie zu nennen: Beide neigen in sprachtheoretischen Fragen eher zur Etikettenauffassung (was im Falle KANTS freilich erschlossen werden muß, da dieser sich zu Problemen dieser Art bekanntlich kaum geäußert hat).

Die "bewußtseinstheoretische Wende" der Philosophie nötigte also dazu, das Verlangen, wesentliche Merkmale der Beziehung zwischen Subjekten und ihrer Welt zu erfassen und zu verstehen, in mindestens zweifacher Hinsicht zu beantworten: Einmal unter Bezug auf das Verhältnis von "Psyche" und "Welt", und einmal unter Bezug auf das Verhältnis von "Psyche" und "Sprache" (wobei die eventuelle Vernachlässigung dieses zweiten Aspekts natürlich in einem gewissen Sinne ebenfalls bereits eine Antwort ist). Wir werden gleich noch sehen, daß diese Aufspaltung der Subjekt-Objekt-Relation in zwei verschiedene Bereiche zugleich die Basis dafür lieferte, die bewußtseinstheoretische Konzeption der Philosophie insgesamt wieder zu verlassen.

Die Sympathie, die LOCKE gegenüber empiristischen - und damit auch etikettentheoretischen - Grundüberzeugungen hegt, ist nicht zu übersehen. Doch hat ihn das nicht davon abgehalten, in mancher Beziehung eher eine vermittelnde Rolle zu übernehmen. Unsere "Ideen", so erklärt er zum Beispiel, entstammen zwei verschiedenen Quellen: Den - durch das Eindringen von Äußerem verursachten - Empfindungen (sensations), und den "Operationen des eigenen Geistes" (Buch III, dt.S.3), wobei letztere zumindest bei der Abstraktion von einzelnen zu allgemeinen Ideen, der Verknüpfung einfacher Ideen zu komplexen, und der Kombination mehrerer Ideen zur psychischen Erfassung von Sachverhalten entscheidend mitwirken.

Dieses Zugeständnis an nicht-empiristische Auffassungen erlaubt es LOCKE zugleich, in seiner Sprachtheorie zumindest auf den ersten Blick einem Teil der oben angegebenen Schwierigkeiten der Abbildkonzeption der Sprache zu entgehen. Sprachliche Ausdrücke sind für ihn Kennzeichen, die infolge von Konventionen bestimmten Arten von psychischen Leistungen zugeordnet worden sind, und die daher die intersubjektive Mitteilung dessen, was der je-Einzelne wahrnimmt, glaubt, will usw. ermöglichen. Weil sich nun unter diesen "Leistungen" zweierlei verbirgt: Die durch Externes hervorgerufenen Empfindungen, und die vom "Geist" ausgehenden "Verarbeitungen" dieser Empfindungen, lassen sich sprachliche Mittel danach unterscheiden, ob sie zur Bezeichnung a) allein jenes extern Bedingten, b) einer "Operation des eigenen Geistes", oder c) einem Produkt aus beiden "Quellen" dienen. Beispiele für (a) sind Eigennamen und, bis zu einem gewissen Grade, die Bezeichnungen für "einfache Ideen" wie "Dreieck", "rot", "Licht", "Bewegung"; Beispiele für (b) sind die logischen Partikel[1]; und Beispiele für (c) sind die Bezeichnungen für "komplexe Ideen" wie "Mensch" und für "gemischte Modi und Relationen" wie "Ehebruch", "Blutschande", "Auferstehung" usw.

Man sieht: Mit diesen Überlegungen wird versucht, zumindest

1) Vgl. zum Beispiel: "Wenn der Geist nämlich seine Gedanken andern mitteilt, braucht er nicht nur Zeichen für die Ideen, die ihm gerade vorschweben, sondern auch andere, um eine gleichzeitige, ihm eigene Tätigkeit, die sich auf jene Ideen bezieht, zu zeigen und verständlich zu machen." (Buch III, dt.S.94)

den ersten beiden Einwänden gegenüber dem Abbildmodell der Sprache gerecht zu werden: Weil es nicht nur eine bestimmte Relation zwischen Wörtern und Gegenständen, bzw. Sätzen und Sachverhalten gibt, sondern auch mögliche Einflußnahmen des Subjekts auf Gegenstände/Wörter bzw. Sachverhalte/Sätze, können Wörter auch in Allgemeines-Besonderes-Beziehungen zueinander stehen, und Wörter bzw. Sätze mit Hilfe von logischen Partikeln untereinander verknüpft werden.

Es scheint, daß LOCKE den restlichen beiden der oben erwähnten Einwände gegen die Abbildtheorie der Sprache keine Beachtung geschenkt hat. Man kann sich aber unschwer vorstellen, daß der Bezug auf "Geistesoperationen" es ihm ermöglicht hätte, auch die Vielfalt möglicher Verwendungen von Sätzen konzeptuell zu verarbeiten. Zudem ist nicht von vornherein auszuschließen, daß auch der unklare Status sprachtheoretischer Überlegungen sich etwas hätte erhellen lassen, sobald man nur für das Eingehen auf jene "Tätigkeiten des Geistes" spezielle sprachliche Mittel und Aktivitäten hätte benennen können. Für beides gibt es zumindest ansatzweise Versuche in der auf LOCKE folgenden Philosophiegeschichte: Für ersteres zum Beispiel in der Phänomenologie HUSSERLS, für letzteres in KANTS Rede von Urteilen a priori. Alle diese Versuche, die Defizienzen des Abbildmodells der Sprache mit Hilfe einer solchen "Zwei-Quellen-" Konzeption des Verhältnisses von Sprache und Welt zu beheben, führen jedoch ihrerseits zu Schwierigkeiten - unmittelbar oder mittelbar auch zu den oben angedeuteten vier problematischen Tendenzen aktueller Sprachtheorien.

4.3.1 Sprachtheorie in Form von phänomenologischen Beschreibungen: CASSIRER

Liest man die sprachtheoretischen Überlegungen LOCKES vor dem Hintergrund der Philosophie KANTS, so liegt es nahe, die "einfachen Ideen", die auf diese einwirkenden "Operationen des Geistes", und in einem gewissen Sinn auch die Konventionen bildenden Tätigkeiten vergesellschafteter Individuen als "transzendentale Bedingungen" der Sprachfähigkeit zu interpretieren. Für Vertreter der Konstitutionstheorie der Sprache, welche sich an der Kritischen Philosophie KANTS orientieren, ist das sogar konsequent: Denn wenn nicht, wie bei KANT, die Erfahrungsfähigkeiten eines prinzipiell einsamen Subjekts als Leitbild für das Verständnis kognitiver Leistungsmöglichkeiten aufgefaßt werden, sondern die Fähigkeiten zur sprachlichen Artikulation, zur Mitteilung gegenüber potentiellen Anderen, müssen "Material" und auf dieses abzielende "reine Handlungen" des "transzendentalen Subjekts", welche die "Konstitution" von Subjekten, bzw. von Objekten für Subjekte, erklären helfen sollen, dem gewandelten Bezugspunkt entsprechend uminterpretiert werden. Freilich schleppt ein solcher sprachtheoretischer Ansatz dann auch manche der Aporien der KANTISCHEN Philosophie mit sich - bei allen Vorteilen, die ihm ansonsten durch die sprachtheoretische Umdeutung zufließen mögen.

Eine dieser Aporien betrifft die Berechtigung, mit Sinn von solchen "transzendentalen Bedingungen" zu sprechen. Schon innerhalb der Prämissen KANTS mag beispielsweise die Verwendung von einem Ausdruck wie dem des "Ding an sich", von den Begriffen der transzendentalen Psychologie einschließlich derer der"reinen Handlungen" und des Subjekts der "transzendentalen Apperzeption" außerordentlich problematisch scheinen. Unter sprachkritisch geläuterten Voraussetzungen vollends scheinen sich derartige Bedenken noch präzisieren zu lassen. Denn wird bei diesen Überlegungen nicht einerseits aus der Perspektive und mit den begrifflichen Mitteln eines Subjekts - des Subjekts des Philosophen - über etwas gesprochen, welches andererseits, qua explizit erklärter Untersuchungsabsicht, _vor_ den Artikulationsmöglichkeiten dieses Subjekts liegt? Muß man nicht zu der Auffassung gelangen, daß die Zerlegung der Sprachfähigkeit in "Teile" und diese Teile zusammenfügende "reine Aktivitäten" in Widerspruch gerät mit gut begründeten Standards rationalen Vorgehens?

CASSIRER, der die neu-kantianische Kritik NATORPS und COHENS an der Rede von den "Dingen an sich" geteilt hat, ist zu dieser Auffassung gelangt[1]. Der Kern der Aporien, in die sich KANT nur zu leicht verstrickt, liegt, so wird man CASSIRER wohl interpretieren dürfen, in dem Anspruch "Erklärungen" zu liefern, einem Anspruch, der in KANTS immer wieder kehrender Formel von den "Erklärungen für die Bedingungen der Möglichkeit der Erfahrung" ja explizit ausgesprochen ist. Derartiges führe nämlich gern zu dem von vornherein verfehlten Versuch,

> "reine Bedeutungsprobleme dadurch aufzuhellen und zu lösen, daß man sie in Wirklichkeitsprobleme umsetzt, daß man sie auf reales Geschehen und auf die kausalen "Kräfte", die dieses Geschehen bestimmen, zurückleitet." (1923-29, zit.1954, dritter Teil, S.227)

Was stattdessen gefordert werden müsse, sei eine "funktionale" Betrachtungsweise, welche im Partikulären jeweils schon seine Rolle als Teil eines Ganzen mitzusehen fähig ist, eine Betrachtungsweise, die CASSIRER, in enger Nähe zu HUSSERL, als "phänomenologische Beschreibung" bezeichnet. Man müsse zum Beispiel bedenken: Die Trennung von Stoff und Form

> "mag im gewissen Sinne zum unentbehrlichen Rüstzeug unserer Analyse des Bewußtseins gehören. Aber dürfen wir diese analytische Scheidung, diese 'distinctio rationis', nun in die Phänomene, in die reinen 'Gegebenheiten' des Bewußtseins selbst hineinverlegen? Können wir hier von einem identischen stofflichen Bestand sprechen, der in verschiedene Formen eingeht, da wir ja immer nur die konkrete Ganzheit der Bewußtseinsphänomene (...) kennen? Es gibt auf dem Standpunkt der phänomenologischen Betrachtung so wenig einen 'Stoff an sich', wie eine 'Form an sich' - es gibt immer nur Gesamterlebnisse, die sich unter dem Gesichtspunkt von Stoff und Form vergleichen und ihm gemäß bestimmen und gliedern lassen." (ebd., S.231)

So überzeugend die Bedenken gegenüber dem Rückgriff auf "trans-

---

1) CASSIRERS Ausführungen lassen sich daher als teilweise Kritik am Versuch HUMBOLDTS interpretieren, eine transzendentalphilosophisch verstandene Sprachtheorie zu entwerfen. Zur Verbindung KANT - HUMBOLDT vgl. z.B. HENNIGFELD (1976); zu CASSIRERS teilweiser Opposition gegenüber HUMBOLDT vgl. z.B. SCHAFF (1964, Kap.1.2).

zendentale Bedingungen" i.S. KANTS nun auch sind - der vorgeschlagene Ausweg gegenüber den mit jenem Rückgriff verbundenen Schwierigkeiten ist es nicht. Denn wenn Überlegungen mit irgendeinem Anspruch auf Erkenntnisgewinn in diesem Kontext vorgetragen werden, so muß sich schon nachweisen lassen, daß die zur Aufhellung eines bestimmten Problems herangezogenen Begriffe für Partikuläres zunächst einmal unabhängig von ihrer möglichen Einbettung in Komplexeres verstanden werden können - sonst liefe man ja Gefahr, lediglich wieder zusammenzutun, was man selbst zuvor, unter Vorwegnahme des gewünschten Ergebnisses, auf eine ganz bestimmte Weise auseinander genommen hatte.

CASSIRER hat betont, daß der von ihm verwendete Begriff der Materie z.B. ein "Grenzbegriff" ist,

> "auf den die erkenntniskritische Reflexion und die erkenntniskritische Analyse geführt wird, und dessen Anwendung sie sich nicht zu versagen braucht, sofern sie sich dabei nur beständig seiner eigentümlichen logischen Struktur bewußt bleibt, - d.h. sofern sie ihn eben als Grenzbegriff versteht und durchschaut. Er dient nicht dazu, ein eigenes, selbständiges, absolutes Sein gegenüber der Welt der reinen Formphaenomene zu behaupten, sondern vielmehr dazu, bestimmte Beziehungen innerhalb dieser letzteren aufzuweisen." (1938, zit. 1956, S.213)

Aber diese Bemerkungen zeigen gerade die Zirkelhaftigkeit des gesamten Unternehmens: Die von CASSIRER gemeinten Ausdrücke werden zum Zwecke der "erkenntniskritischen Reflexion" eingeführt - und diese Einführung wird durch genau jene Beziehungen bestimmt, welche man streng genommen erst nach jener Einführung, unter Verwendung des betreffenden Begriffs, ermitteln können dürfte.

Es ist kennzeichnend für die phänomenologisch-deskriptiven Überlegungen CASSIRERS, daß er Reflexionstermini wie "Teil" und "Ganzes", "Stoff" und "Form" usw. jeweils als geschlossene Begriffsdoppel interpretiert. Unter dieser Voraussetzung verbietet es sich freilich in der Tat, von etwas zu sprechen, welches anhand eindeutiger Identitätskriterien als jeweils "dasselbe" abgrenzbar ist, auch wenn es in verschiedene Zusammenhänge eingeht. In Wirklichkeit lassen sich jene Termini aber mit mehr Sinn, d.h. ohne zu den erwähnten negativen Konsequenzen zu führen, als Bestandteile eines Begriffstripels auffassen - so daß z.B. davon geredet werden darf, daß zunächst isoliert zu sehende Elemente (die im übrigen selbstverständlich ebenfalls Ganzheiten mit Teilen darstellen mögen) unter bestimmten Bedingungen als Teile eines Ganzen aufgefaßt werden dürfen, oder daß ein bestimmter Stoff unter gewissen Voraussetzungen zu einem Inhalt wird, der eine bestimmte Form besitzt, usw., ohne daß dies eine prinzipiell weiterhin bestehende Möglichkeit der Identifikation jener "Elemente" bzw. jenes "Stoffs" ausschließen würde.

CASSIRER scheint diese - philosophiehistorisch gesprochen: Durch HEGEL KANT gegenüber eröffnete - Möglichkeit nicht weiter in Betracht gezogen zu haben. Das paßt mit einem weiteren Charakteristikum des von ihm vertretenen Ansatzes zusammen.

Bemerkenswerterweise besitzen phänomenologische Positionen, trotz aller sonstigen Differenzen, eine bestimmte Gemeinsamkeit mit KANT: Für beide gilt, daß untersuchendes und untersuchtes Subjekt als identisch aufgefaßt werden; und daß diese Identität ganz selbstverständlich zu der Auffassung führt, die anzustellenden Untersuchungen bestünden in einem bestimmten Typus von Introspektion, welche das reflektierende Subjekt gegenüber sich selbst ausübt: Für KANT ist es kein Gegenstand des Zweifels, daß man die "reinen Leistungen", beispielsweise der "spontanen Verstandestätigkeiten", in sich selbst antrifft (KrV, A XX); und für CASSIRER ist, die obigen Zitate mögen das bereits sichtbar gemacht haben, der Hinweis auf die Beschaffenheit bestimmter "Bewußtseinsgegebenheiten", auf "psychologische Daten", "phänomenologische Befunde" und "Tatbestände" ein als ganz natürlich angesehenes Argument.

Nun ist jene Identitätsbehauptung in einem gewissen Sinne wirklich unumgänglich; sie ergibt sich aus dem für die gesamten Untersuchungen leitenden Ziel, sich selbst als eine bestimmte Art von Lebewesen verstehen zu lernen. Der zweite Teil jenes Selbstverständnisses des eigenen Vorhabens aber ist es nicht. Dabei folgt die oben notierte Aporie gerade aus der Unterstellung, daß dem so sei - denn wenn, wie von konstitutionstheoretischen Sprachauffassungen propagiert, alle Bewußtseinsleistungen sprachlich vermittelt sind, so betrifft dies selbstverständlich auch alles das, was wir uns introspektiv an Empfindungen, Wahrnehmungen usw. vergegenwärtigen können: Eine Empfindung beispielsweise, die von den mit der Kompetenz zum Sprachgebrauch logisch verknüpften hochkomplexen restlichen kognitiven Leistungen losgelöst wäre, kann es dann qua Definition für uns nicht geben.

Vertreter kritisch geläuterter bewußtseinstheoretischer Positionen, von KANT bis CASSIRER, haben zu Recht den entscheidenden Gewinn ihrer Überlegungen gegenüber der traditionellen Ontologie und gegenüber einer nicht-kritischen Bewußtseinsphilosophie in der systematisch fruchtbar gemachten Einsicht darin gesehen, daß auch noch das Nachdenken über sich selbst unter bestimmten, in irgendeinem Sinne "zuvor" etablierten Regeln steht[1]. Sie haben aber nicht bedacht, daß dies keineswegs dazu nötigt, selbstreflexive Überlegungen als Innen-Schau eines einsam denkenden Subjekts, als "Introspektion", zu konzipieren. Nichts hindert uns, uns selbst zunächst als etwas uns Fremdes, als einen Teil Natur, aufzufassen, und die Begriffe zur Artikulation dieses Moments von Natur zunächst als Bezeichnungen für etwas, das uns äußerlich ist, zu interpretieren. Es hindert uns auch nichts, aus unserer Perspektive Überlegungen darüber anzustellen, was sich relativ zu einer, zwar nur für uns bestehenden, gleichwohl doch aber fremden Perspektive an Umweltschematisierungen bilden mag. Weil dann relativ zu dem Blickwinkel jenes Anderen der Bezug auf ein Einheiten größerer Art implizierendes Bewußtsein fehlt, läßt sich unter solchen Prämissen durchaus auch von "isolierten" Sensationen, Perzeptionen usw. sprechen. In eben diesem Sinne wurde hier verfahren: Das, was wir als sensomotorische Intentionen und Kognitionen i.w.S. bezeichnet haben, kann aus logischen Gründen zwar kein Gegenstand einer möglichen Introspektion sein. Gleichwohl wird

1) Vgl. z.B. CASSIRER (1938, zit.1956, S.209): "Wenn es wahr ist, daß alle Objektivität, alles, was wir gegenständliches Anschauen oder Wissen nennen, uns immer nur in bestimmten Formen gegeben und nur durch diese zugänglich ist, so können wir aus dem Umkreis dieser Formen niemals heraustreten - so ist jeder Versuch, sie gewissermaßen 'von außen' zu betrachten, von Anfang an hoffnungslos. Wir können nur in diesen Formen anschauen, erfahren, vorstellen, denken; wir sind an ihre rein immanente Bedeutung und Leistung gebunden."

man aber nicht bestreiten wollen, daß diese Konzepte für ein genaueres Verständnis unseres Selbst beträchtliche Bedeutung besitzen mögen.

Freilich muß es gelingen, die dank einer solchen "Externalisierung" des Bezugspunkts erkenntnistheoretischer Überlegungen erhältlichen Resultate in einen sinnvoll angebbaren Zusammenhang mit unseren Begriffen von uns selbst als u.a. auch zur Introspektion fähiger Subjekte zu bringen. Gelingt dies nicht, wäre der erwähnte Gewinn, der mit der selbstkritisch eingestellten Reflexionsphilosophie erzielt wurde, in der Tat wieder aufs Spiel gesetzt. Jener Zusammenhang wird innerhalb _empirischer_ Theorien durch evolutionstheoretische bzw. lerntheoretische Annahmen weitreichender Art, bis hin zu Annahmen über die Evolution von Wissenschaften, hergestellt; innerhalb _begrifflicher_ Theorien - zumindest im hier vertretenen Sinne - verdankt er sich der Verschränkung von "methodologischen" und "inhaltlichen" Argumenten. Gegenüber Bemühungen letzteren Typs gibt es allerdings Einwände von Vertretern reduktionistischer Positionen. Mit ihnen möchte ich mich im nächsten Kapitel befassen.

4.3.2 Reduktionistische Sprachtheorien: MORRIS, SKINNER, G.H.MEAD

Von "Reduktionismus" möchte ich im Folgenden dann sprechen, wenn jemand vorschlägt, den Gebrauch eines bestimmten Ausdrucks in Zukunft enger zu fassen als dies bis zu dem jeweiligen Zeitpunkt in der Regel geschehen ist: Die Verwirklichung eines solchen Vorhabens würde mithin bewirken, daß aus der Reihe der Merkmale p, q, r, s usw., mit deren Hilfe sich die Bedeutung eines Ausdrucks Q bisher charakterisieren ließ, in Zukunft das eine oder andere fehlen wird.

In einem gewissen Sinne sind bereits in den Überlegungen LOCKES reduktionistische Tendenzen enthalten: So z.B. in seinem Versuch, das Auftreten von Empfindungen als einen durch naturkausale Abläufe bestimmten Prozeß zu charakterisieren. Doch sind die in diesem Zusammenhang vorgetragenen Ausführungen noch recht undifferenziert. Immerhin ist mit ihnen eine Tendenz angedeutet, die bis heute beträchtliche Attraktivität ausgeübt hat.

In neuerer Zeit sind reduktionistische Ansätze häufig damit begründet worden, daß sich nur, wenn man ihren Vorstellungen entsprechend den Gegenstandsbereich einer bestimmten Wissenschaft einschränke, das - doch von Allen anzustrebende - Ziel, eine Einheitswissenschaft zu realisieren, erreichen lasse[1]. Verbunden war und ist damit zumeist die Überzeugung, daß diese Einheitswissenschaft besonderen Exaktheitsansprüchen genügen müsse, und daß dies wiederum bestimmte Konsequenzen für die Art der anzustrebenden Reduktionen habe.

"Exaktheit" heißt in diesem Zusammenhang zunächst, pauschal gesprochen: Es muß eine relativ große Gewähr dafür bestehen, daß dann, wenn mehrere Forscher dieselben Untersuchungen mit derselben Sorgfalt durchführen, dieselben Ergebnisse herauskommen. Nun läßt sich derartiges u.a. dann am leichtesten erreichen, wenn die Bedeutung der von diesen Forschern verwendeten Grundbegriffe intersubjektiv kontrollierbar identisch ist, und bei der Anwendung dieser Begriffe auf einen einzelnen Fall wenig Zweifel darüber auftreten können, ob "dies hier"

---

1) Vgl. z.B. MORRIS (1946, dt.S.95)

dem jeweiligen Begriff subsumierbar ist oder nicht. Der erste Teil dieser Forderung, so eine häufig vertretene Meinung, ist am ehesten dann zu verwirklichen, wenn man sich an Begriffe hält, deren Bedeutung durch "Beobachtbares" exemplifiziert werden kann; und das gelte vorzugsweise für den grundbegrifflichen Rahmen der Naturwissenschaften, insbesondere der Physik. Und der zweite Teil jener Forderung sei am leichtesten dann zu erfüllen, wenn die Eigenschaften der jeweils zu betrachtenden Gegenstände quantitativ charakterisiert werden können, wenn man sie "messen" kann. Reduktionistische Auffassungen neigen daher in der Regel dazu, sich am Methodenideal und den Objekteingrenzungen der Physik zu orientieren (vgl. SKJERVHEIM, 1959).

Nun sind extrem physikalistische Positionen bisher freilich meist nur programmatisch vertreten worden (so z.B. von CARNAP, 1956). Konkretere Arbeiten liegen von Vertretern des "Behaviorismus" vor, in denen versucht wird, Grundbegriffe der Sozialwissenschaften - der Psychologie, Soziologie, Linguistik usw. - auf Begriffe zu reduzieren, die denen der Biologie bzw. der Verhaltensphysiologie teilweise nahestehen, wo nicht gar mit ihnen identisch sind.

Man muß die partielle Differenz gegenüber dem konzeptuellen Rahmen der beiden zuletzt genannten Wissenschaften allerdings betonen. Innerhalb des Behaviorismus wird die Aktualisierung einer jeden Lebensäußerung nämlich zwar durchweg biologistisch als ein Geschehen aufgefaßt, welches durch einen dem jeweiligen Lebewesen externen "Reiz" verursacht ist; man tendiert aber auch dazu, zur Erklärung für den Erwerb der Fähigkeit, mit einer Reaktion R2 und nicht einer Reaktion R1 auf einen gegebenen Reiz S hin zu antworten, "Lernprozesse" heranzuziehen, und nicht so sehr, wie es innerhalb der Biologie nahelåge, angeborene Abläufe bzw. auf der Ebene der jeweiligen Gattung stattfindende Evolutionen. Hier liegen also begriffliche Eigentümlichkeiten vor, die sich insbesondere in divergierenden Auffassungen von den logisch möglichen bzw. logisch geforderten Veränderungserklärungen einerseits und Entstehungserklärungen andererseits niederschlagen - ein Umstand, der bekanntlich insbesondere für das Verhältnis CHOMSKYS gegenüber behavioristischen Auffassungen wichtig ist.

Es versteht sich, daß man dann, wenn man "jemand vollzieht eine sprachliche Handlung" als ein durch einen externen Reiz gesteuertes Verhalten auffaßt, auf eine Reihe von Merkmalen des üblichen Sprachbegriffs verzichten muß. Das gilt auch dann, wenn man, wie z.B. MORRIS (1956) und SKINNER (1953; 1957), die zunächst innerhalb der behavioristischen Tradition sehr eng gefaßte Beziehung zwischen Reiz und Reaktion zu lockern bereit ist, und auf durch Reize verursachte "Dispositionen zu Reaktionen" (MORRIS) oder auf "operantes Verhalten" zurückgreift, welches dadurch erlernt sein soll, daß eine vom Individuum versuchsweise vollzogen Aktion einen bestimmten Erfolg zeitigte und "deswegen" dann immer wieder unter vergleichbaren Bedingungen realisiert wird (SKINNER). So gilt u.a.:

- Es läßt sich unter solchen Prämissen z.B. unsere Auffassung nicht mehr erklären, daß die von einem Sprecher verwendeten Zeichen für Redenden und Angesprochenen potentiell dieselbe Bedeutung haben: Die Disposition, auf die Außerung eines Satzes wie "es regnet gerade" zu reagieren, mag z.B. für einen Bauern und für einen Freizeiterholung suchenden Städter ganz verschieden sein, gleichwohl würden wir daraus in der Regel aber nicht die Berechtigung ableiten, zu sagen, der erwähnte Satz bedeute für beide etwas verschiedenes (vgl. KUTSCHERA, 1975, S.84; HÖRMANN, 1976, S.22f.).

- Davon, daß ein Sprecher sich durch den Vollzug einer sprachlichen Handlung einem potentiellen Anderen gegenüber darstellt und auf diese Weise Anlaß gibt, davon zu sprechen, hier läge eine besondere selbstreflexive Beziehung vor, kann selbstverständlich nicht mehr die Rede sein. Aus eben diesem Grunde ist es auch ausgeschlossen, innerhalb dieses begrifflichen Rahmens zu sagen, ein sprachfähiges Subjekt besitze eine gewisse Identität für sich selbst, besitze "Ich-Identität": Zu einer "Reaktionsdisposition" und deren Aktualisierung kann es ja schon kommen, wenn ein Individuum durch irgendein Geschehen-z.B. nach dem Genuß von Alkohol - in eine bestimmte Stimmungslage gerät und sich auf das Eintreten eines weiteren Auslösers hin dieser Stimmung entsprechend verhält, ganz ohne daß es noch eine "Metahandlung" vollzieht, mit der es auf seine psychische Verfassung aufmerksam macht.

Bei MORRIS und insbesondere bei G.H.MEAD[1] finden sich allerdings zahlreiche Formulierungen, die eine andere Interpretation nahelegen. Beide haben nämlich bereits die Identität der Bedeutungen eines Satzes für mehrere Sprecher/Hörer als legitimes Charakteristikum eines solchen Zeichens aufgefaßt und sind in ihren Versuchen, diesem Moment gerecht zu werden, zu Überlegungen gelangt, die in einer beträchtlichen Spannung zu ihren restlichen behavioristischen Prämissen stehen.

Systematischer Ausgangspunkt der Sprachtheorie MEADS zum Beispiel ist die Unterscheidung zwischen einfachen und sozialen Handlungen, wie "laufen" einerseits und "angreifen" andererseits. Implikationen für die Zeichentheorie hat nach MEAD vor allem der zweite Fall. MEAD hat dies mehrfach an dem nachgerade klassisch gewordenen Fall zweier miteinander kämpfender Hunde verdeutlicht: Von einem Hund, der eine bestimmte Position einnimmt (Handlung A), sei mit einiger Sicherheit anzunehmen, daß er gleich beißen wird (Handlung B). Jemand nun, dem der immer wieder auftretende Zusammenhang von A und B geläufig ist, wird bei einem erneuten Vollzug von A seine eigenen Handlungen klugerweise so einrichten, daß er auch schon B berücksichtigt. In einem solchen Fall spricht MEAD davon, daß A für den einen der beiden Partner dieser sozialen Handlung zu einer "Geste" geworden sei, die "etwas bedeutet".

Damit liegt freilich noch kein Zeichen vor - die gesuchte Identität der Bedeutungen für die beiden Individuen ist hier ja noch nicht gegeben. Dem entsprechend betont MEAD, daß man von einer "signifikanten Geste", einem "Symbol", einem "Zeichen" erst dann sprechen dürfe, wenn die Aktivität A, die das Subjekt S1 vollzieht, bei diesem dieselbe Reaktion hervorruft, wie bei einem eventuellen mithandelnden Subjekt S2 (1934, dt.S.84ff.). Um verständlich werden zu lassen, wie es zur Erfüllung dieser Bedingung kommen kann, schlägt MEAD vor, erneut auf Situationen sozialen Handelns zurückzugreifen, auf Situationen allerdings, die etwas spezifischer sind als die zuvor herangezogenen: S1 soll die "Rolle" (die "Haltungen", "Reaktionen", "Reaktionstendenzen"), die S2 gegenüber S1 zeigt, "übernehmen":

> "Im Fall der vokalen (d.h. hier: Signifikanten, A.R.) Geste besteht eine Tendenz, in einem Wesen die gleiche Reaktion auszulösen wie in einem anderen, so daß das Kind die Rolle der Eltern, des Lehrers oder Priesters spielt. Die Geste löst unter diesen Bedingungen im Einzelnen bestimmte Reaktionen aus, die sie auch bei anderen Personen auslöst, wobei der Ablauf im Einzelnen die jeweiligen Merkmale des Reizes isoliert. Die Reaktion des anderen ist im Individuum, das den Reiz isoliert, gegenwärtig. Ruft jemand einer gefährdeten Person schnell etwas zu, so hat er in sich selbst die Haltung des Wegspringens ausgelöst, obwohl die Handlung nicht stattfindet." (1934, dt.S.136, vgl. auch ebd., S.121, Anm.)

---

1) Eine Übersicht über sämtliche Schriften MEADS sowie über Literatur zu ihm findet sich in KANG (1976).

Freilich ist eine solche "Erklärung" wenig überzeugend. Für die "Übernahme " ist es ja allem Anschein nach erforderlich, daß das jeweilige Subjekt die Haltungen Anderer ihm gegenüber als solche bereits identifizieren kann; das aber dürfte nicht sein, denn die darin implizierte Fähigkeit, sich selbst als ein Selbst wahrnehmen zu können, soll MEADS eigenen Intentionen nach erst das Resultat einer solchen komplizierten Interaktion sein. Die angebotene Erklärung ist also zirkulär[1].

Darüberhinaus hat MEAD an keiner Stelle die Konsequenzen des Umstands hinreichend herausgestellt, daß derartige Veränderungen in der Struktur von Gesamthandlungen, insbesondere, wenn sie ein zusätzliches Maß an Selbstreflexivität enthalten sollen, nur dann ein und demselben Individuum mit Sinn zugeschrieben werden können, wenn es auch zu einer Veränderung im energetischen Aspekt dieser Handlungen kommt: Wenn S1 die Reaktionen von S2 auf die Handlung A übernehmen können soll, so wird er dies in der Regel ja nur dann können, wenn die Handlung B, die er auf einer "früheren Entwicklungsstufe" im Anschluß an A zu vollziehen gewohnt war, zunächst suspendiert wird. Unter Bezug auf ein zu solchen Handlungssuspensionen fähiges Individuum noch von "Reizen" und "Reaktionen", in der anfänglich festgelegten biologisch bezogenen Bedeutung, zu sprechen, ist dann aber terminologisch zumindest irreführend, ebenso, wie in diesem Zusammenhang von einer "Selbstkonditionierung" sprachfähiger Individuen zu reden (MEAD, 1934, dt. S.148). Das am weitesten gehende Zugeständnis, zu dem MEAD sich in diesem Zusammenhang bereit erklärt hat, drückt sich in seiner Rede von "verzögerten Reaktionen" aus (vgl. 1934, dt. S.301, Anm.).

Auch die "Situationsdistanziertheit der Rede", mit ihren drei oben (Kap.2) angeführten Unteraspekten, träfe auf einen behavioristischen Sprachbegriff nicht mehr zu:

- Der Begriff des "Reizes", wie er innerhalb der Biologie und weitgehend auch innerhalb des Behaviorismus verwendet wird, ist unter Bezug auf jeweils ein bestimmtes Sinnesorgan definiert: Man spricht ja gerade deswegen von optischen, akustischen, taktilen Reizen usw., weil man es hier noch nicht mit Geschehen zu tun hat, die für ein Lebewesen das Resultat einer "Verschränkung" mehrerer Sinnesmodalitäten sind[2]. Diese Verschränkung ist aber gerade für die meisten Gegenstände der Rede

1) Bereits MORRIS hat vermutet, daß jenes "taking the role of another" nur möglich sei, wenn das betreffende Subjekt komplexere Zeichen gebrauchen kann, ja vielleicht sogar schon eine Sprache besitzt (1946, dt.S.125). Er selbst hat aber keine alternative Erklärung dafür angegeben, wie sich mit den übrigen behavioristischen Grundbegriffen vereinbaren lassen soll, daß ein und dasselbe Zeichen für Sprecher und Angesprochenen zu denselben "Interpretationen" führen.
2) MORRIS z.B. versteht unter einem "Reiz" "jede physikalische Energie (...), die auf einen rezeptorischen Nerv eines lebendigen Organismus einwirkt" (1946, dt.S.81f.).

kennzeichnend - Vertreter des Behaviorismus müßten also Kriterien dafür angeben können, wann eine solche Transformation eines oder mehrerer Reize in ein "Objekt" stattfindet. Das ist bisher aber nicht gelungen[1].

- Das Moment an energetischer Distanzierung, welches mit unserem üblichen Sprachbegriff verbunden ist, fällt für das behavioristische Konzept fort: Bei aller Lockerung zwischen dem Reiz (dem mit einem Zeichen bezeichenbaren Gegenstand bzw. Sachverhalt) und der Reaktion (der Verwendung des betreffenden Zeichens) sind behavioristische Ansätze doch gezwungen, diese Beziehung nicht gänzlich aufzugeben: Sonst ließe sich innerhalb ihrer Voraussetzungen nämlich nicht erklären, wie es zu dem Konnex zwischen dem Zeichen und seiner "Bedeutung" in dem hier gemeinten Sinne kommt[2]. Man müßte also erwarten, daß eine quantitativ nachweisbare größere Tendenz besteht, in Gegenwart des jeweiligen Reizes mit einer bestimmten (z.B. verbalen) Reaktion zu antworten, als in seiner Abwesenheit. Aus dem Sprachbegriff, wie er in den von uns bisher vorgetragenen Überlegungen zugrunde gelegt wurde, folgt derartiges hingegen nicht (ähnlich KUTSCHERA, 1975, S.92).

Die gleiche energetische Distanzierung, die die Beziehung zwischen Sprecher und von diesem vergegenwärtigten Sachverhalt charakterisiert, besteht im übrigen selbstverständlich auch zwischen dem Vollzug einer sprachlichen Handlung und der Aufnahme dieser Handlung durch einen Hörer: Läßt sich von diesem sagen, er "verstehe" die sprachliche Handlung als eine solche, so ist das keineswegs gleichbedeutend damit, daß er auf die Äußerung "ähnlich" reagiert, wie wenn er mit dem gemeinten Sachverhalt konfrontiert wäre. Behavioristische Ansätze hingegen fordern zu einem solchen Schluß auf (vgl. KUTSCHERA, 1975, S.84).

- Eng damit im Zusammenhang steht, daß die für den hier vorausgesetzten Sprachbegriff charakteristische Trennung zwischen Einzelnem und Allgemeinem: Zwischen einem bestimmten, auf einen Sachverhalt gerichteten psychischen Einzelgeschehen (einer

---

1) Auch in dieser Hinsicht vertritt G.H.MEAD allerdings eine wesentlich differenziertere Auffassung. Vgl. z.B. 1938, S. 24f., 105ff., 128.
2) Vgl. z.B. MORRIS' Definition von "Zeichen": "Wenn etwas, A, zielgerichtetes Verhalten auf ähnliche (nicht unbedingt identische) Weise kontrolliert, wie etwas anderes, B, das Verhalten im Hinblick auf jenes Ziel in einer Situation kontrollieren würde, in der es, B, selbst beobachtet würde, dann ist A ein Zeichen (sc.: für B)." (1946, dt.S.80). Vgl. auch die unter Einbeziehung von "Reaktionsdispositionen" formulierte Definition ebd., S.84

"Erinnerung", "Vorstellung" usw.) und diesem (in der Rede vergegenwärtigten) Sachverhalt, innerhalb des behavioristischen Sprachbegriffs nicht eintritt: Jeder Vollzug einer sprachlichen Handlung läßt sich hier ja als Indiz dafür interpretieren, daß eine Reaktion ausgelöst worden ist, deren strukturelle und energetische Eigenheiten sich zumindest zu einem großen Teil von dem jeweiligen Reiz (dem Redeobjekt bzw. "gemeinten" Sachverhalt) ableiten.

Die Unterschiede zwischen dem behavioristischen und dem nichtbehavioristischen Sprachkonzept werden naturgemäß um so deutlicher, je komplexer man letzteres faßt. Zahlreiche Einwände gegen den behavioristischen Ansatz sind daher von der Konfrontation seines Sprachbegriffs mit einigen Charakteristika des üblichen Begriffs einer satz- bzw. wortsprachlichen Handlung abgeleitet worden. So gilt z.B.:

- Charakteristisch für die Fähigkeit, Sätze zu bilden, ist der Umstand, daß der betreffende Sprecher aus Satzteilen Sätze zu formen imstande ist, die er noch nie von jemandem Anderen gehört hat. Diese Fähigkeit impliziert also ein mögliches "kreatives" Moment, zudem scheint die Zahl der von einem Sprecher im Prinzip bildbaren Satztypen unendlich zu sein. Es ist aber kaum verständlich, wie dies mit behavioristischen Prämissen vereinbar sein soll, denn diese scheinen ja lediglich eine Beziehung zwischen einem Reiz und einer ganz bestimmten Reaktion zu erlauben, und müßten mit einer finiten Zahl von Satzarten rechnen, die jeweils der Zahl sprachrelevanter Reize entspricht. (CHOMSKY, 1959).

- Sätze bestehen nicht nur aus Eigennamen und Prädikatoren, sondern z.B. auch aus logischen Partikeln, aus Zeichen für Zahl, Genus, kategorialem Typus usw. - es ist aber schwer zu sehen, wie das Auftreten derartiger Zeichen unter Bezug auf bestimmte Reize erklärt werden kann.

- Subjekte, die eine mehr oder weniger komplexe Sprache beherrschen, sind zugleich fähig, Sätze nach einem recht komplexen System von z.B. syntaktischen Regeln zu bilden. Will man nun, dem behavioristischen Programm gemäß, die Verwendung von solchen Sätzen unter Bezug auf "Dispositionen zu bestimmten verbalen Reaktionen in einer bestimmten Situation" erklären, so müßte man entweder in diesen Dispositionsbegriff auch noch die Formel "zu einer <u>grammatikkonformen</u> verbalen Reaktion" aufnehmen - was das Problem ungeklärt ließe, wie sich ein solcher Ausdruck mit dem Rest des behavioristischen Begriffsgerüsts verträgt; oder man müßte damit rechnen, nicht mehr erfassen zu können, warum ein Sprecher in einer bestimmten Situation mit japanischen Sätzen, ein anderer mit englischen usw. "reagiert" (vgl. CHOMSKY, 1975, dt. S.230f.). Usw.

Mit all diesen Überlegungen wird freilich zunächst lediglich festgestellt, daß es zwischen dem behavioristischen und dem nicht-behavioristischen Sprachbegriff erhebliche Unterschiede gibt. Zu einem Einwand führen sie erst dann, wenn man den üblichen Sprachbegriff zugleich als den einzig sinnvollen auffaßt. Die Berechtigung dafür ist aber selbstverständlich nicht per se gegeben: Vertreter einer reduktionistischen Position mögen ja der Auffassung sein, daß es gerade darauf ankomme, an die Stelle des durch Selbstreflexivität, Situationsdistanziertheit, Bedeutungsidentität der verwendeten Zeichen usw. charakterisierten Sprachbegriffs etwas anderes zu setzen, oder auch diesen Sprachbegriff schlichtweg gänzlich aufzulösen.

Eine solche Absicht ist allerdings von den bisher hier genannten Vertretern behavioristischer Sprachtheorien meist nicht so deutlich ausgesprochen worden. Das hängt damit zusammen, daß innerhalb dieser Arbeiten in der Regel zwei sich durchaus nicht deckende Ziele verfolgt werden, ohne daß dies immer hinreichend herausgestellt würde: Zum einen das einer bloßen Uminterpretation von mentalistischen Prädikatoren wie "Idee", "Vorstellung", usw. in von Handlungsbegriffen abgeleitete Ausdrücke[1]; und zum anderen, in der Tat, das einer Reduktion traditioneller Sprachbegriffe auf Konzepte der Biologie bzw. allgemein der Naturwissenschaften[2]. Die daraus resultierenden Ungenauigkeiten und sich anbietenden Mißdeutungen haben häufig zu Einwänden geführt, die man bei einem konsequenteren Aufbau einer reduktionistischen Position leicht vermeiden könnte. Überzeugender sind in deser Hinsicht die Arbeiten z.B. SELLARS', deren Programm BERNSTEIN, unter dem Titel "displacement hypothesis", so zusammengefaßt hat:[3]

---

1) Vgl. z.B. MORRIS (1946, dt.S.1o6f.); G.H.MEAD (1924/25).
2) Der Wunsch nach einer bloßen Uminterpretation, und weniger nach einer Reduktion, zeigt sich am deutlichsten bei MEAD. Geistiges Verhalten, so erklärt er an einer Stelle, "kann nicht auf nicht-geistiges Verhalten reduziert werden, doch können geistiges Verhalten und geistige Phänomene durch nicht-geistiges Verhalten oder nicht-geistige Phänomene erklärt werden: daß sie nämlich aus diesen erwachsen, aus Komplikationen in diesen resultieren." (1934, dt.S.49. Vgl. auch MEADS Kritik an WUNDT, ebd., S.87ff.). Bei SKINNER hingegen verhält es sich genau umgekehrt. Die Arbeiten MORRIS' mag man in der Mitte zwischen diesen beiden Extremen einordnen.
3) Vgl. insbesonderes SELLARS (1963a; 1963b). Zu SELLARS vgl. jetzt: J.C.PITT (1978)

> "It may be that everything that the conceptual analyst (der eine nicht-reduktionistische Position vertritt, A.R.) wants to maintain about the distinctive and nonreducible nature of the language of action is true for the way in which man normally conceives of himself. Yet nevertheless, it is theoretically possible to question the entire 'manifest' framework, to argue not that such a conceptual framework can be reduced, but that it can be replaced. We may have good reasons for saying that even though the conceptual framework or language of action is nonreducible, it can be replaced by a better scientific (and even mechanistic) framework." (BERNSTEIN, 1971, S.259f.)

Gleichwohl hält auch ein solches methodisch stringenter formuliertes Vorhaben bestimmten Bedenken, wie ich meine, nicht stand[1]. Um diese Bedenken zu sehen, muß man freilich bereit sein, den Gesamtzusammenhang, in dem die jeweiligen eigenen Überlegungen stehen, als Gegenstand entsprechender Diskussionen zuzulassen.

Man mag als erstes versuchen, reduktionistischen Auffassungen gewissermaßen"durch die Tat" entgegenzutreten: Indem man nämlich nachzuweisen versucht, daß man das, was man jenen Auffassungen nach nicht "kann"-beispielsweise auf sinnvolle Weise zeigen, wie sich das Moment von Selbstreflexivität im üblichen Sprachbegriff genauer deuten und erklären läßt -, doch kann, einfach, indem man's tut[2]. In einem gewissen Sinne sind wir bisher hier ja so vorgegangen.

Doch ist ein solches Verfahren allein noch recht problematisch: Mit ihm wird ja unterstellt, daß der jeweilige Gesprächspartner dieselbe Beschreibung des Getanen geben würde, wie man selbst; daß er diese Beschreibung auf dieselbe Weise wie wir interpretieren würde; und daß er die in dieser Interpretation zutage tretenden Grundmerkmale unserer "Methode" für zunächst einmal genauso sinnvoll hielte wie wir.

Um mit einem Vertreter einer reduktionistischen Auffassung eine Diskussion mit Aussicht auf Erfolg führen zu können, genügt es daher nicht, daß man das eine oder andere "inhaltliche" Problem zu lösen bemüht ist: Es bedarf darüber hinaus einer wechselseitigen Abklärung auf der Ebene methodologischer Über-

1) Zur Kritik an SELLARS vgl. insbesondere RUSSMAN (1978).
2) So argumentiert zum Beispiel BENNETT gegenüber QUINES Skepsis bezüglich der Möglichkeiten, Verhaltensgrundlagen für die Zuschreibung präsprachlicher Überzeugungen angeben zu können: "the rigt response (sc. to this pessimism) is just to build the foundations." (BENNETT, 1976, S.27).

legungen. Diese für eine adäquate Diskussion von reduktionistischen Thesen erforderliche Verschränkung zweier zunächst verschiedener Bezugsrichtungen der Auseinandersetzung reicht aber, wie weiter oben bereits angedeutet, noch weiter. Auch wenn der Reduktionist unsere Auffassung von dem teilt, was man innerhalb begrifflicher Überlegungen machen kann, bleibt es nämlich immer noch logisch möglich, daß er gleichzeitig der Meinung ist, daß man zum Beispiel das hier vorgeschlagene Verfahren zur Synthese komplexerer Begriffseinheiten nicht beschreiten sollte.

Veranschaulichen wir uns diesen Fall an einem Beispiel. Angenommen, der weiter oben skizzierte Weg, einige Merkmale des tradtionellen Sprachbegriffs durch die Zusammenfassung von bestimmten Begriffen sensomotorischer Aktivitäten zu erklären, werde akzeptiert. Dann folgt daraus allein keineswegs schon, daß man den so verstandenen Sprachbegriff auch in Zukunft weiterhin so verwenden sollte. Der Reduktionist könnte beispielsweise darauf hinweisen, daß mit einer solchen Begrifflichkeit Komplexitäten auftreten, welche weit über das in Konzepten für Naturgeschehen bzw. sensomotorische Handlungen ohnehin schon enthaltene Maß hinaus gehen. Und er könnte, ganz im Sinne des vorhin erwähnten Exaktheitsideals, daraus die Überlegung ableiten, daß man besser daran tue, sich gewissen Beschränkungen aufzuerlegen, daß man z.B. ausschließlich Objektbereiche zum Gegenstand wissenschaftlicher Forschung machen sollte, die auf sinnvolle Weise meßbare Eigenschaften besitzen, usw.

Diese Überlegung übersieht jedoch einen wichtigen Umstand - und erst an dieser Stelle läßt sich m.E. das überzeugendste Argument gegenüber reduktionistischen Auffassungen formulieren. Der eben von der reduktionistischen Perspektive aus umrissene Einwand steht und fällt damit, daß alle an der Diskussion Beteiligten einen einheitlichen Standard für das anlegen, was sie als "elementar" und "weniger elementar" bzw. als "komplex" und "weniger komplex" bezeichnen. Eine solche Übereinstimmung versteht sich aber, wie ein schlichter Blick auf die Wissenschaftsgeschichte beweist, keineswegs von selbst. Um hier zu einem Konsens zu kommen, bedarf es zahlreicher

Auseinandersetzungen, in denen die jeweils Interessierten sich vor allem über ihr Vorgehen als Wissenschaftler, und insbesondere: Als grundbegriffliche Bestimmungen erörternde Wissenschaftler, abzuklären hätten. Soll nun die Exaktheit auch dieser Überlegungen im Sinne des angestrebten Ideals "intersubjektiver Kontrollierbarkeit der Bedeutung der jeweils verwendeten Grundbegriffe" erreicht werden, so wird man sich mithin um genaueres Verständnis und präzisere Anwendung auch von Ausdrücken wie "jemandem gegenüber etwas behaupten", "jemandem gegenüber eine Behauptung begründen", "jemandem etwas erklären" usw. usw. kümmern müssen. Derartiges aber wird verhindert, wenn man sich, den Vorstellungen des Reduktionisten gemäß, nur auf Verständnisbemühung und Gebrauch von Grundbegriffen beispielsweise der Physik beschränken würde, und diese Anstrengungen nicht vielmehr auch als einen der Schritte auf dem Wege zu einem besseren Verständnis von uns selbst als jemand, der z.B. bestimmte methodologische Konzepte entwirft und diskutiert, konzipiert[1].

In einem großen Teil der neuzeitlichen Erkenntnis- und Sprachtheorie sind solche Überlegungen u.a. deswegen nicht angestellt worden, weil man, empiristischen Prämissen entsprechend, geglaubt hat, zumindest mit Prädikaten für "Beobachtbares" einen Bestand unbezweifelbar "elementarer" Ausdrücke zur Verfügung zu haben, deren Bedeutung mithin nicht strittig sein könne - so daß die von uns hier geforderte Verschränkung von einzelnen "inhaltlichen" begrifflich-philosophischen Überlegungen mit "methodologischen" zumindest in dieser Hinsicht überflüssig wäre.

---

1) Auf ähnliche Weise, freilich nicht unter so starker Betonung philosophie-methodologischer Aspekte im hier gemeinten Sinne, ist bekanntlich seit längerem von Autoren argumentiert worden, die an der "klassischen" deutschen Reflexionsphilosophie von KANT bis HEGEL geschult sind: Die Kritik HORKHEIMERS und ADORNOS an der "positivistisch halbierten Vernunft" "szientistischer" Wissenschaftsauffassungen, wie auch die Auseinandersetzungen APELS und HABERMAS' mit dem Kritischen Rationalismus POPPERS und ALBERTS haben sich von jenem Gedanken leiten lassen.
Philosophiehistorisch gesehen wohl kein Zufall ist es auch, daß G.H.MEAD - obwohl er sich ja immer noch als "Sozialbehaviorist" bezeichnet - ebenfalls Überlegungen vorgetragen hat, welche auf die Forderung hinauslaufen, den Objektbereich einer jeden Wissenschaft so zu definieren, daß er in angebbaren Beziehungen selbst zu den Grundbegriffen steht, mit denen man die Tätigkeit des jeweiligen Wissenschaftlers charakterisieren würde.

Es läßt sich m.E. jedoch zeigen, daß diese vermeintlich unproblematische Elementarität des "Beobachtbaren" eine bloße Fiktion ist. Was die Grundbegriffe der heutigen Physik - als der "beobachtenden" Wissenschaft par excellence - betrifft, so ist das nachgerade trivial: Um "Beobachtungen" an einer Nebelkammer beispielsweise gerade im Sinne der Atomphysik "sehen" zu können, bedarf es gewiß eines großen Teils des weiteren Verständnisses des Physikers von seinem Objektbereich, von Unmittelbarkeit des Wahrgenommenen kann hier nicht die Rede sein. Darüber hinaus hat sich nachweisen lassen, daß derartige Revisionen empiristischer Positionen sogar unter Bezug auf vermeintlich elementare Ausdrücke derAlltagssprache erforderlich sind. In dem Maße, in dem sich diese Einsicht durchsetzt, scheint allerdings, so jedenfalls sieht es von den Prämissen einiger Auffassungen her aus, eine andere, ebenfalls problematische Tendenz innerhalb des neuzeitlichen Sprachverständnisses unabwendbar zu werden: Die Neigung zum Solipsismus. Das nächste Kapitel befaßt sich mit diesem Punkt.

4.3.3 Solipsistische Sprachtheorien: QUINE

Wörter, so LOCKES Überzeugung, "dienen" dem wechselseitigen Austausch von Gedanken. Wer eine Sprache besitzt, kann aus seiner Vereinzelung als einsames Individuum ausbrechen und sich mit anderen verständigen. Nach Erwerb zusätzlicher Fähigkeiten mag dies sogar zwischen Sprechern verschiedener Sprachen möglich sein: Auch die Vielfalt historisch gewachsener Einzelsprachen stellt kein unüberwindbares Hindernis für die Kommunikation dar.

Mit der Abbildkonzeption der Sprache - die doch in anderer Hinsicht so viele Nachteile mit sich bringt - ist dieses, gewiß nicht nur von LOCKE vertretene, Kennzeichen unseres Sprachverständnisses relativ einfach zu vereinbaren: Dieser Auffassung nach gibt es ja für alle Subjekte nur eine einzige Welt, und die "Beziehungen" zwischen Teilen dieser Welt und einzelnen sprachlichen Mitteln liegen offen zu tage, auch wenn man, konventionsbedingt, jeweils verschiedene Zeichen zu ihrer Benennung einsetzt. Für einen bewußtseinstheoretisch bestimmten Sprachbegriff wird jene Verständigungsmöglichkeit indes zum Problem: Sie scheint nämlich schwer vereinbar zu sein mit dem Umstand, daß wir üblicherweise jedem Subjekt einen "privaten", d.h. Anderen prinzipiell verschlossenen Zugang zu dem, was es glaubt, sich wünscht usw. zuzugestehen bereit sind. Denn wenn dies zutrifft, ist nicht mehr recht einsichtig, wie es dazu kommen soll, daß mehrere Subjekte mit ein und demselben Wort dieselben psychischen Inhalte verbinden. Derartiges mag sich zwar per Zufall einstellen, aber ein solch glückliches Ereignis müßte dann einfach viel zu selten sein, um Sprache generell als Mittel zur Verständigung bezeichnen zu dürfen.

Auf diese, für den neuzeitlichen Sprachbegriff kennzeichnende Tendenz zum Solipsismus ist häufig hingewiesen worden. Allerdings ist es erforderlich, hier zu differenzieren. Der mit dem Solipsismus verbundene Widerspruch gegenüber einem der am häufigsten akzeptierten Merkmale des üblichen Sprachbegriffs erstreckt sich nämlich auf zweierlei. Innerhalb der Terminologie LOCKES ausgedrückt: Zum einen auf Bezeichnungen für die durch Außeres in uns hervorgerufenen einzelnen bzw. einfachen Ideen; und zum anderen auf Bezeichnungen für die "Tätigkeiten des

Geistes". Diesen Unterschied zu berücksichtigen ist wichtig, um die Entwicklung zumindest empiristischer Sprachkonzeptionen, von LOCKE bis QUINE, zu verstehen. Die Schwierigkeiten im Zusammenhang mit dem ersten Punkt mögen nämlich, so eine weit verbreitete Auffassung, lösbar sein; die im Zusammenhang mit dem zweiten Punkt indes scheinen, wie sich in der auf LOCKE folgenden Tradition gezeigt hat, in einer offenen Aporie zu münden.

Bereits LOCKE hatte sich bemüht, eine Erklärung dafür zu geben, warum sprachliche Mittel auch innerhalb - und das heißt im Grunde: Trotz - der Prämissen seiner Konzeption zur intersubjektiven Verständigung geeignet seien[1]. Was die Ideen betrifft, die auf Empfindungen zurückgehen, so sah er für sie keine grundsätzlichen Schwierigkeiten: Diese Empfindungen stünden ja ihrerseits in einem engen Zusammenhang mit äußerlich Beobachtbarem, der intersubjektive Gebrauch der Namen für jene Arten von Ideen möge daher dadurch erklärt werden, daß er durch wechselseitiges Zeigen auf das jeweils Gemeinte etabliert und gesichert werden kann. Anders verhält es sich aber mit den Ideen, die auf Geistesoperationen zurückgehen - für den Zugang zu diesen scheinen ja keine externen Kontrollmöglichkeiten verfügbar zu sein. LOCKE behilft sich hier mit der Überlegung, daß Wörter zur Bezeichnung von Ideen der zweiten Art wohl aus dem Bereich derer der ersten Art entlehnt würden, "um dadurch andern diese in sich selbst erfahrenen Operationen, die keine äußeren sinnlich wahrnehmbaren Erscheinungen zur Folge haben, verständlich zu machen." (169o, Buch III, dt. S.3).

Aber zumindest der zweite Teil dieser Überlegungen ist ganz ofensichtlich unzureichend, um den gewünschten Zweck zu erfüllen. Denn welchen für "Öffentliches" im Sinne LOCKES gedach-

---

1) In diesem - wenngleich m.E. erfolglosen - Bemühen liegt ein offenkundiger Vorteil der Überlegungen LOCKES selbst gegenüber W.V.HUMBOLDT. Dieser deckt nämlich, auch in diesem Punkt KANT folgend, die solipsistischen Konsequenzen seiner Konzeption durch zwei bloße Postulate zu: Das Postulat der Gleichartigkeit der an sich existierenden Dinge, die in wie auch immer vermittelter Weise zu sprachlich artikulierbaren Erscheinungen werden; und das Postulat der überindividuellen Gleichheit des transzendentalen - bei HUMBOLDT: Sprachbildenden - Subjekts. Vgl. HENNIGFELD (1976, S.442).

ten Bezeichnungen sollen z.B. die logischen Partikel entnommen sein? Der Kontext, in dem diese Argumentation steht, läßt erkennen, daß LOCKE an metaphorische oder auch nur abstrahierende Gebräuche von Ausdrücken denkt, die zunächst als Namen für Anschaubares gebraucht werden - so z.B., wenn sich die Bedeutung von "Engel" aus der von "Bote" entwickelt hat, usw. Bei diesen Fällen mag jene Problematik in der Tat nicht so deutlich werden, wie bei den genannten logischen Ausdrücken. Gezeigt zu haben, daß sie gleichwohl auch in solchen Ausdrücken für "Zeigbares" enthalten ist, ist das Verdienst QUINES.

QUINE vertritt allerdings, anders als LOCKE, keinen bewußtseinstheoretischen Sprachbegriff mehr. Er hat sich betont an die Tradition des amerikanischen Pragmatismus angeschlossen, die mit CH.S.PEIRCE einsetzt, von J.DEWEY und anderen fortgeführt wurde, und schließlich zum hier bereits erwähnten Behaviorismus SKINNERS einerseits und G.H.MEADS andererseits geführt hat. Den Ausdruck "Bedeutung", so erklärt QUINE beispielsweise im Anschluß an DEWEY (1925), solle man nicht unter Rückgriff auf mentalistische Prädikate, wie z.B. "Idee" oder "Vorstellung", verstehen, sondern im Blick auf "Dispositionen zu beobachtbarem Verhalten" (1969, dt.S.44; 1960, S.ix). Anders als LOCKE sieht QUINE die "Verarbeitung" des von den Sinne gelieferten "Materials" der Erkenntnis daher auch nicht primär als Tätigkeit eines zunächst einsamen Individuums, sondern in engem Zusammenhang mit dem - sozial vermittelten - Spracherwerb bzw. mit der Sprachverwendung. Daraus erklärt sich im übrigen, warum QUINE sehr viel mehr zu einer konstitutionstheoretischen Sprachauffassung neigt als LOCKE.

Gleichwohl sind die Schwierigkeiten, zu denen QUINES Verständnis des Sprachbegriffs führt, eng mit denen verwandt, die in LOCKES Überlegungen (wenn auch entgegen dessen Selbstverständnis) impliziert sind - ein deutliches Indiz dafür, daß sie auf einen tiefer liegenden Sachverhalt zurückgehen als der, der mit bewußtseinstheoretischen Positionen einerseits und behaviorstischen andererseits markiert ist.

"Typischerweise", so QUINE, "spricht das Wort über einen sichtbaren Gegenstand" (1969, dt.S.43). Was hier "sichtbar" heißt, sei jedoch interpretationsbedürftig. Man könne darunter ein reines Beobachtungsdatum verstehen, welches noch ganz von den Zutaten des wahrnehmenden Subjekts, den "Geistesoperationen" i.S. LOCKES, frei ist. Ist das der Fall, so seien die zur Bezeichnung eines solchen Datums geeigneten Ausdrücke freilich außerordentlich rudimentär. Es kämen hier allenfalls Wörter in Frage, wie sie ein Kind auf der ersten Stufe des Spracherwerbs zu lernen beginne - z.B. "mama" oder auch Kontinuativa wie "Wasser", "Röte" usw.

Für diese Wörter nun gelte LOCKES These, daß die Intersubjektivität der Bedeutung "erfahrungsnaher" Ausdrücke unproblematisch sei, in der Tat[1]. Für den großen Rest aller anderen indes - und das betrifft auch so gut wie alle von LOCKE angeführten Exempel für Bezeichnungen für "simple ideas", wie z.B. "Dreieck", "Bewegung", "Licht" usw. - träfe jene Überzeugung nicht zu. Der Grund dafür liegt QUINES Auffassung nach darin, daß auch in ihrer Logik bereits Aktivitäten von seiten des redenden Subjekts enthalten sind, Aktivitäten, für deren Benennung sich keine objektiv kontrollierbare Kriterien anführen lassen. QUINE hat das am Fall eines Übersetzungsversuchs einer fiktiven Sprache zu verdeutlichen unternommen.

Gesetzt den Fall, ein Ethnologe komme zu einem Stamm von Menschen, über deren Sprache er bisher noch keinerlei Information besitzt, und beginne mit dem ersten Versuch zur Herstellung eines Wörterbuchs. Um möglichst wenig Mißverständnisse in Kauf nehmen zu müssen, fange er mit jenen Wörtern an, deren Gebrauch sich unter Bezug auf Sichtbares überprüfen zu lassen scheint. Es komme zum Beispiel zu einer Situation in der der Ethnologe und sein Informant einen Hasen sehen, und letzterer den Ausdruck "gavagai" ausspricht - woraufhin der Ethnologe die Gleichung "'gavagai' bedeutet 'Hase'" notiert. Aber, so die Frage QUINES, ist diese Notiz berechtigt?

Für uns bezeichnet "Hase" u.a. einen Gegenstand mit einer be-

1) Mit Sätzen, die aus diesen Wörtern bestehen, glaubt QUINE daher die Intention der Doktrin von vermeintlich unumstößlich gewissen Beobachtungssätzen erfüllen zu können. Vgl. QUINE (1960, S.44; 1969, dt.S.119ff.; 1973, dt.S.61ff.).

stimmten einheitlichen räumlich umgrenzten Form, die eine gewisse zeitliche Kontinuität besitzt, also z.B. über das hinausreicht, was wir in einem einzelnen Augenblick sehen. Ob diese Implikationen aber auch für den Ausdruck "gavagai" zutreffen, ist aufgrund dessen, was man in der Beispielsituation ermitteln kann - und QUINE geht so weit, zu sagen: Aufgrund dessen, was man <u>überhaupt</u> ermitteln kann - nicht zu sagen. Denn ist es nicht auch möglich, daß mit "gavagai" das gemeint ist, was <u>wir</u> mit "(von anderen Hasenteilen) nicht abgetrennter Hasenteil" oder mit "zeitliches Stadium eines Hasen" bezeichnen würden? Durch das übliche Kontrollverfahren - die ostensive Abgrenzung des Gemeinten - ist hier ja keine genauere Auskunft zu erhalten, denn schließlich wird in allen drei Fällen in einem gewissen Sinn auf "dasselbe" gezeigt:

"Der einzige Unterschied zwischen Hasen, nicht abgetrennten Hasenteilen und zeitlichen Hasenstadien liegt in ihrer Individuation. Wenn man einmal den gesamten verstreuten Teil des Raum-Zeit-Kontinuums nimmt, der aus Hasen besteht, zum andern den, der aus nicht abgetrennten Hasenteilen besteht, und zum dritten den, der aus zeitlichen Hasenstadien besteht, so hat man jedesmal denselben verstreuten Teil der Welt. Der einzige Unterschied besteht darin, wie man ihn zerlegt. Und wie er zu zerlegen ist, kann Ostension oder einfache Konditionierung, sei sie auch noch so beharrlich wiederholt, nicht lehren." (1969, dt.S.48; s.a. 1960, S.51ff.; 1969, dt.S.7ff.)

Nun habe man zwar innerhalb einer einzelnen Sprache die Möglichkeit, in solche Zweifelsfällen Korrekturfragen zu stellen - etwa "ob das hier derselbe gavagai sei wie dieser da" (1969, dt.S.49). Mit einer Sprache sei eben eine Reihe von Zeichen verbunden - Pluralbildungen, Pronomen, Zahlwörter, Identitäts-"ist" mit dem daraus abgeleiteten "dasselbe" und "ein anderes" -, durch die Sprecher die Art der Operation anzeigen können, welche sie mit dem von ihnen Wahrgenommenen vornehmen. Aber, und das ist das Entscheidende, um die Bedeutung dieser Operationen bezeichnenden Ausdrücke kontrolliert verstehen zu können, gebe es keinen "objektiven" Bezugsgegenstand, wie im Fall eines Ausdrucks wie "rot", für den man doch zumindest ein ostensiv nachweisbares Wahrnehmungssubstrat zur Verfügung habe (vgl. 1960, S.73).

QUINE hat in zahlreichen Arbeiten die Konsequenzen dieser Überlegungen für eine Reihe von weiteren Hauptthemen der Erkenntnis- und Wissenschaftstheorie herausgestellt. So zeige sich beispielsweise, daß der Begriff des analytischen Urteils sinnlos werde, da dieser auf dem der Bedeutungsgleichheit zweier Ausdrücke beruht, und für eine solche Gleichheit bei allen interessanten Fällen ja keine Gewähr besteht (1961). Aus damit zusammenhängenden Gründen müsse das Programm des frühen CARNAP: Die Sprache der Wissenschaften auf die von Sinnesdaten zu "reduzieren", aufgegeben werden. Da der Übersetzungsfall nur ein Sonderfall der generellen Schwierigkeit ist, die Subjektivität des jeweiligen Anderen zu verstehen, sei die Referenz auf Gegenstände mit Hilfe sprachlicher Mittel grundsätzlich unerforschlich (1969, dt.S.53) [1]. Von "Sachverhalten" (propositions) zu sprechen, sei problematisch, sofern man sich mit diesem Ausdruck auf etwas beziehen möchte, was die Verwendung von Sätzen verschiedener lautlicher Form bei vermeintlich gleicher Bedeutung gemeinsam hat. Und außerdem könne es keine unmittelbaren Überprüfungs- und Revisionsmöglichkeiten für den "empirischen Gehalt" der Begrifflichkeit wissenschaftlicher Theorien geben; diese seien vielmehr nur an ihrer "Peripherie" mit der Erfahrung "verankert", jeder eventuelle "Widerspruch" zu einer Erfahrung könne daher sowohl zu "bloßen" Kompensationen innerhalb der Begrifflichkeit des Theoriensystems führen, wie zu einer grundsätzlichen Veränderung dessen, was die Theorie insgesamt an empirisch Gehaltvollem zu artikulieren erlaubt (196o, § 5). Die Indeterminiertheit von Übersetzungen gelte daher auch zwischen zwei oder mehr Theorien: Sie können "logically incompatible and empirically equivalent" sein (197o, S.179) [2].

---

1) Um diese Überlegung richtig zu sehen, ist es allerdings erforderlich, im Sinne QUINES zu unterscheiden zwischen a) den Verstehensmöglichkeiten zweier Sprecher ein und derselben Sprache, b) den Verstehensmöglichkeiten zweier Sprecher verschiedener Sprachen, und c) der Rede über das Referenzsystem der einen oder anderen (eventuell auch der eigenen) Sprache. Was (a) betrifft, so geht QUINE - im Gegensatz zu dem, was sich aus LOCKES Überlegungen ergibt - davon aus, daß ein derartiges Verstehen durchaus unproblematisch sei (vgl. 196o, S.79), während Bemühungen im Sinne von (b) und (c) unter die Indeterminiertheits- bzw. Unerforschlichkeitsthese fielen.

2) Vgl. dazu z.B. RADEMACHER (1977).

Träfen QUINES Überlegungen zu, sowürden sie also dazu nötigen, wichtige Teile dessen, was wir gemeinhin glauben mit Sinn tun zu können, aufzugeben. Konsequent reduktionistisch hat QUINE das nicht als Anreiz dafür verstanden, die Prämissen seiner Überlegungen zu überdenken, sondern die Bereitschaft zur Einschränkung unseres Glaubens an bestehende Argumentationsmöglichkeiten als Tugend deklariert. Gegenüber diesem Schluß gibt es jedoch m.E. eine Alternative.

Eine solche Alternative angeben zu können, ist um so wichtiger, als selbst der von QUINE noch zugestandene Rest gesicherter Intersubjektivität der Bedeutung von Zeichen in Wirklichkeit aus seinen Überlegungen keineswegs folgt. Ähnlich wie LOCKE, und wie viele andere Autoren auch, glaubt QUINE, daß der Rückgriff auf Zeigehandlungen ausreiche, um zu erklären, wie sich zumindest in elementaren Fällen intersubjektiv geteilte Bedeutungen von Zeichen etablieren können. Aber diese Überlegung führt in einen Zirkel. "Jemandem etwas zeigen" ist ja seinerseits bereits ein Ausdruck für eine sprachliche Handlung (nur daß es nicht in jedem Fall bereits eine satzsprachliche Handlung sein muß): Die hinweisende Geste auf einen bestimmten Gegenstand, der als Exempel für ein Zeichen gelten soll, muß schließlich als solche "verstanden" werden können, wenn die gemeinte Handlung zustande kommen soll.
Besonders deutlich zeigt sich dies an der bekannten Aporie der Logik des Begriffs "Beispiel": Damit ein in der Redesituation vom Angesprochenen wahrgenommenes Einzelnes, auf das sein Gesprächspartner verweist, von ihm als Exempel interpretiert werden kann, muß er es als Besonderes eines über die Redesituation hinausreichenden Allgemeinen sehen können. Der Verweis auf dieses Allgemeine ist nun zwar zweifellos in der Intention des Beispiel gebenden Subjekts enthalten. Aber der Erwerb der neuen Unterscheidungsfähigkeit auf seiten des Lernenden kann nicht davon abgeleitet werden, daß er jene Intention "versteht" - denn dann hätte er ja schon gekonnt, was er erst lernen soll.

Es verhält sich hier also ganz ähnlich wie mit dem Versuch, die Verschiedenheit der Einzelsprachen unter Bezug auf differierende "Konventionen" zu erklären: In einem engen Sinne[1] verwendet, bezeichnet der Ausdruck "eine Konvention treffen" bereits eine sprachliche Handlung, so daß auch ein solcher Ansatz die gewünschte Erklärung verfehlt.

Mit anderen Worten: Hätte QUINE mit seinen Grundannahmen Recht, so wären wir nicht nur unter Bezug auf die Möglichkeit, etwas komplexere, von einem fremden Subjekt verwendete Begriffe zu verstehen, zu solipsistischen Positionen genötigt; die gleiche Folgerung würde sich vielmehr auch schon unter Bezug auf den Gebrauch von im Sinne QUINES noch sehr "erfahrungsnahen" Ausdrücken aufdrängen. Doch ergeben sich diese Konsequenzen, wie bereits angedeutet, nur dann, wenn man einige der Voraussetzungen QUINES sowie der gesamten empiristischen Tradition der Sprach- und Erkenntnistheorie unbefragt übernimmt.

Zu diesen Voraussetzungen gehört vor allem das gesamte Bündel jener Überzeugungen, die mit der "Zwei-Quellen-Theorie" des (gegebenenfalls sprachlich vermittelten) Erkennens zusammenhängen, jener Theorie also, die z.B. bei LOCKE zur Unterscheidung zwischen zwei Arten von Zeichen geführt hatte: Denen, die zur Bezeichnung von Ideen dienen, welche durch "Äußeres" hervorgerufen werden, und denen, die zur Bezeichnung von "Geistesoperationen" dienen.

Die solipsistischen Konsequenzen, die sich aus dieser Theorie ergeben, sind ersichtlich eng damit verbunden, daß Vertreter dieser Auffassung glauben, auf Begriffe von Individuen zurückgreifen zu müssen, an denen sich bereits eine nicht-reduzible Unterscheidung zwischen ihrem psychischen "Innen" und ihrem jeweiligen "Außen" mit Sinn treffen läßt. In entsprechend umgewandelter Form gilt das auch für QUINE: Die Intersubjektivität der Rede wird für ihn ja gerade von dem Moment an zu einem Problem, wo er sich auf Individuen bezieht, die bereits zum Gebrauch jener i.w.S. "logischen" Ausdrücke - den Plural-

---

1) Der Ausdruck kann bekanntlich auch in einem weiteren Sinne verwendet werden. In dieser Form tritt er dann in die Nähe der Rede von der "Willkürlichkeit" sprachlicher Zeichen, einer Formel, deren sinnvollste (bereits bei ARISTOTELES zu findende) Fassung lediglich darauf abzielt, den Gegensatz zur Auffassung von der naturkausalen Abhängigkeit zwischen Zeichen und Bezeichnetem zu betonen. Vgl. dazu COSERIU (1967/68).

anzeichen, temporalen Spezifizierungen usw. - fähig sind, welche traditionell als Anzeichen für die "inneren Tätigkeiten des Geistes" aufgefaßt wurden. Was liegt angesichts dieser Sachlage nun näher, als zu vermuten, hier werde in den erklärenden Teil der Theorie etwas hineingetan, was besser in das Explanandum gehört? M.a.W.: Wenn unser common-sense-Glaube, daß wir uns in den meisten Fällen sehr wohl zu verständigen fähig sind; daß wir auch über dieses sich-Verstehen zu einer einheitlichen, überzeugenden Theorie kommen könnten; daß wir von einer Sprache in eine andere, wenn auch vielleicht unter Verlust wichtiger Bedeutungsschattierungen, übersetzen können - wenn all das unerklärbar wird, sobald man auf Begriffe von Subjekten rekurriert, die bereits zur Rede von sprachlich artikulierbaren "Außenwahrnehmungen" und "inneren, logischen Operationen" Anlaß geben: Warum soll man dann nicht einmal überprüfen, ob die Begriffe solcher Subjekte nicht besser <u>in eins</u> mit dem Moment der Intersubjektivität sprachlichen Handelns erklärt werden, statt beide Sachverhalte zu trennen, und den einen von ihnen ins Explanandum, den anderen ins Explanans seiner Ausführungen zu stellen? Warum soll es sich hier nicht beispielsweise um Sachverhalte handeln, die lediglich zwei verschiedene <u>Aspekte</u> einunddesselben Begriffs, eben des Begriffs einer etwas komplexeren sprachlichen Handlung, darstellen?

Ich möchte an späterer Stelle, anläßlich der Diskussion der Beziehung zwischen Begriffen für zeichensprachliche Handlungen und Begriffen für satzsprachliche Handlungen, zu zeigen versuchen, daß dies in der Tat einen Weg eröffnet, der plausiblere Resultate erbringen könnte. Der Witz dieser Überlegungen ist freilich, daß auf Situationen zurückgegriffen wird, in denen ein Subjekt B mehrere Handlungen (in diesem Fall: Zeichensprachliche Handlungen) eines Subjekts A (bzw. von Teilsubjekten A1, A2 usw.) beobachtet, und eine dieser Handlungen als eine Aktivität zweiter Ordnung, eine "Metahandlung" sehen lernt, mit der räumliche Spezifizierungen an dem mit Hilfe einer weiteren, ersten Handlung Dargestellten getroffen werden. Eine solche Überlegung dürfte aber sicherlich nicht mit der Zustimmung QUINES rechnen. Ich gehe auf diesen Punkt schon jetzt kurz ein, weil ja auch für die hier in Kap.4 vorgeschlagene Erklärung der Relation zwischen sensomotorischen Begriffen und zeichensprachlichen Begriffen auf eine von einem Individuum B beobachtbare spezielle Konstellation von Handlungen eines Individuums A zurückgegriffen wurde.

Der entscheidende Grund für die - im Augenblick freilich nur unterstellte - Differenz zwischen den Überlegungen QUINES und dem hier vorgeschlagenen Verfahren liegt in QUINES Tendenz zum Physikalismus, einer Tendenz also, die er mit den meisten anderen Vertretern empiristischer Auffassungen teilt, auch wenn QUINE sich in dieser Beziehung sehr viel vorsichtiger ausdrückt (vgl. QUINE, 1977/78). Einem gerade - so mag von der Position QUINES aus argumentiert werden - erst sprachfähig werdenden Subjekt die Fähigkeit zuzuschreiben, Handlungen fremder Individuen zu erkennen, und die von einem fremden Individuum verwendeten Zeichen als Darstellungsmittel hoch-komplexer Handlungskonstellationen zu interpretieren, das mute einem solche Subjekt viel zu viel zu. Das, was hier logisch gesehen geleistet werden könne, sei sehr viel "elementarer". Der Paradigmafall für den Erwerb von Sprachfähigkeiten sei vielmehr die Verknüpfung eines einzelnen Worts mit einem - am besten optisch - wahrnehmbaren Gegenstand, wobei "Gegenstand" nahezu im Sinne von "Ding" zu interpretieren ist. Eine Bemerkung wie die folgende, deren Beginn weiter oben bereits zitiert wurde, ist kennzeichnend für eine solche Überzeugung:

> "Typischerweise spricht das Wort über einen sichtbaren Gegenstand. Der Lernende hat nun nicht nur das Wort phonetisch zu lernen, indem er es von einem anderen Sprecher hört; er muß auch den Gegenstand sehen; und er muß außerdem, um die Relevanz des Gegenstandes für das Wort zu kapieren, erkennen, daß der Sprecher ebenfalls den Gegenstand sieht." (1969, dt.S.43)

Diese Bemerkung läßt freilich auch bereits die Crux einer solchen Position erkennen: QUINE kommt ja anscheinend nicht umhin, dem sprachlernenden Individuum ebenfalls sehr viel mehr als "bloß" die Fähigkeit zur Unterscheidung von "Gegenständen" zuzuschreiben - es muß offensichtlich auch noch fähig sein, zu erkennen, daß ein anderes, das betreffende Wort bereits verwendende Subjekt etwas bestimmtes sieht (vielleicht auch gar: Will, glaubt, usw.?), wenn es das Wort anwendet. Wenn das aber zugestanden wird, sollte der Schritt nicht mehr fern sein, die vorsprachlichen psychischen Zustände eines Anderen, die ein seinerseits vorsprachlich agierendes Individuum logisch gesehen fähig ist zu erkennen, genauer zu klären. Einen solchen Schritt hat QUINE indes - im Gegensatz etwa zu G.H. MEAD, von dem er kaum Notiz genommen hat - nicht mehr in zufriedenstellender Weise vollzogen. Hätte er es getan, so wäre vielleicht auch deutlich geworden, daß dieses vermeintliche "Mehr" an vorsprachlichen Individuen zuzuschreibenden Kognitionsfähigkeiten zugleich ein "Weniger" ist: Einfach weil die sensomotorische Fähigkeit, sich auf unbelebte und belebte Gegenstände der jeweiligen Umwelt einzustellen, logisch noch nicht einmal die elementaren Kompetenzen zur Unterscheidung von Objekten einschließt, welche empiristische Sprachtheoretiker, einschließlich QUINES, an dieser Stelle traditionellerweise vorzugeben bereit sind. -

Ohne Zweifel besteht in dem von uns zu Erklärungszwecken praktizierten Rekurs auf eine "Metahandlung", die eine andere Handlung des betreffenden Subjekts gleichsam "kommentiert", eine gewisse Parallele zum Rückgriff auf "psychische" Leistungen, auf die vom "Innen" kommenden "logischen Operationen des Geistes", innerhalb der Zwei-Quellen-Theorie (sprachlich vermittelten) Erkennens. Aber letztere verbindet mit diesem Rückgriff u.a. die Vorstellung einer "privaten", "inneren"Aktivität eines als solches bereits konstituierten Subjekts, und handelt sich daher solipsistische Aporien ein. Die hier vertretene Position hingegen versteht unter einer solchen Metahandlung ein "öffentliches" Geschehen, welches die Konstitution eines Subjekts - in eins mit den für dieses geltenden Fähigkeiten zur Objektdifferenzierung, zum Informationsaustausch mit Anderen und zum Selbstbezug - erst zur Folge hat.

Nun lädt das Konzept einer solchen Metahandlung freilich, wie bereits an früherer Stelle erwähnt, zu einer bestimmten Mißdeutung ein: Denn werden mit diesem Begriff nicht dem jeweils in Rede stehenden Subjekt eben die Kompetenzen - insbesondere die zur Selbstreflexivität - bereits zugeschrieben, welche es der Intention solcher Überlegungen nach erst als Resultat des gelingenden Vollzugs einer solchen Handlung besitzen dürfte? Träfe das zu, wäre die gemeinte Erklärung zirkulär. In der Tat scheitert der evolutionstheoretische Ansatz G.H.MEADS, bei allen ihn sonst kennzeichnenden Vorteilen, u.a. an eben dieser Schwierigkeit, wie weiter oben zu zeigen versucht wurde (Kap.4.3.2): Sein Begriff der "Übernahme der Einstellungen eines Anderen gegenüber einem selbst", der eine analoge Funktion wie die hier herangezogenen "Metahandlungen" besitzen soll, ist in dieser Hinsicht defizient.

Einer der Gründe für diese Schwierigkeit MEADS liegt, wie bereits in den an den Anfang dieser Arbeit gestellten methodologischenÜberlegungen angedeutet, darin, daß er nicht hinreichend zwischen begrifflichen Überlegungen und empirischen Evolutionserklärungen unterschieden hat[1]. Gegenüber einigen neueren sprachtheoretischen Ansätzen innerhalb der ordinary-language-Richtung der Analytischen Philosophie, die vor allem auf AUSTIN und GRICE zurückgehen, läßt sich dieser Einwand nun nicht erheben. Das ist um so interessanter, als von Vertretern dieser Auffassung zum Teil ebenfalls auf selbstreflexive Momente zurückgegriffen worden ist, um zu einem genaueren Verständnis des Sprachbegriffs zu gelangen. Gleichwohl führen auch diese Bemühungen zu einer bestimmten Aporie, die sich jedoch ebenfalls m.E. auflösen läßt, wenn man bestimmte Prämissen dieser Überlegungen aufgibt. Das nächste Kapitel versucht, diese These zu begründen; ich führe auch damit einen Punkt weiter aus, der im methodologischen Abschnitt dieser Arbeit bereits kurz angesprochen wurde.

---

1) Dieser Mangel ist allerdings gewiß kein Spezifikum evolutionstheoretischer Überlegungen i.S. MEADS. Er stellt vielmehr auch ein durchgehendes Charakteristikum empiristischer Sprachtheorien dar: Dort, wo man, im Zuge strikt begrifflicher Überlegungen, beispielsweise eine genauere Klärung der Beziehung zwischen unseren Konzepten vorsprachlicher Aktivitäten und unseren Konzepten sprachlicher Handlungen erwarten würde, wird in der Regel auf mehr oder weniger krude lerntheoretische Annahmen zurückgegriffen - etwa, daß hier "induktiv gewonnene Verallgemeinerungen", "Abstraktionen" usw. "vorgenommen" würden, usw. QUINE hat, dieser Tendenz folgend, mehrfach Überlegungen zur Ontogenese des Spracherwerbs vorgetragen (1960, § III; 1973), Überlegungen, die freilich empirisch kaum gedeckt sind und in grundlagentheoretischer Hinsicht nicht an die Ausführungen MEADS heranreichen.

4.3.4 Sprache und Selbstreflexivität: GRICE, BENNETT

Rekapitulieren wir kurz einen Teil des weiter oben bereits Ausgeführten: Anlaß für den Versuch GRICES, einige Grundmerkmale des Begriffs zeichensprachlichen Handelns gerade in der von ihm vorgeschlagenen Weise anzugeben, sind gewisse Merkwürdigkeiten bestimmter Beispielsituationen. Nehmen wir an, wir beobachteten, wie ein Polizist einen Wagen stoppt (vgl. GRICE, 1957, S.45). Er kann dies dadurch tun, daß er sich vor diesen Wagen stellt, daß er - wenn es sich um einen flüchtigen Delinquenten handelt - eine Wagensperre auf der Straße errichtet, usw. Vergleichen wir diese Situation nun mit einer, in der ein Polizist einen Autofahrer winkt, zu halten: In einem solchen Fall, so GRICE, ist es nicht nur so, daß der Polizist eine Handlung mit dem Ziel vollzieht, den Autofahrer zum Halten zu bringen; er gibt dem Autofahrer vielmehr auch noch zu verstehen, daß er (der Polizist) jenes Ziel anstrebt. Mit den Worten GRICES: Es lasse sich generell gesehen dann davon sprechen, daß ein Individuum A mit einer bestimmten Handlung x "etwas meint", d.h.: Eine zeichensprachliche Handlung vollzieht[1], wenn gilt:

- "A intended the utterance of x to produce some effect in an audience;" und zwar wenn dies geschieht
- "by means of the recognition of his intention" (GRICE, 1957, S.46).

GRICE erläutert in diesem Zusammenhang noch zusätzlich, daß mit dem Ausdruck "effect" nicht eine naturkausal eintretende Wirkung gemeint sei (etwa: Daß der Angesprochene errötet oder gar erkrankt), sondern etwas, über dessen Eintreten der jeweilige Mithandelnde eine gewisse Kontrolle besitze; m.a.W.: Daß die Identifizierung der Intention des Sprechers durch den Angesprochenen keine "Ursache" sondern ein "Grund" für die bei diesem auftretende Wirkung sei (GRICE, 1957, S.46; 1969, S.151f.). Im Sinne unserer Überlegungen wird man also davon ausgehen dürfen, daß die gemeinte "Wirkung" im Auftreten eines bestimmten psychischen Zustands i.w.S., d.h. einer Intention,

---

1) Ich gehe auch weiterhin davon aus, daß sich GRICES Bemühungen um den Unterschied zwischen "natürlicher" und "nichtnatürlicher" Bedeutung in eben diesem Sinne umformulieren lassen.

Kognition usw. besteht.

Vgl. dazu die Korrektur in GRICE (1968, S.230; 1969, S.168) gegenüber der ursprünglich in GRICE (1957) vorgetragene Auffassung, für "imperativische" Äußerungen sei die unmittelbare Herbeiführung eines Handlungsvollzugs, für "indikativische" hingegen die einer Überzeugung charakteristisch: In den neueren Arbeiten wird vorgeschlagen, die gewünschte Wirkung in dem ersten Fall, in deutlicherer Parallele zum zweiten, im Hervorbringen einer Intention zu sehen.

Die im Anschluß an diese Überlegungen einsetzende Diskussion hat zahlreiche Einwände und Korrekturmöglichkeiten der anfänglichen Vorstellungen GRICES zutage gefördert, insbesondere, seit sie mit der sogenannten "Sprechakttheorie" AUSTINS (1962) verknüpft worden ist[1]. Ich möchte im Folgenden aber nur zwei Bedenken aufgreifen, die u.a. von CHOMSKY (1975, dt.S.77ff.) angeführt worden sind, da sie mir besonders bedenkenswert zu sein scheinen, und auch durch die Vertreter der Sprechakttheorie m.E. nicht ausgeräumt worden sind. CHOMSKY hält insbesondere den Rückgriff auf die Intentionen eines Sprechers für fehlerhaft:

i) Das erlaube nämlich nicht, eine Erklärung für jene Fälle zu geben, in denen wir gemeinhin davon sprechen würden, daß ein Subjekt keine auf irgendeinen Hörer bezogenen Absichten verfolgt, gleichwohl aber doch eine sprachliche Handlung vollzieht - so z.B., wenn jemand ein Manuskript nur "für die Schublade" abfaßt, usw. Dem sei auch keineswegs durch GRICES Vorschlag abgeholfen, sich gelegentlich auf bloß "potentielle" Hörer zu beziehen - es gebe ja Fälle, in denen nicht einmal derartiges vorliege, wie z.B. bei manchen Selbstgesprächen, usw. (ähnlich: GREEN, 1968/69; ARMSTRONG, 1971).

ii) Zudem sei der Vorschlag zirkulär, denn durch den Rückgriff auf Intentionen sei man außerstande, dem "Umkreis des begrifflichen Rahmens" zu entkommen (CHOMSKY, 1975, dt.S. 86) - was man wohl so zu verstehen hat, daß CHOMSKY der Auffassung ist, dieser Intentionsbegriff impliziere den Begriff sprachlicher Handlungsfähigkeiten bereits.

1) Vgl. STRAWSON (1964), SEARLE (1969), sowie die Bibliographie in FANN (1969) und VERSCHUEREN (1978).

Ich möchte auf den Einwand (i), der auf den ersten Anschein ja auch gegenüber den von uns entwickelten Thesen erhoben werden könnte, an etwas späterer Stelle noch eingehen, und mich zunächst mit dem Einwand (ii) befassen. Wie man sieht, ähnelt er den hier weiter oben bereits erwähnten Bedenken; er ist jedoch m.E. in der von CHOMSKY geäußerten Form noch zu unpräzis gefaßt. Das zeigt sich besonders daran, daß die von BENNETT (1976) vorgelegten Untersuchungen dazu geeignet zu sein scheinen, ihn aufzulösen, obwohl im Grunde auch sie zu Schwierigkeiten führen.

BENNETTS "Linguistic Behaviour" stellt den zur Zeit bei weitem am ausgearbeitetsten Versuch dar, die eher tentativen Überlegungen GRICES in einen größeren begrifflichen Zusammenhang zu stellen. Insbesondere hat BENNET sich bemüht, handlungsbezogene Kriterien für die psychologischen Prädikate anzugeben, die in der Analyse GRICES herangezogen werden, Kriterien, die bis in die Angabe von verhaltensphysiologischen Grundbegriffen reichen. Ein Vergleich mit den hier vorgetragenen Auffassungen bietet sich also schon der deutlichen Parallelen wegen an.

Auf einen der für diesen Vergleich interessanten Punkte wurde weiter oben (Kap.3.3) bereits eingegangen; er betraf ein bestimmtes Problem im Zusammenhang mit der Identitätszuschreibung gegenüber Individuen, denen wir Kognitionen, aber noch keine Sprachfähigkeit zusprechen können. Ich möchte jetzt zwei weitere Punkte ansprechen, die, wie sich zeigen wird, ebenfalls mit unseren Kriterien für die Identität eines Lebewesens zu tunhaben. Gemeint ist zum einen BENNETTS These, daß es vielleicht logisch möglich sei, Individuen, die noch nicht sprachfähig sind, auf die eigene psychische Verfassung bezogene Kognitionen zuzuschreiben, daß es also möglich sei, von einem von ihnen z.B. zu sagen, es wisse (oder glaube), daß es etwas bestimmtes wahrnehme; und zum anderen BENNETTS Rückgriff auf "Nachahmungen" zum Zweck der Explikation des Übergangs von Begriffen vorsprachlichen Handelns zu solchen sprachlichen Handelns.

Was den Begriff selbstbezüglicher Kognitionen betrifft, so hat BENNETT, wie er selbst betont, im Laufe der Zeit seine

Auffassung geändert. In seinem Buch über "Kant's Analytic" (1966, S.104f.) hatte er einen Brief KANTS an HERZ zitiert, in dem KANT davon spricht, daß ein subhumanes Lebewesen zwar Anschauungen haben könne, und daß diese Anschauungen auch, infolge eines "empirischen Assoziationsgesetzes", miteinander verknüpft sein mögen, daß dies aber keineswegs auch schon besage, daß dieses Wesen von seinen psychischen Zuständen etwas weiß. BENNETT hatte dem zugestimmt: Die Grenze vom Sub-Humanen zum Humanen werde durch die Sprachfähigkeit markiert, und sprachunfähige Lebewesen könnten noch kein Selbstbewußtsein besitzen.

Der Grund für diese letzte These, den BENNETT in "Kant's Analytic", unter teilweiser Verwendung einer bereits in BENNETT (1964) vorgetragenen Argumentation, anführt, hängt mit der Fähigkeit zusammen, "Urteile" (judgments) über Vergangenes gewinnen zu können. Ein Hund, so seine Überlegungen in "Kant's Analytic" (S.116), könne beispielsweise durch sein Verhalten sein "Urteil ausdrücken, daß 'der Knochen hier ist'"; aber ohne eine bereits recht differenzierte Sprache zu beherrschen, sei er nicht in der Lage, das Urteil auszudrücken, daß "der Knochen hier war". Nun sei aber die Fähigkeit zum Gewinn von Vergangenheitsüberzeugungen eine notwendige Bedingung für den Besitz von Selbstbewußtsein. Man könne nur dann etwas über seine gegenwärtigen psychischen Zustände wissen, wenn man auch etwas über seine vergangenen Zustände weiß. Folglich sei Sprachkompetenz erforderlich, um zu Recht Selbstbewußtsein zugeschrieben zu bekommen.

Die Auffassung, daß sprachunfähige aber handlungskompetente Individuen keine Indizien für vergangenheitsbezogene Glaubenshaltungen erkennen lassen könnten, ist freilich genauer besehen wenig überzeugend. BENNETT hat sie daher später wieder aufgegeben (vgl. 1976, S.109). Damit fiel ein Argument zugunsten der These: Selbstreflexivität in dem hier im Moment gemeinten Sinne impliziert Sprachfähigkeit, fort. Das besagt freilich selbstverständlich noch nicht, daß damit auch schon bewiesen ist, daß das Umgekehrte zutrifft. BENNETT meint jedoch, eine dafür sprechende Überlegung bereit stellen zu können (1976, S.110-113):

Kein Zweifel besteht darüber, daß wir von noch nicht zum Sprachgebrauch fähigen Individuen sagen können, sie besäßen eine bestimmte Kognition. Kein Zweifel besteht auch darüber, daß diese Kognition sich u.a. auf die Handlungen von Individuen beziehen kann, welche von dem von uns beobachteten Individuum beobachtet werden: A kann glauben (in sensomotorischem Sinn, wie man hinzufügen muß), daß B die eine oder andere Aktivität vollzogen hat, sie vollziehen wird, usw. Daraus folgt: Es läßt sich A auch zuschreiben, daß er eine bestimmte Überzeugung über die Intentionen, Überzeugungen usw. B's gewonnen hat. Nun können die Überzeugungen B's sich aber ebenfalls auf die psychischen Zustände i.w.S. eines anderen Individuums, z.B. auch auf die A's, richten. Folglich, so BENNETT, ist es logisch möglich, daß A glaubt, daß B glaubt, A befinde sich in einem bestimmten psychischen Zustand Z - womit sich bereits aus analytischen Gründe ergebe, daß A auch von sich selbst glaubt, daß er sich in Z befinde.

So plausibel diese Argumentation auf den ersten Blick scheint - sie ist gleichwohl m.E. nicht haltbar. Der Grund dafür liegt, wie bereits angedeutet, in unseren Kriterien für die Identität von sensomotorischen Prä-Subjekten. BENNETT hat es offensichtlich als selbstverständlich betrachtet, daß mit der Möglichkeit, von der - mehr oder weniger gut - räumlich abgrenzbaren Identität eines sich (in ethologischem Sinne) verhaltenden _Körpers_ zu sprechen, auch die Einheitsgrenzen von handlungsfähigen "_Subjekten_" gegeben sind - und zwar als so selbstverständlich, daß er darüber keine besonderen Überlegungen mehr angestellt hat. Die weiter oben vorgetragenen Ausführungen haben aber hoffentlich zeigen können, daß sich in diesem Zusammenhang recht komplexe Probleme stellen.

Um die Grundzüge dieser Argumentation zu wiederholen: Allem Anschein nach verändert sich bei dem Übergang von einem "kategorialen" Typus von Geschehen zu einem anderen, beispielsweise von dem eines ethologisch beschreibbaren Verhaltensvollzugs zu dem eines psychologisch beschreibbaren Handlungsvollzugs, begrifflich gesehen u.a. auch die Beziehung zwischen dem, was wir grammatikalisch als "Subjekt" und "Prädikat" der Ausdrücke bezeichnen, die zur Artikulation solcher Geschehen herangezogen werden mögen. Diesen Umstand scheint man als Indiz dafür auffassen zu müssen, daß auch die Kriterien für das, was jeweils als grammatisches Subjekt auftaucht, variieren. Im Fall von Handlungsbegriffen, so die hier vertretene Auffassung, hängen die Kriterien für die Einheitsabgrenzung eines solchen Subjekts von den Zusammenhängen ab, die in nicht-kontingenter Weise zwischen den Handlungsmöglichkeiten bestehen, welche einunddemselben ethologisch erfaßbaren Körper zugeschrieben werden dürfen. Darüber hinaus gilt: Bestimmte Aspekte von Handlungsvollzügen lassen sich u.a. durch Gebrauch entsprechender sensomotorischer psychologischer Prädikatoren bezeichnen - woraus folgt, daß die Identität eines zu sensomotorischen Handlungen fähigen Prä-Subjekts sich u.a. auch daran bemessen kann, welche nicht-kontingenten Zusammenhänge zwischen durch Ausdrücke letzterer Art unterscheidbaren psychischen Zustände bestehen.

Man bemerkt bereits, was für Implikationen sich aus diesen Überlegungen für den Fall ergeben, den BENNETT im Auge hat: Das Individuum A, welches glaubt, daß B etwas glaubt; und das Individuum A, von dem B etwas glaubt, sind, relativ zu ihrer sensomotorischen Identität gesehen, weder für uns noch für einen der von uns Beobachteten identisch. Zwar sind beide - vielleicht! - demselben Körper zuzuschreiben; sowohl wir, die betrachtenden Philosophen, wie B mögen uns entsprechend einrichten. Aber weder wir noch B haben innerhalb eines solchen Falls ein Kriterium zur Verfügung, welches uns erlaubt, zu sagen, daß das erste und das zweite Prä-Subjekt A in einem systematischen Konnex miteinander stehen.

Aber, so mag man versucht sein einzuwenden, ist ein solcher Fall wirklich logisch _ausgeschlossen_? Zuzugestehen sei, daß die Identität des A, das von B etwas glaubt, mit dem A, von dem B etwas glaubt, nicht immer gegeben sein muß. Doch mag sich jener Fall ja _gelegentlich_ einstellen, so wie es auch sonst Fälle gibt, in denen einzelne sensomotorische psychische Zustände, und sogar Kognitionen, in eine hierarchische Ordnung zueinander treten. - Dem ist freilich entgegenzuhalten, daß eine solche Überlegung von B etwas logisch Unmögliches verlangt. Der Witz der Ausführungen BENNETTS besteht ja darin, daß A die Erkenntnis seines Selbst auf dem Weg über die Einsicht in die Überzeugungen B's erhalten soll. Nun haben wir gesehen, daß dies allein in Wirklichkeit noch nicht ausreicht, um das gewünschte Ergebnis zu zeitigen, weil B ein anderes A im Auge hat als das, welches zu einer bestimmten Überzeugung über B gelangt ist. Folglich müßte A, um auf dem Wege über B Selbstbewußtsein zu gewinnen, an B erkennen können, daß dieser weiß, die beiden hier relevanten A's sind identisch. Das aber ist logisch nicht möglich, denn die Identität des einen A (nennen wir's A2) bildet sich ja gerade auf dem Weg über die Einsicht B's über ein anderes A (nennen wir's A1). Wollte man Gegenteiliges behaupten, so geriete man in einen Zirkel.

Dieser Zirkel sollte selbstverständlich nicht verwechselt werden mit der theoretisch unbegrenzten Iteration von Reflexionsebenen, die bei Kooperationsbemühungen von Subjekten auftreten kann, welche bereits zur Selbstreflexion im strengen Sinne fähig sind. Derartige Iterationen können, wie neuerdings LEWIS (1969) im Anschluß an SCHELLING (1960) veranschaulicht hat, bei Koordinationsproblemen auftreten. Folgende Situation mag das verdeutlichen.
Zwei Individuen A und B möchten einander an einem bestimmten Tag sehen, haben aber keine Gelegenheit mehr, sich abzustimmen, wo man sich sehen soll. Beide wissen jeweils, daß auch der andere diesen Wunsch hat. A hält sich gegen Mittag meist im Stadtzentrum auf, B fährt hingegen jeden Mittag in seine außerhalb des Stadtzentrums gelegene Wohnung - was beide ebenfalls voneinander wissen. A nun, um B zu treffen, antizipiert, daß B sich an dem bewußten Tag wieder nach Hause begeben wird, und beginnt, sich darauf einzustellen - bis ihm der Gedanke kommt, daß auch B seine (A's) Gewohnheiten berücksichtigen und ausnahmsweise in der Stadt bleiben könnte. Nachdem er sich also aufgrund dieser Überlegung entschieden hat, seiner üblichen Gewohnheit zu folgen, mag ihm der Gedanke kommen, daß B, aus den gleichen Gründen, ebenfalls bei seinem üblichen Vorgehen bleibt, und ein Treffen verhindert wird, usw.
Es fällt nicht schwer, das Grundmuster dieses Geschehens auf eine Situation zu übertragen, in der A und B Zeichen mit unterschiedlichen Bedeutungen verwenden, aber die Absicht verfolgen, sich wechselseitig verständlich zu machen. Läge das einzige Problem der GRICE-BENNETT-Explikation von "nicht-natürliche Bedeutung" in derartigen Iterationsmöglichkeiten, so wäre das Malheur so groß freilich nicht: Ein solcher Regreß kann ja von den Sprechern jederzeit dadurch gestoppt werden, daß sie anfangen, miteinander zu reden und sich so Kontrollen für ihre Antizipationen verschaffen (vgl. dazu auch KEMPSON, 1975, S.150ff.).
Die oben notierte Schwierigkeit ist damit aber selbstverständlich nicht aus der Welt geschafft: Ganz abgesehen davon, daß es sich bei ihr zunächst um einen Zirkel und nicht um eine Iteration handelt, ist ja zu berücksichtigen, daß die hier monierte Aporie sich auf der Ebene der Explikationen vortragenden Philosophen einstellt, während der von LEWIS behandelte Fall auf der Objektebene, d.h. der vom Philosophen betrachteten Ebene, abläuft.

Die Parallele zwischen dieser Aporie und dem Ergebnis der sprachtheoretischen Überlegungen G.H.MEADS ist offenkundig[1]. In beiden Fällen gehen die jeweils auftretenden Schwierigkeiten zudem auf ein Versäumnis vergleichbarer Art zurück: MEAD - in dieser Hinsicht ein typischer Vertreter der evolutionstheoretischen Transformation der Erkenntnistheorie KANTS - hat zwar betont, daß die "Konstitution" von "Subjekten", die zur Unterscheidung von "Objekten", zum Meinungsaustausch mit Anderen und zur selbstbezüglichen Erfassung der je-eigenen psychischen Zustände fähig sind, einem Wechselspiel zwischen mindestens zwei "Einflußpolen" entspringt; er hat auch erkennen lassen, daß er diese Dialektik als einen Grundzug von Evolutionen überhaupt auffassen möchte - aber es ist ihm nicht gelungen, diese Überlegung auch noch auf die Perspektive dessen zu übertragen, der derartige evolutionstheoretische Untersuchungen anstellt. BENNETT - in dieser Hinsicht ein typischer Vertreter der Transformation der Erkenntnistheorie KANTS im Sinne der Analytischen Philosophie - hat sich zwar von der Auffassung leiten lassen, daß epistemologische Überlegungen i.w.S. nur dann methodologisch plausibel sind, wenn sie die sprachliche Vermittlung eines solchen Unternehmens berücksichtigen und deswegen auf eine "Analyse" unseres historisch gewachsenen begrifflichen Vorverständnisses abheben; er ist zudem im Laufe derartiger Analysen zu dem Resultat gekommen, daß unsere Begriffe verschiedener Art von Kognitionen eng verschränkt sind mit unseren Begriffen von Intentionen - es ist ihm aber nicht gelungen, dieses Ergebnis seiner eigenen Untersuchungen hinreichend fruchtbar zu machen für sein Konzept dessen, der sprachtheoretische Einsichten zu gewinnen versucht.

Bei MEAD wie bei BENNETT führt diese in letzter Instanz fehlende Kongruenz zwischen "inhaltlichen" und "methodologischen" Überlegungen dazu, daß sie den "Objektbereich" des Erkenntnistheoretikers (das Wort im weitesten Sinne genommen) zu einem von den Tätigkeiten und Zielen letzteres unabhängig Konstitu-

---

1) Für Autoren, die der Phänomenologie HUSSERLS und MERLEAU-PONTYS nahestehen, liegt es dieser Aporie wegen nahe, die "transzendentallogische" Begriffsapparatur HUSSERLS erneut hervorzuholen. Von LANIGAN (1977) wird dieses Bemühen explizitmit dem Anspruch verbunden, "Erklärungen" und nicht bloß "Beschreibungen" liefern zu können.

iertem werden lassen, handle es sich dabei nun um den "Prozeß" der Evolution oder den etablierten Sprachgebrauch. Um gleichwohl das Eintreten evolutionär neuer Geschehen bzw. logische Zusammenhänge zwischen Begriffen "erklären" zu können, müssen sie die Synthesen in einem gewissen Sinne erst schaffende Tätigkeit des Epistemologen auf die Ebene der von diesem jeweils betrachteten Gegenstände projizieren - und damit ergeben sich Erklärungszirkel, unbegrenzte Iterationen von Kompetenzzuschreibungen, usw., ganz wie wir sie hier notiert haben. Vermeiden läßt sich derartiges, folgt man dem hier vorgeschlagenen Selbstverständnis, wenn man strikt unterscheidet zwischen kontingent sich entwickelnden neuartigen Geschehnissen, einschließlich neuartiger Begriffsgebräuche, und mit unserem Wissen und Wollen vollzogenem Aufdecken und Herstellen von Zusammenhängen zwischen den Grundbegriffen, die u.a. auch zur Erfassung jener Entwicklungen bisher gedient haben und weiterhin dienen sollten. -

Es spricht vieles dafür, daß sich die Geschichte der westlichen Philosophie als ein Prozeß verstehen läßt, im Laufe dessen das Konzept vom Verhältnis zwischen einem erkennenden Subjekt und den von diesem erkannten Sachverhalten immer mehr Momente einer starren Konfrontationsbeziehung verliert und stattdessen immer differenzierter gefaßt werden kann. Interessanterweise drängt sich die Vermutung auf, daß der Blick auf die humanspezifische Fähigkeit zur verbalsprachlichen Artikulation von Erkenntnissen diese Entwicklung zumindest zunächst eher verzögert als vorangetrieben hat. Denn ist es nicht so, daß sprachfähige Individuen durchaus ohne eine bestimmte Absicht, "spontan", "interesselos" Sachverhalte zu bezeichnen fähig sind? Macht es nicht gerade den entscheidenden Unterschied zwischen sensomotorischen Kognitionen, wie man sie auch bei bestimmten Tieren antrifft, und sprachlich vermittelten Kognitionenaus, daß erstere notwendig eng mit intentionalen Momenten verschränkt sind, letztere aber nicht?

Wie so oft, liegt auch dieser Überlegung eine Beobachtung zugrunde, der man durchaus zustimmen mag; problematisch ist nur, zu welchen weitergehenden Deutungen sie herangezogen werden darf. In philosophie-methodologischer Hinsicht jedenfalls, darauf zielten die hier mehrfach angedeuteten Hinweise auf normative Implikationen begrifflich-philosophischer Überlegungen, sollte über diesem Umstand nicht vergessen werden, daß der bzw. die mit einer bestimmten Sprache gesetzte(n) begriffliche(n) Rahmen mit dem (denen) einer anderen Sprache zumindest teilweise unverträglich sein können, so daß es zu Entscheidungszwängen für oder gegen den einen oder anderen kommen mag - und auf dieser Ebene liegt dann sehr wohl weiterhin ein Wechselspiel von intentionalen und kognitiven Momenten vor, auch wenn dieses Wechselspiel im einzelnen einen ganz anderen Charakter hat als die Verschränkung solcher Momente bei Begriffen sensomotorischen Handelns.

Außerdem sollte nicht vergessen werden, daß die Entschränkung von Kognitivität und Intentionalität, die Gegenstand der erwähnten sprachtheoretischen Beobachtung ist, bei Begriffen elementaren sprachlichen Handelns noch in ihren Anfängen steckt. Das ist häufig übersehen worden und mag u.a. einen Teil der Plausibilität erklären helfen, welche das Abbildmodell der Sprache bis in seine differenziertesten Varianten hinein bestimmt hat. Auch BENNETTS weiter oben bereits angedeuteter Rückgriff auf "Nachahmungen", um den Übergang von Begriffen vorsprachlichen Handelns zu denen sprachlichen Handelns zu erklären, wird man von diesem Einwand nicht freisprechen können.

Als Beispiel für jenen Übergang hat BENNETT vorgeschlagen, an folgenden Fall zu denken: Man stelle sich vor, es werde eine Gruppe von Individuen beobachtet, welche zunächst nur nichtsprachliche Handlungen gezeigt hätten. Nach einiger Zeit komme es aber zu einer auffällig andersartigen Situation: A steht B gegenüber und produziert ein zischendes Geräusch, ähnlich dem einer Schlange, und macht zudem wellenförmige Bewegungen mit der Hand.

Solchen Verhaltensweisen A's, so BENNETT, mag B zunächst entnehmen, daß A's Hände nicht gelähmt sind, daß seine Lunge arbeitet, usw. Doch läge in dieser Situation keinerlei Indiz dafür vor, daß A beabsichtigt, B gerade dies erkennen zu lassen, vielmehr gelte:

> "(...) the nature of the performance - the fact that it naturally induces the thought of a snake - forces us to conclude that if A is trying to make B believe something, it is something about a snake." (BENNETT, 1976, S.139. Die für Eigennamen stehenden Buchstaben wurden gegenüber dem Originaltext verändert).

Dieses Beispiel ist in mehrfacher Hinsicht lehrreich. Ich möchte zunächst eine Unklarheit hervorheben, die bereits den Überlegungen GRICES anhaftet, und die auch in der daran anschließenden Diskussion nicht hinreichend wahrgenommen worden ist.

Erinnern wir uns noch einmal an den Vorschlag GRICES. Dem Sinne nach soll man seiner Auffassung nach dann und nur dann von einer sprachlichen Handlung reden dürfen, wenn ein Subjekt A mit dem Vollzug einer bestimmten Handlung x beabsichtigt, ein zumindest potentielles Subjekt B dazu zu bringen, daß es glaubt/will, daß p, und wenn dies gerade dadurch erreicht wird, daß B jene Absicht A's erkennt. Diese Formulierung ist freilich genau besehen recht problematisch.

Wir sind bisher hier so vorgegangen, als ließe sie sich in enger Nähe zu den weiter oben von uns angestellten systematischen Überlegungen interpretieren. Wenn das der Fall wäre, müßte mit der Analyse GRICES allerdings ein Rückgriff auf zweierlei psychische Zustände i.w.S. des sprechenden Subjekts verbunden sein: Zum einen auf den, der dem Angesprochenen verdeutlicht, dargestellt werden soll (z.B.: A will, daß B will, daß p; A glaubt, daß p; usw.); und zum anderen auf die Absicht, die der Sprecher verfolgt (z.B.: B möge wissen, daß A glaubt, daß p). Faßt man beides, im Sinne einer begrifflichen "Synthesis", zusammen, so folgt daraus indes nicht, wie bei GRICE angenommen, daß A seinem Gegenüber beispielsweise eine bestimmte <u>Überzeugung, daß p</u>, nahelegt, sondern eine <u>Überzeugung, daß A glaubt/weiß, daß p</u>. Das, was A dem B zu verstehen gibt, ist dieser Auffassung nach also nicht, daß z.B. ein bestimmter, von A's psychischem Zustand unabhängiger Sachverhalt p existiert, sondern A's <u>Glaube</u> an diesen Sachverhalt.

Dieser Umstand ist von entscheidender Bedeutung. Man darf ja nicht vergessen, daß die auf dieser Stufe der Argumentation zur

Verfügung stehenden psychologischen Ausdrücke zunächst noch alle sensomotorischen Charakters sind, und daß dies Konsequenzen für das korrekte Verständnis der mit solchen Ausdrücken gegebenenfalls verknüpften propositionalen Anteile hat. Von einem solchen Subjekt sagen, es glaubt, daß p, heißt eben noch nicht: Daß es sich auf "p" in dem Sinne einstellen könnte, wie dies beispielsweise für uns gilt, sondern allein, daß es z.B. unter gewissen Umständen die eine oder andere sensomotorische Handlung vollziehen würde. Dieser enge logische Konnex zwischen der rechten Deutung von "p" und dem jeweiligen psychologischen Ausdruck geht in den GRICESCHEN Überlegungen aber verloren, einfach weil die B übermittelte "Information" nicht auch den Bezug auf die Perspektive eines sich auf einer bestimmten Entwicklungsstufe befindenden Individuums einschließt.

Aus diesem Grunde liegt es daher auch von diesem Punkt her nahe, in der von CHOMSKY angedeuteten Richtung zu argumentieren und einzuwenden, daß hier im Explanans auf zirkuläre Weise gerade der Propositionsausdruck verwendet wird, dessen Explikation gewünscht ist. Relativ zur Objektebene formuliert: Die Fähigkeiten zur Gegenstands- bzw. Sachverhaltsdifferenzierung, auf die hier zurückgegriffen wird, sind genau die, deren Konstitution eigentlich geklärt werden soll.

Nun mag man zugunsten GRICES anführen, was bereits weiter oben (Kap. 1.1) gesagt wurde: Daß man seine Darlegungen gar nicht als begriffliche <u>Erklärungen</u>, sondern nur als <u>Beschreibungen</u> auffassen sollte[1]. Sei dem, wie auch immer : Für die sehr viel ambitiöseren Ausführungen BENNETTS, die ja gerade mit dem Anspruch auftreten, in der "Analyse" nicht-sprachbezogene Begriffe heranziehen zu können, gilt dies zumindest der Intention nach offensichtlich nicht.

Dabei wird es allem Anschein nach gerade erst dann notwendig, auf "ikonische Zeichen" zurückzugreifen und die notorischen

1) SCHIFFER (1972, S.14f.) hat die Überlegungen GRICES anscheinend auf diese Weise zu verteidigen versucht: Man könne mit Zirkelvorwürfen gegenüber GRICE allenfalls zeigen, "that an analysis of meaning in the Gricean lines is in a peculiar way like a 'closed curve in space'." (ebd., S.15), und das, so wird man SCHIFFERS Meinung interpretieren müssen, sei kein methodischer Mangel.

Schwierigkeiten eines solchen Versuchs in Kauf zu nehmen, wenn man davon ausgeht, daß die verwendeten Zeichen lediglich als Verweis auf einen bestimmten Sachverhalt "p" und nicht als Verweis auf einen psychischen Zustand wie z.B. "jemand glaubt, daß p" interpretiert werden sollten. BENNETT hat sich an dieser Stelle einer Argumentation SCHIFFERS (1972, S.119ff.) angeschlossen. Die Intention, auf die GRICE in seiner Analyse verweist, verwende - so SCHIFFER - zu ihrer Realisierung eine Handlung S. Damit diese Handlung den gewünschten Effekt hat - z.B.: Daß B glaubt, daß p - müsse S irgendein Charakteristikum aufweisen, welches B dazu führt, S mit p zu verknüpfen; und dieses Charakteristikum könne zunächst aus nichts anderem bestehen als aus einer ikonischen Relation zwischen Äußerung und Gemeintem, einer Relation, die sich, wie BENNETT formuliert, infolge eines "natural pointer" (BENNETT, 1976, S.14o) einstellt. Später dann möge jene Verknüpfung durch konventionelle Regelungen ersetzt werden, wobei man freilich, so fügt BENNETT hinzu, um den bekannten Einwänden gegen konventionalistische Sprachtheorien zu entgehen, versuchen müsse, den Konventionsbegriff nicht im Sinne einer expliziten Vereinbarung zu verstehen; D.LEWIS 1969) habe ja eine diesen Punkt erhellende Untersuchung vorgelegt.[1)]

Setzt man die Explikation elementarer Sprachhandlungsbegriffe hingegen, im Gegensatz zu solchen Bemühungen, so an, daß die Bedeutung des vom Redenden verwendeten (ja keineswegs schon verbalen!) Zeichens gerade nicht allein den Bezug auf einen bestimmten Sachverhalt, sondern den Bezug auf einen psychischen Zustand gemeinsam mit einem relativ zu diesem gesehenen Sachverhalt enthält, tritt jenes "Verknüpfungsproblem" von vornherein nicht auf: Als "Zeichen" fungieren dann u.a. Fragmente jener Mittelhandlungen, die, ganz im Sinne der schon vertrauten Explikationen zur Logik sensomotorischer Begriffe, sowohl für uns wie für einen eventuellen Mithandelnden des potentiellen Sprechers den Schluß auf z.B. eine bestimmte Kognition eines sensomotorischen Prä-Subjekts erlauben mögen.

1) An späterer Stelle (1976, S.2o7) skizziert BENNETT ein Modell der Sprachentstehung, das ohne den Bezug auf ikonische Zeichen auskommen soll. Diese Überlegungen werden jedoch ohne explizit ausgeführte begriffliche Bestimmungen vorgetragen, und sind für eine genauere Diskussion daher ungeeignet.

Das alles besagt im übrigen durchaus nicht, daß der Begriff der Nachahmungshandlung ein völlig inadäquates Mittel wäre, um den Begriff elementarer sprachlicher Handlungen in seiner Logik verständlich zu machen. Nur muß man die Beziehung zwischen diesen Ausdrücken anders fassen, als dies bei BENNETT - der hier natürlich nur eine sehr weit verbreitete Ansicht repräsentiert - geschieht.

Gegenstand einer Nachahmung können vielerlei Arten von Geschehen sein: Die Bewegungen eines Vogels, das Geräusch einer fahrenden Eisenbahn, aber auch die Verlagerung in der relativen Position zweier Schachteln, die man ineinander zu stekken versucht, usw. In jedem dieser Fälle nun läßt sich der Ausdruck ohne Schwierigkeiten als Bezeichnung für bestimmte sensomotorische Handlungen interpretieren, und zwar in einer komplexeren und einer weniger komplexen Variante: Im ersten Fall zählt der Begriff zur Klasse der Ausdrücke für gegenstandsreflektierende Handlungen, im zweiten zur Klasse der Ausdrücke für gegenstandsbezogene Handlungen, bezeichnet also einmal Aktivitäten, die unter anderem relativ fern von dem nachgeahmten Geschehen stattfinden können, und einmal Aktivitäten, deren Vollzug von der Gegenwart des Nachgeahmten abhängiger ist. Zahlreiche anschaulich geschilderte Beispiele dafür finden sich in PIAGET (1946).

Die Attraktivität, die diese Handlungsart seit jeher für Sprachtheoretiker ausgeübt hat, beruht natürlich darauf, daß in ihrem Rahmen ein quid pro quo stattzufinden scheint, was, wie man häufig zu meinen versucht ist, eben auch bei sprachlichen Zeichen und deren "Bedeutung" vorliegt. Aber diese Parallele gilt nur scheinbar, wie eine genauere Überlegung zeigt.

Eine Nachahmungshandlung allein, das wird man kaum bestreiten wollen, stellt noch kein Beispiel für das dar, was man mit Sinn als Sprachhandlung bezeichnen könnte. Welcher zusätzlicher Bedingung also bedarf es, um davon reden zu dürfen, daß der Übergang von dem einen zum anderen stattgefunden habe? Folgt man der Tendenz des Vorschlags GRICES, so wie wir ihn hier interpretiert haben, so muß neben den Vollzug der Nachahmungshandlung noch eine zweite Handlung treten, aus der für uns wie für einen eventuellen Mithandelnden ersichtlich werden kann, daß der Sprecher in spe die Aufmerksamkeit Anderer auf seine Nachahmungshandlung lenken möchte. Genau dieser Bezug auf eine zweite Handlung aber fehlt bei BENNETT - was es völlig rätselhaft werden läßt, woran sich erkennen läßt, daß "A is trying to make B believe something".

Hätte BENNET sich die Doppelstruktur einer solchen Situation genauer vor Augen geführt, so wäre auch deutlich geworden, daß A eben keineswegs allein (bzw. genauer: "Schon") versucht, B glauben zu machen, daß ein bestimmter Sachverhalt p der Fall ist, sondern daß er lediglich seinen an seiner Nachahmungshandlung abzulesenden psychischen Zustand i.w.S., einschließlich freilich gegebenenfalls relativ zu p, erkennen lassen kann. Das, was z.B. ein Kind im Rahmen einer sprachlichen Handlung "durch" Nachahmung (aber eben nicht allein durch Nachahmung) zu verstehen gibt, ist, daß es weiß, daß Eisenbahnen "tsch, tsch" machen; daß es sieht, daß sein Großvater am Fenster vorbeigeht; daß es hört, daß eine Katze gerade "miau" von sich gibt, usw.

Wenn ich richtig sehe, ist es gerade die fehlende Berücksichtigung selbstbezüglicher "Metahandlungen", die dazu führt, daß es PIAGET bisher nicht gelungen ist, auf überzeugende Weise verständlich zu machen, wie sich die von ihm so meisterhaft beschriebene Fähigkeit zur sensomotorischen Nachahmung, zum "symbolischen Spiel", in sprachliche Aktivitäten "integriert" - was zugleich einer der Gründe für PIAGETS Neigung zu einer etikettentheoretischen Sprachtheorie sein mag. Ich kann beides hier freilich nur behaupten.

Interessant immerhin, daß PIAGET im Rahmen seiner Untersuchung über den Gebrauch erstmaliger verbaler Schemata bei Kindern dasselbe Phänomen zu betonen scheint, das hier unter dem Titel: Noch fehlende Dissoziation zwischen der Darstellung eines Sachverhalts und der Darstellung der eigenen Haltung gegenüber diesem Sachverhalt, notiert wurde. Bei der Zeichenverwendung dieser Kinder zeige sich, so bemerkt PIAGET an einer Stelle, daß "das Prinzip der Zusammenfassung von Gegenständen unter einer gleichen Bezeichnung nur teilweise eine direkte Assimilation dieser Objekte untereinander enthält, die nur auf ihren objektiven Qualitäten allein fundiert wäre. Statt dessen kommt eine Assimilation der Dinge an den Gesichtspunkt des Subjekts hinzu (und häufig handelt es sich vorwiegend um dieses): eine räumliche Situation, in der das Kind Beobachter ist, oder Rückwirkung der Dinge auf die Handlungen des Kindes selbst. (...) Die Vokabel 'panana' bezeichnet (sc. z.B. bei einem der beobachteten Kinder den) Großvater, aber ist zur gleichen Zeit ein Wort des Verlangens, das verwendet wird, um das zu erhalten, was Großvater gäbe, wäre er da." (1959, dt. S.279). - Eine gute Einführung in die sprachtheoretischen Auffassungen PIAGETS gibt SINCLAIR-DE-ZWART (1969; 1970). Dieselbe Verfasserin versucht in (1973) einige der Konsequenzen der PIAGETSCHEN Auffassungen für die Theorie des Erwerbs elementarer syntaktischer Ordnungsfähigkeiten zu umreißen.

Freilich führt all das zu der weiter oben bereits angedeuteten Konsequenz, daß Kognitivität und Intentionalität, prinzipieller gesprochen: Kognitive Momente i.A. (wie z.B. auch Sensationen und Perzeptionen) und energetische Momente i.A., auf dieser elementaren Stufe sprachlichen Handelns noch nicht so entschränkt sind, wie dies bei komplexeren Sprachhandlungen der Fall ist. Schauen wir uns kurz an, warum es sich so verhält.

Die oben (Kap.3.2) vorgetragenen Überlegungen zu den zeitlichen Beziehungen, die mit der Zuschreibung eines Kognitionsausdrucks verknüpft sind, mögen geeignet sein, die bekannte Charakterisierung solcher Ausdrücke als Dispositionsprädikatoren erklärbar werden zu lassen. Wer jemandem einen solchen Ausdruck zuschreibt, der sagt damit allein, daß der Betreffende unter bestimmten Umständen bestimmte Anzeichen für etwas aufweisen und bestimmte Handlungen vollziehen <u>würde</u>, nicht aber, daß sich in jedem Augenblick des gesamten Zeitraums, in dem die Zuschreibung gelten soll, etwas Bestimmtes an ihm beobachten läßt. Welche "Umstände" das sind, das muß - sofern nicht an eine begriffliche Explikation solcher Ausdrücke, sondern lediglich an ihre Anwendung gedacht ist - u.a. mit Hilfe von Intentionsprädikatoren artikuliert werden: Wer etwas bestimmtes glaubt oder weiß, der würde, <u>sobald er etwas bestimmtes will</u>, und der geglaubte Sachverhalt für das Erreichen des Gewollten laut "Überlegung" des jeweiligen Individuums relevant ist, ganz bestimmte Handlungen vollziehen.

Nun ist aber der Ausdruck eines bestimmten psychischen Zustands mit Hilfe einer elementaren zeichensprachlichen Handlung, folgt man den bisher vorgetragenen Überlegungen, davon abhängig, daß das jeweilige Handlungssubjekt gegenüber einem potentiellen Anderen bestimmte in der <u>Zeichenhandlungssituation anwesende</u> Anzeichen für eben jene psychische Verfassung "zur Schau" stellt. Unter "Anzeichen" sind hier insbesondere die Mittelhandlungen zu verstehen, die jemand realisiert, um ein bestimmtes Ziel zu erreichen. Folglich lassen sich Kognitionen nicht in ihrem dispositionalen Charakter darstellen, sondern immer nur gemeinsam mit dem Vorliegen einer bestimmten Intention, für deren Verwirklichung die betreffende Kognition relevant ist. Beabsichtigten wir z.B., davon zu sprechen, daß ein Subjekt dieser Handlungsstufe ein Zeichen dafür gibt, daß es glaubt oder weiß, daß es in einem Ort 1 Wasser gibt, so ist dies nur dann logisch möglich, wenn das betreffende Individuum gleichzeitig eine jene Kognition "einsetzende" Intention - z.B. in 1 trinken, baden usw. wollen - zu verstehen gibt. Nur darf man sich diese Intention natürlich nicht immer so einfach vorstellen. Im Fall der Nachahmungshandlungen, die als Teile in eine Sprachhandlung eingehen, wird man z.B., wie es scheint, interessanterweise von einer auf die raum-zeitliche Vergegenwärtigung des Nachgeahmten gerichteten Intention ausgehen müssen. -

Ich hoffe, diese Ausführungen haben einige Einzelaspekte des von CHOMSKY gegenüber GRICE erhobenen Zirkeleinwands verdeutlichen können. Wie steht es nun mit dem zweiten Einwand CHOMSKYS, demzufolge die Überlegungen GRICES, bzw. die der an ihn anschließenden Autoren, es nicht erlauben, adäquat zu erfassen, daß nicht jede sprachliche Handlung an mindestens eine weitere Person gewandt sein muß?

Offensichtlich läßt sich dieses Bedenken noch um einen zusätzlichen Aspekt erweitern. Folgt man GRICE, müßte jede sprachliche Handlung beabsichtigt sein. Das aber ist mit unserem üblichen Sprachgebrauch unvereinbar, denn wir würden ja auch davon reden, daß jemand "spricht", wenn er spontane Äußerungen von sich gibt, wenn er sich in einem Gespräch "verplappert", d.h. etwas mitteilt, was er nicht mitteilen wollte, usw.

Wie mir scheint, sind diese Einwände GRICE gegenüber in der Tat berechtigt. Treffen sie aber auch die hier vorgestellten Vorschläge? Schließlich wird auch bei ihnen ja auf eine Intention zurückgegriffen, richtet sich diese Intention zudem auch noch auf ein zweites Individuum. Gleichwohl wäre eine solche Überlegung aber m.E. unberechtigt.

Der Grund dafür liegt, einmal mehr, in der speziellen Konstellation von Begriffen zur Artikulation von Teilgeschehen und von Gesamtgeschehen. Man übersehe nicht, daß der hier herangezogene Begriff einer intentionalen, auf ein anderes Individuum gerichteten Handlung eine <u>Teilhandlung</u> der Gesamthandlung "jemand gibt etwas zu verstehen", "jemand äußert etwas" usw. meint. Die in diesem Zusammenhang auftretenden psychologischen

Prädikate, und selbst die Bezeichnungen für die "Objekte", auf die die Handlung sich richtet, dürfen daher zunächst auch immer nur auf diese partielle Komponente bezogen werden. Relativ zur Gesamthandlung bedarf es erst wieder einer neuen begrifflichen Hervorhebung bestimmter Aspekte, um zum Gebrauch von psychologischen Ausdrücken zu gelangen, Ausdrücken, die keineswegs mit denen der voraufgegangenen "Evolutionsstufen" verwechselt werden dürfen.

Aus diesem Umstand erklärt sich, warum Begriffe elementarer sprachlicher Handlungen der bisher hier ins Auge gefaßten Art (im übrigen auf vergleichbare Weise wie Begriffe für leibgebundene, leibbezogene und leibreflektierende sensomotorische Handlungen) keineswegs per se dazu nötigen, sie als "intentional" zu bezeichnen. Es gibt eher, wie sich unschwer im einzelnen zeigen ließe, gute Gründe dafür, ihre Aktualisierung "spontan" zu nennen, wobei in diese Spontaneität allenfalls gewisse Momente des Empfindens von Lust am wiederholten Vollzug solcher Aktivitäten unterscheidbar sein mögen. Der Begriff einer auf sprachliche Handlungen bezogenen Intention dürfte sich eher als Produkt späterer begrifflicher Differenzierungen verständlich machen lassen.

Auf vergleichbare Weise läßt sich auch argumentieren, was die Bedenken bezüglich einer vermeintlich notwendig vorhandenen zweiten Person betrifft. Relativ zu den Teilhandlungen muß es ein solches - aktuell auszumachendes oder auch nur potentielles - weiteres Individuum zumindest einmal in der Tat gegeben haben. Nur so kommt es ja zu jener speziellen Intersubjektivitätskonstellation, die für sprachliche Handlungen kennzeichnend ist. Wäre das nicht der Fall, bestünde gar kein Grund, unsere Begriffe sensomotorischen Handelns zu denen sprachlichen Handelns zu erweitern: Situationen eines einsam agierenden Prä-Subjekts sind schließlich ohne Schwierigkeiten mit allen denkbaren Komplexitäten durch Begriffe ersterer Art artikulierbar. Relativ zu der jeweiligen Gesamthandlung indes muß ein fremdes Individuum durchaus nicht einbezogen werden, um vom Vollzug einer sprachlichen Handlung reden zu dürfen.

5. Kriterien der Art-Identität eines zu sprachlichen Handlungen fähigen Subjekts. Übersicht über Klassen sprachlichen Handelns

Aus dem in Kapitel 4. skizzierten Verhältnis zwischen Begriffen sensomotorischen Handelns und Begriffen sprachlichen Handelns ergibt sich ein auffallender Unterschied zwischen den Kriterien für die Art- und die Einzelidentität der jeweiligen Handlungssubjekte. Wir haben gesehen: Die Rede von sensomotorischen Handlungsfähigkeiten ist entscheidend davon abhängig, ob in die Schemata der Lebensäußerungen eines Lebewesens die Einzigartigkeit seines Körpers "aufgenommen" wird. Von sensomotorischen Handlungen sprechen heißt, von je-individuellen Arten des Umgangs eines Individuums mit sich bzw. mit sich und seiner jeweiligen Umwelt sprechen. Das gilt nun zwar für den Begriff sprachlichen Handelns ebenfalls. Darüberhinaus ist es für die Entwicklung zu solchen Handlungsfähigkeiten jedoch wesentlich, ob mindestens zwei jener sensomotorischen Handlungsschemata wiederholt in einer ganz bestimmten Konstellation zueinander aktualisiert werden: In einer Konstellation, welche uns (die Beobachter) wie einen eventuellen Mithandelnden nahelegt, die eine der hier auftretenden Handlungen als Hinlenkung zum Vollzug der anderen zu sehen. "Sprachfähig werden" heißt, daß ein Subjekt entsteht, welches sich auf <u>prinzipiell intersubjektiv zugängliche Weise</u> in seiner <u>eigenen Individualität</u> darzustellen vermag.

Man bemerkt bereits, worin das eigentümlich Neue gegenüber allein zu sensomotorischen Aktivitäten fähigen Individuen liegt: Ein sensomotorisches Prä-Subjekt mag in der Lage sein, die je-individuellen Lebensäußerungen anderer sensomotorischer Prä-Subjekte richtig zu "deuten". Es mag also beispielsweise durchaus fähig sein, zu erkennen, daß eine bestimmte Art des Sich-Aufrichtens bei einem Individuum A bedeutet, es werde gleich zum Angriff übergehen; daß eine bestimmte Art des Sich-Duckens bedeutet, es werde keinerlei Aggressivität mehr zeigen, usw. Es mag auch dazu kommen, daß diese "Interpretation" nicht nur vom Individuum B, sondern auch von C, D, E usw. geleistet wird. Aber wenn dies der Fall ist, so tritt es doch jeweils ein, ohne daß das Prä-Subjekt, dessen Aktivitäten Gegenstand solcher "Verständnisbemühungen" sind, selbst dazu etwas beiträgt. Eben das nun ändert sich, wenn es zum Vollzug einer sprachlichen Handlung im hier gemeinten Sinne kommt: Die mögliche intersubjektiv geteilte Interpretation einer je-besonderen Lebensäußerung ist hier durch zugleich selbst- wie fremdbezügliche Aktivitäten des Subjekts jener Lebensäußerung "vermittelt".

Kriterien zur Abgrenzung der Art-Identität eines Lebewesens hatten wir bisher zugleich als Kriterien für den "Normzustand" genommen, relativ zu dem sich in gegebenen Fällen von "Abweichungen" des jeweiligen "Systems", von "Störungen", reden läßt. Und das Auftreten und Schwinden dieser Abweichungen war unter bestimmten Bedingungen als Kriterium für die Einheit von je-komplexeren Lebensäußerungen herangezogen worden. Diese allgemeinen Prinzipien gelten auch hier, nur daß sich, bedingt durch die soeben erwähnte Veränderung, mit dem Übergang von sensomotorischen Handlungsbegriffen zu Sprachhandlungsbegriffen die Art dieser Kriterien im einzelnen wandelt:

Auf der Stufe sensomotorischer Handlungen kommt es zu einer "Abweichung", wenn die - ohnehin sich in der Regel nur partiell und allenfalls kontingent zur Gänze einstellende - Balance zwischen naturhafter Körperidentität und durch Lernen erworbener "Subjekt"identität gestört wird: Wenn also statt einer je-individuellen Handlung, zu der das betreffende Prä-Subjekt an sich schon fähig war, lediglich ein nicht-individuelles Verhalten vollzogen wird. Abweichungen kommen hier dadurch zustande, daß Momente der inneren bzw. der äußeren Natur in ein bestimmtes Gefüge individueller Handlungsfähigkeiten "einbrechen". Ganz anders indes auf der Stufe sprachlicher Handlungsfähigkeiten.

Aus unseren bisherigen Überlegungen geht bereits hervor, welches Gewicht der Bezug auf Andere bei der Aktualisierung einer elementaren sprachlichen Handlung besitzt: Eine solche Handlung vollziehen können, heißt ja, sich gegenüber einem zumindest potentiellen fremden Subjekt als jemand darstellen können, der z.B. eine bestimmte Empfindung hat, etwas bestimmtes sieht, weiß, will usw. Die Ursachen, die dazu führen, daß der Fortbestand einer solchen Fähigkeit gestört wird, können generell gesehen natürlich recht vielfältig sein. Sie verdienen aber ersichtlich dann besondere Aufmerksamkeit, wenn sie von den Aktivitäten fremder Subjekte herrühren, wenn Dysfunktionen also gerade dadurch auftreten, daß ein Subjekt B die Selbstdarstellung eines Subjekts A "nicht anerkennt".

Fehlende Anerkennung kann sich in diesem Zusammenhang auf prinzipiell zwei Weisen äußern. Einmal darin, daß B sich auf die Selbstdarstellung A's von vornherein nicht einläßt - also beispielsweise so handelt, als hätte A gar keine besonderen Bemühungen unternommen. Das mag seine Ursachen schlicht darin haben, daß B (noch) nicht die erforderlichen Handlungsfähigkeiten besitzt, um sich auf A angemessen einzustellen, oder daß externe Umstände die Wahrnehmung der Handlungen des Zeichengebenden behindert haben. In einem solchen Fall sprechen wir gemeinhin davon, daß B "nicht verstanden" habe, bzw. nicht habe verstehen können, was A ihm mitteilen wollte. Es mag aber auch daran liegen, daß es B einfach an der Bereitschaft fehlt, sich mit A auf der von diesem erreichten Entwicklungsstufe abzugeben.

Zum anderen kann sich die fehlende Anerkennung darin äußern, daß B die Selbstdarstellung A's zwar zur Kenntnis nimmt, aber zu verstehen gibt, daß er nicht bereit ist, in die ihm von A gewissermaßen angetragene spezielle Intersubjektivität (die er sehr wohl "verstanden" hat) einzutreten. In einer solchen Situation sprechen wir üblicherweise von einem "Konflikt".

In diesem Sinne interpretierte Konflikte lassen sich danach unterscheiden, ob sie daher rühren,

- daß B den ihm von A dargestellten eigenen psychischen Zustand für bloß vorgetäuscht hält;
- daß B sich weigert, eine von A dargestellte, auch für die Intentionen B's relevante Intention A zuzugestehen; oder
- daß B sich weigert, eine von A dargestellte Kognition zu teilen.

Sind die bisher skizzierten Überlegungen haltbar, so bietet sich in ihrem Rahmen mithin ein Weg an, um die traditionell mit dem Begriff menschlicher Rede verknüpfte Vorstellung verschiedener Arten von "Geltungsansprüchen" zu verstehen. Denn natürlich liegt mit dem ersten der drei erwähnten Konflikte eine Situation vor, in der B die "Wahrhaftigkeit" der Äußerung A's nicht akzeptiert; mit dem zweiten eine Situation, in der die "Richtigkeit" einer von A zum Ausdruck gebrachten normativ relevanten Intention nicht akzeptiert wird; und mit dem dritten eine Situation, in der die "Wahrheit" einer von A zum Ausdruck gebrachten Kognition nicht akzeptiert wird. Ich werde daher in solchen Fällen vom Vorliegen entweder eines "expressiven", eines "intentionalen" ("normativen") oder eines "kognitiven" Konflikts reden.

Es ist wichtig, zu beachten, daß das Auftreten solcher "Konflikte" (im Gegensatz zur ersten Situation fehlender Anerkennung) begrifflich gesehen einschließt, (1) daß es zuvor zumindest einmal zu einer täuschungsfreien und konsenshaften Verständigung gekommen ist, und (2) daß derartige konsensuelle Momente auch innerhalb einer solchen Situation enthalten sind. Man kann sich das mit (1) Gemeinte an unserem in Kap.4 gegebenen Beispiel für den Übergang von sensomotorischen Handlungsbegriffen zu Sprachhandlungsbegriffen verdeutlichen:

Nehmen wir an, A hätte in der betreffenden Situation gar nicht die Intention gehabt, B daran zu hindern, an ihm vorbeizugehen. Wäre es dann gleichwohl logisch möglich, daß A Indizien für eine solche Intention hervorgebracht hätte, und auf diese Indizien dann ebenfalls, im Rahmen einer "zweiten" Handlung, verwiesen hätte, um B zu"täuschen" - und zwar ohne jemals zuvor eine "aufrichtig" gemeinte zeichensprachliche Handlung vollzogen zu haben? Allem Anschein nach nicht: Denn an welchen Kriterien soll sich erkennen lassen, daß A jene Indizien "nur zum Schein" gezeigt hat? Man müßte, um eine solche Situation identifizieren zu können, A u.a. zuschreiben dürfen, daß er glaubt bzw. weiß, daß B dann, wenn A sich so und so verhält, glauben wird, A wolle etwas bestimmtes - und dabei dürfen die soeben genannten A's nicht mehr, wie bei dem erstmaligen Übergang zu sprachlichen Handlungen, zu zwei verschiedenen Identitäten gehören. A muß sich hier also bereits eine selbstbezügliche Kognition, etwa: "A weiß, daß er H (nicht) tun will", zuschreiben lassen, und das scheint, wenn unsere bisherigen Überlegungen zutreffen, bereits Sprachfähigkeit zu beinhalten. Die weitgeteilte Auffassung, nach der "jemanden belügen", "jemandem etwas vormachen", "jemanden täuschen" usw. nicht von vornherein mit dem Sprachbegriff verknüpfte Handlungsmöglichkeiten sind, sondern erst derivierte Formen sprachlicher Aktivitäten darstellen, scheint sich so (legitimierend) erklären zu lassen.

Man mag zwar gegen diese Überlegung einwenden, daß es einen guten Sinn zu ergeben scheine, wenn innerhalb der Ethologie oder auch der Tierpsychologie von "Mimikry" oder allgemein von "Täuschungen" gesprochen wird: So z.B. wenn sich ein angegriffenes Tier tot stellt, Imponiergehabe zur Schau stellt, usw. Aber bei genauerem Hinsehen zeigt sich, daß dies Fälle anderer Art sind. Es kann sich bei ihnen zwar durchaus um Formen erlernten Verhaltens handeln, ja, es mögen darin sogar Handlungen involviert sein. Charakteristischerweise kommt es dabei aber nicht zu jener Verschränkung von zwei zunächst separat verfolgten Handlungen, bei der die eine dieser Handlungen durch unsere "Synthesis" zu einer "Metahandlung" der anderen Aktivität wird - der Handlungsablauf findet hier nur auf einer einzigen Ebene statt.

Der zweite Teil der oben formulierten Behauptung mag etwas weniger leicht auf allgemeine Zustimmung stoßen. Ist es wirklich so, daß wir erst dann von einem auf die jeweils dargestellte Intention bzw. Kognition bezogenen "Konflikt" sprechen können, wenn die beteiligten Individuen zumindest in einer Hinsicht auch übereinstimmen? Gleichwohl läßt sich auchdafür m.E. ein starkes Argument anführen:

In einem gewissen Sinne stellt die Weigerung B's, sich auf die von A ausgedrückten psychischen Zustände "einzulassen", zwar einen Angriff auf dessen Ich-Identität dar[1]. Aber diese Wei-

---

1) Interessanterweise richten sich expressive Konflikte einerseits und intentionale bzw. kognitive andererseits jeweils auf eine der beiden Ebenen, die bei Individuen mit "Ich-Identität" zueinander in Beziehung treten, und versuchen, diese Ebene zu verändern: In einem expressiven Konflikt versucht der Opponent, den Sprecher dazu zu bringen, eine andere Darstellung seines Selbst zu bringen; in einem intentionalen bzw. kognitigen Konflikt hingegen zielt der Opponent nicht darauf, die Darstellung zu verändern, sondern das

gerung geschieht in durch Zeichen vermittelter Form. Zu einem "Konflikt" im hier gemeinten Sinne kommt es ja noch nicht, wenn B z.B. schlicht das nicht tut, was A, wie er ihm gegenüber ausgedrückt hat, von ihm möchte, sondern erst dann, wenn B seinerseits seine gegenläufige Intention artikuliert. Damit zeigt sich B aber zumindest mit A in der Absicht konform, miteinander zu reden, was zugleich eine gewisse Anerkennung der kognitiven Fähigkeiten A's im allgemeinen beinhält - auch wenn dieses "reden" noch eine sehr rudimentäre Art der Verständigung sein mag[1].

Im speziellen allerdings stellt ein solcher Konflikt selbstverständlich durchaus eine Verweigerung der Anerkennung des Gesprächspartners als eines zur Artikulation bestimmter Einsichten usw. fähigen Subjekts dar. Insofern sind Konflikte, wenn auch sicherlich nicht in dem gleichen Ausmaß, ebenso potentielle Quellen für Abweichungen eines sprachfähigen Individuums von seinem "Sollzustand" wie radikale Verweigerungen oder Unfähigkeiten, sich auf den Anderen "einzulassen". Wie auch sonst können derartige Abweichungen von den identitätsstiftenden Merkmalen eines Individuums für uns freilich auch als Grundlage für die Abgrenzung der Einheit komplexerer Lebensäußerungen, in diesem Fall also: Von komplexeren sprachlichen Handlungen dienen. Gesetzt den Fall nämlich, es komme zu einem solchen Konflikt; und gesetzt, das in seiner Ich-Identität verletzte Subjekt vollziehe eine der sprachlichen Handlungen, zu denen es noch fähig ist, und es zeige sich, daß der Konflikt sich auf diese Weise auflöst: Bei von nun an auffällig mehrmaligem Auftreten einer solchen Handlungskonstellation ist das ein hinreichender Grund für uns, um davon zu sprechen, daß hier eine komplexere sprachliche Handlung vollzogen werde als zuvor, eine Handlung, in die auf der früheren Stufe vorhandene Sprachkompetenzen als "Teile" eingehen.

(Forts.Anm.S.159)
Dargestellte: Der Partner soll sich in diesem zweiten Fall in seinen Absichten bzw. in seinen Überzeugungen wandeln und insofern ein Anderer werden.

1) Es versteht sich, daß dieser Befund wichtige Konsequenzen für kognitiv bzw. intentional bezogene skeptische Ansätze hat. Ich kann diesen Gedankengang hier jedoch nicht weiter verfolgen. - Zu einer von "analytischen" Prämissen ausgehenden Behandlung des Zusammenhangs von elementarem Sprachbegriff und "Zustimmungsbereitschaft" vgl. z.B. BENNETT (1976, S.144-147).

Darüber hinaus mag, wiederum in deutlicher Analogie zu unserem Vorgehen bei sensomotorischen Begriffen, der Fall eintreten, in dem ein solcher komplexerer Begriff, zunächst zeichensprachlicher Handlungen eine relativ zu den bisher jeweils erreichten neue Stufe der Selbstreflexivität impliziert, so daß es sich empfiehlt, von einer neuen Ebene der Entwicklung zu sprechen und diese auch entsprechend begrifflich hervorzuheben. Verfährt man auf diese Weise, so bietet es sich m.E. an, Sprachhandlungsbegriffe nach folgendem Schema zu strukturieren:

einfache Sprachhandlungen	normative Sprachhandlungen	kognitive Sprachhandlungen
zeichensprachliche Handlungen	imperativisch-permissive Sprachhandlungen	Lehr- und Zeigehandlungen
satzsprachliche Handlungen	Obligationshandlungen	Begründungshandlungen
reflexionssprachliche Handlungen	Rechtfertigungshandlungen	Erklärungshandlungen

Zu den Begriffen für zeichensprachliche Handlungen gehören, wie bereits erwähnt, z.B.: Jemandem ein Zeichen für etwas geben, jemandem (mit Hilfe eines Zeichens) etwas zu verstehen geben, usw.; im speziellen: Jemanden begrüßen, jemandem etwas schenken, jemandem drohen, usw.

Zu denen für imperativisch-permissive Sprachhandlungen: Jemandem etwas befehlen, jemanden zu etwas auffordern, jemanden um etwas bitten, jemandem etwas erlauben/verbieten, und zwar jeweils nebst den komplementären Erfüllungshandlungen[1].

Zu denen für Lehr- und Zeigehandlungen: Jemanden etwas lehren,

1) Man beachte den - in seiner Bedeutung für allgemeine sprachtheoretische Fragen kaum zu unterschätzenden - Unterschied zwischen der bloßen Äußerung eines Wunsches oder einer Absicht einerseits und dem Vollzug einer Aufforderung, eines Befehls, einer Bitte usw. andererseits: Letztere Handlungen sind auf einen bestimmten intentionalen Konflikt bezogen, erstere hingegen - die ich zur Klasse der einfachen sprachlichen Handlungen rechne - erfolgen "spontan". Eine vergleichbar augenfällige Differenz in kognitiver Hinsicht besteht im übrigen, auf der Stufe satzsprachlicher Handlungen, zwischen dem Vollzug einer Mitteilung, eines Berichts usw. einerseits und dem einer Behauptung andererseits.

jemandem etwas zeigen, nebst den entsprechenden Lernbegriffen.

Zu denen für satzsprachliche Handlungen: (Aus-)sagen, mitteilen, berichten, erzählen, feststellen, usw., daß p.

Zu denen für Obligationshandlungen: Jemandem etwas versprechen; einen Vertrag mit jemandem abschließen, sich mit jemandem verloben, jemanden heiraten, um etwas wetten, nebst den entsprechenden Erfüllungshandlungen.

Zu denen für Begründungshandlungen: Jemandem gegenüber etwas behaupten und eine Behauptung begründen.

Zu denen für reflexionssprachliche Handlungen: Etwas gestehen; etwas nicht verhehlen, usw.

Zu denen für Rechtfertigungshandlungen: Jemandem etwas vorschlagen und einen Vorschlag rechtfertigen.

Zu denen für Erklärungshandlungen: Jemandem gegenüber eine bestimmte Ansicht äußern und (die Berechtigung) diese(r) Ansicht erklären.

Die Oberklasse der normativen Sprachhandlungen schließt alle jene Handlungen ein, mit denen auf einen normativen Konflikt hin mit Sinn geantwortet werden kann; die der kognitiven Sprachhandlungen schließt alle jene Handlungen ein, mit denen auf einen kognitiven Konflikt hin mit Sinn geantwortet werden kann. Z.T. sind in dieser letzteren Klasse auch Handlungen mit einbegriffen, mit denen es gelingen kann, fehlende Verständigung aufzulösen.

Insgesamt ist das Schema wiederum so zu verstehen, daß die angeführten Begriffe jeweils an Komplexität zunehmen, wenn man sie horizontal von links nach rechts und vertikal von oben nach unten liest.

Eine spezielle Klasse von Sprachhandlungen zur Behebung von expressiven Konflikten fehlt, da sich diese Konflikte nicht mit eigens dazu geeigneten sprachlichen Handlungen auflösen lassen: Sie verlangen entweder, daß der Sprechende, statt weiter zu reden, zusätzliche Indizien (zunächst der sensomotorischen Stufe) deutlich werden läßt, die Belege für das tatsächliche Vorliegen des von ihm dargestellten psychischen Zustands abgeben; oder daß er mit Hilfe kognitiv bezogener

Sprachhandlungen "Beweise" für seine Wahrhaftigkeit erbringt (wobei letzteres freilich erst auf fortgeschritteneren Stufen der Sprachevolution logisch möglich ist).

Die beiden bekanntesten bisher vorgetragenen Vorschläge zur Klassifikation von Begriffen sprachlichen Handelns sind die von SEARLE (1973) und HABERMAS (1973). Eine genauere Auseinandersetzung mit diesen Vorschlägen müßte auf eine Reihe sehr allgemeiner Voraussetzungen ihrer Autoren zurückgreifen; da derartiges aber die geordnete Darstellung des hier systematisch Beabsichtigten behindern würde, möchte ich eine solche Diskussion für eine andere Gelegenheit reservieren. Stattdessen nur ein pauschaler Hinweis auf die offenkundigen Unterschiede, die innerhalb des jeweils befolgten Selbstverständnisses vom eigenen Tun bestehen:

SEARLES Arbeiten orientieren sich an den allgemeinen methodologischen Standards der Analytischen Philosophie; sie unterliegen daher m.E. den generellen Bedenken, die weiter oben (Kap.1.1) gegenüber dem dabei zum Tragen kommenden engeren Begriff logischer Analyse skizziert wurden: Günstigenfalls werden mit solchen Untersuchungen begriffliche Beschreibungen geliefert, deren Erklärung noch aussteht; ungünstigenfalls methodologisch defiziente begriffliche Erklärungen.

HABERMAS' Klassifikationsvorschlag steht im Zusammenhang mit seiner Argumentationstheorie, deren Kernstück die "Analyse" wahrheits- und richtigkeitsbezogener, d.h. kognitiv und normativ bezogener "Diskurse" ist. Diese Argumentationstheorie ist bisher noch nicht so weit entwickelt worden, daß ihre Beziehungen zu den Argumentationen (wenn es welche sein sollen) deutlich wären, im Rahmen derer die Theorie selbst vorgestellt und verteidigt wird. Die Ausführungen HABERMAS' weisen daher ein notorisches Beweisdefizit auf. Demgegenüber wird hier der Anspruch vertreten, den erforderlichen Zusammenhang zwischen Methodologie und inhaltlichen Ausführungen innerhalb philosophischer Argumentationen zumindest hypothetisch angeben und die jeweils bei den diversen Themen vollzogenen einzelnen Schritte von daher rechtfertigen zu können.

KANNGIESSER (1976, S.34off.) hat zu Recht darauf hingewiesen, daß die Typologien SEARLES und HABERMAS' vor allem deswegen unterschiedlich ausfallen, weil beide Autoren sprachlicher Kommunikation i.A. nicht dieselben "Funktionen" zuschreiben, und daß ein solcher Dissens über Funktionszuschreibungen nicht mit empirischen Mitteln allein zu entscheiden ist. Angesichts einer solchen Schwierigkeit ist es natürlich ein dringendes Desiderat, ein Argumentationskonzept bereitzustellen, mit dem der allgemeine Rahmen zur Schlichtung gerade solcher Uneinigkeiten abgesteckt ist. Ich sehe aber nicht, wie ein derartiges Vorhaben von SEARLE oder HABERMAS mit Aussicht auf Erfolg in Angriff genommen werden könnte, ohne wichtige Prämissen ihrer bisherigen Arbeiten fallen zu lassen.

Ich skizziere im Folgenden kurz drei Beispiele, um das bisher Gesagte zu veranschaulichen: Eines für den Übergang von Begriffen einfacher zeichensprachlicher Handlungen zu denen für Zeigehandlungen, eines für die Beziehung zwischen Begriffen für Zeigehandlungen und Begriffen für satzsprachliche Handlungen, und ein letztes schließlich für den Übergang von Begriffen für Begründungshandlungen zu solchen für reflexionssprachliche Handlungen. Diese Beispiele zu wählen bietet sich an, weil sie selbstverständlich für die Frage nach der Konstitution von logisch möglichen Objekten für sprachfähige Subjekte besonders bedeutsam sind (Kap.6).

Anschließend werde ich versuchen, einen bestimmten Aspekt der Beziehung zwischen dem Begriff einer legitimierenden Erklärung und einer Kausalerklärung zu "klären" (mit diesem Punkt werden also Themen im "inhaltlichen" Teil dieser Überlegungen berührt, die vorab, und "hypothetisch", im "methodologischen" Teil bereits angesprochen worden sind - Kap.7). Dieses Kapitel soll zugleich den Schlußstein für den Überblick über "elementare" Begriffe sprachlichen Handelns liefern; in einem gewissen Sinne führen weitere Stufen der Sprachevolution nämlich nicht mehr zu "kategorial" sondern nur noch "graduell" neuen Stufen der Selbstreflexivität - was sich linguistisch darin ausdrückt, daß umgangs- wie bildungssprachlich kaum Sprachhandlungsbegriffe bekannt sein dürften, welche sich nicht mittelbar oder unmittelbar unter die aufgeführten neun Klassen subsumieren ließen. Auf jene "graduell" neuen Stufen der Selbstreflexivität werde ich hier in der an sich geforderten Ausführlichkeit nicht mehr eingehen, sondern nur kurz andeuten, welche Richtung sich darauf beziehende Überlegungen vielleicht einschlagen könnten (Kap.8). Das bis dahin Erreichte wird es dann - hoffentlich - erlauben, einige Thesen über die Beziehung zwischen elementaren Sprachhandlungsbegriffen und logisch möglichen Objekten für Subjekte solcher Handlungen zu entwickeln (Kap.9).

6. Übergang von einfachen zeichensprachlichen Handlungen zu Zeigehandlungen / zu satzsprachlichen Handlungen / zu reflexionssprachlichen Handlungen

Kriterium für die Einzel-Identität eines sprachfähigen Subjekts als eines solchen ist, ebenso wie auf der Stufe sensomotorischer Handlungen, die Fähigkeit zum Vollzug einer bestimmten Art von Handlung - nur daß es auf dieser Stufe um Fähigkeiten zum Vollzug einer bestimmten sprachlichen Handlung geht. Das zu beachten ist auch hier wichtig, um der für epistemologische Überlegungen so entscheidenden Verschränkung der Reflexionsebene der "Philosophen" mit der der von ihnen untersuchten Gegenstände gerecht werden zu können. Deutlich wird dies bereits bei dem ersten der drei im Folgenden zu behandelnden Fälle, dem des Übergangs von den Begriffen einfacher zeichensprachlicher Handlungen zu denen für Zeige- und Lehrhandlungen.

a) Nehmen wir an, wir beobachteten eine Gruppe von Subjekten, die zu zeichensprachlichen Handlungen im bisher umrissenen Sinne fähig sind. Dabei komme es zu folgender Situation: Ein Individuum A1 drückt gegenüber einem Individuum B seinen Glauben aus, daß es in 1 Wasser gebe. B drückt daraufhin jedoch seinen Glauben aus, daß es in 1 kein Wasser gebe: Es liegt also ein kognitiver Konflikt vor.

In einer solchen Situation kann es zu einer ganzen Reihe verschiedener Arten von Handlungen kommen. Die für den hier interessierenden Zusammenhang wichtigste indes ist der folgende Fall: Ein Individuum A2 - d.h. ein zu einer zeichensprachlichen Handlung fähiges Subjekt, das sich einunddemselben verhaltensphysiologisch (und vielleicht auch sensomotorisch) abgrenzbaren Körper zurechnen läßt wie das Subjekt A1, als sprachfähiges Subjekt mit jenem aber nicht identisch ist - vollzieht eine weitere zeichensprachliche Handlung, die eine für den augenblicklichen Kontext auffallende Eigentümlichkeit besitzt: Mit ihr drückt A2 nämlich seine Absicht aus, daß B sich in eine bestimmte Position bringen möge - und diese Position ist gerade dazu geeignet, daß B den Ort 1 nebst des dort (hoffentlich) vorhandenen Wassers selbst wahrzunehmen fähig wird.

Man sieht, wie wichtig es ist, sich auch hier die Kriterien für die Identität der in einer solchen Situation beteiligten Individuen vor Augen zu halten: Es wäre falsch, davon auszugehen, daß der Ort 1 nebst dem Wasser, der in der Handlung von A1 und A2 "zur Sprache" gebracht wird, für A1 bzw. A2 derselbe ist - diese Identität des jeweils Gemeinten gibt es zunächst allenfalls für uns, die Betrachter. Denn unter bezug auf die Ebene des von uns Beschriebenen läßt sich zunächst noch gar nicht von einem einheitlichen, jene beiden zeichensprachlichen Handlungen umgreifenden Subjekt sprechen. Wiederum ist dies erst dann der Fall, wenn wir uns entschließen, eine Geschehniskonstellation dieser Art, wenn sie mehrfach auftreten sollte, als hinreichenden Grund dafür zu nehmen, daß hier eine einzige, umfassende sprachliche Handlung, der sich ein entsprechendes Subjekt A' zurechnen läßt, vollzogen wird: In diesem Fall: Daß sich davon sprechen läßt, A' zeige B, daß sich in 1 Wasser befindet.

Zeigehandlungen - wie auch die zur gleichen Klasse gehörenden Lehrhandlungen - stellen dieser Auffassung nach also i) selbst bereits sprachliche Handlungen dar - d.h. Handlungen mit einer bestimmten Art von Selbstreflexivität, mit Ansprüchen auf Geltung auf seiten des Sprechers, usw. -, und sind ii) darüber hinaus sogar bereits eine komplexere Art sprachlichen Handelns.
Eine der Konsequenzen aus dieser Interpretation des Begriffs der Zeigehandlung wurde weiter oben (Kap.4.3.3) bereits erwähnt: Die empiristische Überzeugung, die intersubjektive Verständlichkeit "elementarster" sprachlicher Mittel lasse sich, ohne Voraussetzungen sonstiger Art zuzugestehen, durch "ostensives Definieren" garantieren, ist angesichts dieses Befundes nicht haltbar. Wenn es im Rahmen solcher Handlungssituationen zu einer Verständigung kommt, so vielmehr unter anderem deswegen, weil sich bereits zuvor, auf einer komplexeren Ebene, Gemeinsamkeiten eingespielt haben.

Vergleichbare Bedenken gelten gegen die Auffassung von Vertretern der radikaleren Variante des Philosophischen Konstruktivismus, denen zufolge es möglich sein soll, im Rahmen einer Lehr- und Lernsituation tradierte Sprachmittel grundsätzlich zu "hintergehen" (vgl. LORENZ/MITTELSTRASS, 1967). Diskussionen in diesem Zusammenhang werden im übrigen häufig dadurch erschwert, daß a) nicht hinreichend genau unterschieden wird zwischen Zeige- und Lehrhandlungen, mit denen die Bedeutung von Sätzen bzw. Wörtern verständlich gemacht werden soll, und Zeige- und Lehrhandlungen, die nur auf den Gebrauch präverbaler Zeichen abzielen; und daß b) nicht immer gesehen wird, daß eine Handlung, die ein sprachfähiges Subjekt in einer gegebenen Situation vollzieht, und die für uns eine zeichen- oder gar satzsprachliche Handlung sein mag, dies relativ zur Perspektive des "Lernenden" keineswegs schon immer sein muß.

Zu einer Diskussion konstruktivistischer Ansätze unter Berücksichtigung dieser Unterscheidungen vgl. ROS (1979, Kap.5).

b) Handlungskonstellationen, die sich in Beispiele für den Vollzug von satzsprachlichen Handlungen i.e.S. transformieren lassen, sind ein wenig komplizierter als der soeben behandelte Fall. Vorauszusetzen ist dabei, man habe es mit einer Gruppe von Subjekten zu tun, die nicht nur zu zeichensprachlichen Handlungen sondern auch bereits zu Zeigehandlungen fähig sind.

Wiederum sei es so, daß ein Subjekt A1 eine zeichensprachliche Handlung vollzieht, mit der es seinen Glauben artikuliert, daß es in l Wasser gibt. Bevor es nun aber überhaupt zu einem kognitiven Konflikt kommen kann, vollziehe ein "weiteres" Subjekt A2 eine Zeigehandlung, mit der es seine Absicht artikuliert, ein eventueller Zuhörer B möge sich an einen bestimmten Ort l begeben. Nehmen wir an, eine solche Handlungskonstellation ergebe sich nicht zum ersten mal; setzen wir zudem voraus, es sei zumindest einmal in den bisher beobachteten Fällen solcher Ereignisfolgen so gewesen, daß der von A1 artikulierte kognitive Geltungsanspruch, wenn man der von A2 artikulierten Absicht folgte, sich als berechtigt herausstellte - dann scheint dies ein hinreichender Grund für uns zu sein, ein solches Geschehen als eine einzige Gesamthandlung aufzufassen, mit der ein Subjekt A' einem potentiellen Anderen gegenüber aussagt, mitteilt usw., daß es in l Wasser gebe.

Die Bedeutung dieses Falls für sprachtheoretische Überlegungen etwas vertrauterer Art wird sogleich offenkundig werden, wenn man sich vorstellt, daß die beiden hier gemeinsam vollzogenen Handlungen lautlicher Art sind - obwohl dies selbstverständlich nicht der Fall sein muß. Man stelle sich z.B. vor, daß es zum Vollzug der ersten Handlung - mit der ein bestimmter Geltungsanspruch artikuliert wird - gehört, das Lautschema "Wasser" zu aktualisieren; und daß es zum Vollzug der zweiten Handlung gehört, das Lautschema "dort", oder "hier", usw., zu aktualisieren: Mit der Außerung von "Wasser, dort" liegt dann ein Fall einer elementaren Satzverwendung vor.

Aufgrund des bisher Gesagten könnte man meinen, durch den Vollzug der zweiten Handlung durch das Subjekt A2 werde gegenüber der ersten Handlung, vollzogen durch das Subjekt A1, zumindest in kognitiver Hinsicht gar nichts Neues artikuliert: Die Zeichen i.w.S., die A1 verwende, und die Zeichen - d.h. hier: Der Satz bzw. die Wörter -,die das komplexere Subjekt A' verwende, hätten in beiden Fällen ja dieselbe Bedeutung, z.B. eben: "Wasser, dort".

Aber eine solche Überlegung ist unzutreffend. In Wirklichkeit ist unsere Deutung einer entsprechenden zeichensprachlichen Äußerung mit:"Der Sprecher meint: 'Wasser, dort'" immer noch eine aus bloßen Bequemlichkeitsgründen verkürzte Redeweise für höchst komplexe Beschreibungen, die sich allein zeichensprachlicher Handlungsbegriffe i.e.S. bedienen dürften: Die Bedeutung, die sich zeigen würde, wenn wir unseren Ausdruck "Wasser, dort" erklären würden, ist keineswegs in allen Aspekten die, die ein entsprechendes Zeichen innerhalb einer zeichensprachlichen Handlung besitzt. Die in der Beschreibung durch uns verwendeten Zeichen i.w.S. und die beschriebenen Zeichen sind hier keineswegs schon völlig äquivalent. Mit am deutlichsten wird das vielleicht, wenn man sich vor Augen hält, daß es dem Sprecher auf der Stufe einfacher zeichensprachlicher Handlungen aus logischen Gründen noch verwehrt ist, die von ihm dargestellte Kognition räumlich wie zeitlich durch Verwendung eigens dafür geeigneter Zeichen zu situieren - während das für unseren Satz "Wasser, dort" ja charakteristisch ist. Die eventuell vorhandenen raum-zeitlichen Aspekte, die mit Hilfe eines einfachen Zeichens artikuliert werden können, gehören nämlich, infolge der speziellen logischen Beziehungen, die zwischen Begriffen für sensomotorische gegenstandsreflektierende Handlungen und Begriffen für einfache zeichensprachliche Handlungen gelten, allein zum Schema der dargestellten Kognition. Möchte ein eventueller Beobachter dieses Schema in seiner raum-zeitlichen Anwendung interpretieren, kann er sich also nicht auf irgendein spezielles Zeichen stützen, sondern allein auf den Kontext der Zeichenhandlung. Genau das nun ändert sich mit dem Übergang von zeichen- zu satzsprachlichen Handlungen.

Ich möchte eine genauere Erläuterung dieses etwas komplizierten Umstands auf später verschieben. Es bietet sich nämlich an, ihn im Zusammenhang mit den verschiedenen Stufen der Konstitution von Objekten für sprachfähige Subjekte zu behandeln (Kap.9). Im Augenblick mag es genügen, Folgendes festzuhalten: Mit dem Übergang zu satzsprachlichen Handlungen tritt die auf den ersten Anblick so paradox scheinende Situation ein, in der es gelingt, im Rahmen einer einzigen Handlung die je-einmaligen räumlich-zeitlichen Aspekte eines bestimmten Sachverhaltes mit Hilfe der Aktualisierung des Schemas eines eigens für diesen Zweck verwendeten Zeichens zu artikulieren[1]. Und der Grund dafür liegt darin, daß ein Sprecher hier, metaphorisch geredet, seine eigene Äußerung mit Hilfe einer zweiten zeichensprachlichen Handlung "kommentiert", wobei diese "Metahandlung" einen ganz bestimmten Typus darstellt: Mit ihr wird die raum-zeitliche Richtung indiziert, in der ein eventueller Gesprächsteilnehmer, von der Gesprächssituation ausgehend, suchen müßte, um den mit der kommentierten Handlung erhobenen Geltungsanspruch überprüfen zu können. - Der Begriff eines Satzes bzw. einer satzsprachlichen Handlung, einschließlich der zu diesen Begriffen gehörenden Teilbegriffe, hat seit den Anfängen einer sprachtheoretischen Umwandlung der traditionellen Erkenntnistheorie im Mittelpunkt der Diskussion gestanden. Die Implikationen der hier vorgeschlagenen Erklärung für auch nur die wesentlichsten der in dieser Diskussion aufgetretenen Punkte herauszuarbeiten wäre daher ein Unterfangen, das den Rahmen des hier Angestrebten sehr schnell sprengen würde; andererseits wäre dies aber gewiß wichtig, um dieser Erklärung etwas mehr Plausibilität zu verleihen, als man ihr auf den ersten Anschein hin vielleicht zuzugestehen bereit ist. Gegenüber diesem Dilemma sehe ich im Moment keinen anderen Ausweg als im Folgenden einige der sich aus meinem Vorschlag m.E. ergebenden Konsequenzen zumindest zu erwähnen, um so wenigstens den einen oder anderen Faden sichtbar zu machen, der in einer speziellere Untersuchungsabsichten verfolgenden Arbeit dann vielleicht weiter ausgesponnen werden mag. Insgesamt sind es vier Punkte, die ich ansprechen möchte. Sie betreffen:

---

1) BENNETT (1976, S.216) spricht deswegen davon, daß erst Äußerungen eines solchen Typs eine "semantische Struktur" besäßen.

- den mit satzsprachlichen Handlungen erhobenen Geltungsanspruch;
- die Beziehung zwischen den Ausdrücken "Satz" und "Wort";
- die Interpretation der "Synthese" zwischen den "Teilen" eines Satzes;
- die Problematik der sogenannten Ein-Wort-Sätze.

Der Witz der hier vorgeschlagenen Erklärung für die Beziehung zwischen Begriffen für zeichensprachliche und satzsprachliche Handlungen besteht darin, die mit einer ersten zeichensprachlichen Handlung Z1 eventuell gestellten Geltungsansprüche als durch den Vollzug einer zweiten zeichensprachlichen Handlung Z2 so gut wie eingelöst zu betrachten. Das mag den Einwand nahelegen: Diese Erklärung laufe darauf hinaus, jeden Vollzug einer satzsprachlichen Handlung so aufzufassen, als stellten sich auf dieser Ebene keine möglichen Geltungsprobleme mehr. Das aber stehe in einem offenkundigen Widerspruch zu unseren sonstigen Vorstellungen von sprachlichen Handlungen wie "etwas aussagen", "etwas mitteilen", "etwas berichten" usw.; wir seien es ja sehr wohl gewohnt, Ausgesagtes, Mitgeteiltes usw. noch in seiner Geltung bezweifeln zu können. Die Erklärung müsse mithin an irgendeiner Stelle fehlerhaft sein. Aber dieser Einwand geht auf ein Mißverständnis zurück.

Vielleicht läßt sich dieses Mißverständnis am ehesten dann auflösen, wenn man sich vor Augen führt, daß mit dem Erwerb der Fähigkeit, satzsprachliche Handlungen vollziehen zu können, wiederum eine neue Art von "Normzustand" eines handlungsfähigen Individuums erreicht ist, und daß die Fortdauer eines solchen "Normzustands", ähnlich wie bereits bei dem Erreichen der Fähigkeit, zeichensprachliche Handlungen vollziehen zu können, nicht unwesentlich von der von anderen Individuen gewährten "Anerkennung" abhängig ist. Um sich letzteres zu vergegenwärtigen, braucht man sich nur eine Gesellschaft von Individuen vorzustellen, in denen keiner sich jemals darauf einläßt, daß eines von ihnen eventuelle Bedenken gegen seine von ihm artikulierten Kognitionen bereits "antizipiert" und sie durch den Vollzug einer speziellen Handlung auszuräumen versucht: Der Vollzug einer satzsprachlichen Handlung wäre damit zwar noch nicht logisch ausgeschlossen (denn die Synthese der beiden Handlungen zu Teilhandlungen einer Gesamthandlung wird ja in logischer Hinsicht durch uns, die Beobachter, vollzogen), aber er würde empirisch seinen Sinn verlieren. Da er keinen Selektionsvorteil böte, müßte man erwarten, daß die für solche Aktivitäten erforderlichen speziellen Konstellationen von elementareren Handlungen bald nicht mehr in geregelter Form auftreten, also wieder "vergessen" werden. Insofern ist die Aktualisierung von Aussagen, Mitteilungen usw. also in der Tat davon abhängig, daß die sich mit ihnen bekundende Fähigkeit eines Individuums, existierende raum-zeitlich situierte Sachverhalte zur Sprache zu bringen, ihm von seinen Mithandelnden zugestanden wird. Ist das nicht der Fall, so ist eine Regression auf elementarere Stufen der Entwicklung zu befürchten.

Aber wir haben ja bereits weiter oben gesehen, daß sich die fehlende Anerkennung der Kompetenzen eines sprachfähigen Subjekts nicht immer in dieser radikalen Weise äußern muß. Statt sich gegen seine satzsprachlichen Fähigkeiten _überhaupt_ zu wenden, mag der Zweifel an der Geltung einer bestimmten Aussage sich lediglich auf diese Aussage als eine _einzelne_ Handlung wenden, und im übrigen, gerade durch die Art, wie der Zweifel zum Ausdruck gebracht wird, anzeigen, daß andere, von dem jeweiligen Subjekt ebenfalls vertretene Ansichten durchaus unberührt bleiben. Ein solcher Fall liegt vor, wenn ein Sprecher B seinerseits durch den Vollzug einer satzsprachlichen Handlung zur Sprache bringt, daß er dem von A zuvor erhobenen Geltungsanspruch die Anerkennung verweigert: Dadurch, daß er diese Weigerung in die Form einer solchen sprachlichen Handlung kleidet, läßt er ja erkennen, daß er A durchaus zutraut, _andere_ satzsprachlich artikulierte Einsichten erkennen zu können.

Mit anderen Worten: Die oben skizzierte Erklärung für die im Augenblick betrachtete neue Stufe von Sprachhandlungsbegriffen schließt in der Tat ein, daß die Geltung der von einem Sprecher satzsprachlich artikulierten Überzeugungen nicht _generell_ bestritten wird; aber sie besagt durchaus nicht, daß dies nicht von Fall zu Fall sein dürfe - wobei dieses Verhältnis sich paradigmatisch an einer Situation verdeutlichen läßt, in der die Verweigerung der Anerkennung in einer Hinsicht zugleich ein Anzeichen für Anerkennungsgewährung in einer anderen Hinsicht ist. Weiter oben war für eine solche Situation der Terminus "Konflikt" vorgeschlagen worden.

- In der Geschichte sprachtheoretischer Erörterungen gibt es einen seit langem andauernden Streit darüber, ob man den Ausdruck "Satz" unter Verwendung des Ausdrucks "Wort" in seiner Bedeutung erklären sollte, oder vielmehr umgekehrt verfahren müsse. Dieser Streit scheint deswegen so schwer entscheidbar zu sein, weil beide Seiten gute Gründe für ihre Auffassung anführen können: Die Vertreter der Sätze-Apriorität, die sich heute insbesondere innerhalb der Analytischen Philosophie finden[1], können z.B. darauf verweisen, daß Wörter einen eindeutigen Sinn erst in vollständigen bzw. vervollständigbaren Sätzen erhalten. Die Vertreter der Wörter-Priorität hingegen, die sich zur Zeit vor allem innerhalb der Linguistik finden (CHOMSKY, KATZ), können demgegenüber anführen, daß es zu unserem üblichen Begriff eines sprahhfähigen Subjekts gehört, Sätze bilden zu können, die noch nie zuvor geformt worden waren, und die gleichwohl verstanden werden können - was sich, wie es scheint, nur erklären läßt, wenn man davon ausgeht, daß solche Sprecher von vornherein über einen Bestand von Regeln zur "korrekten" Kombination von Wörtern verfügen.

Beide Positionen haben zwar versucht, den Befund, auf den die jeweilige andere Auffassung sich stützt, auch in ihre Überlegungen zu integrieren. So wird von Vertretern der Sätze-Priorität in der Regel zugestanden, daß Wörter von einem bestimmten Sprachentwicklungsstand an insofern einzelnen Sätzen vorgeschaltet sein können, als sie dem Sprecher durch "Abstraktion" von zuvor gehörten Sätzen als isolierte "Teile" verfügbar würden[2]. Und die "Regeln", auf die beispielsweise in der Transformationsgrammatik CHOMSKYS und KATZS abgehoben wird, sind von vornherein so konzipiert, daß sie auf die Bildung sinnvoller Sätze zielen. Aber mit dem Rückgriff auf bestimmte lerntheoretische Annahmen wird die begriffliche Frage nach der genaueren logischen Beziehung zwischen den Aus-

---

1) Bestimmend sind hier die Bemerkungen FREGES in den "Grundlagen" (1884) geworden. Vgl. dazu DUMMETT (1973, S.192ff.)

2) So z.B. QUINE (1960, S.9ff.), der hier im übrigen, mit einem bei ihm überraschenden Terminus, von einer "analogical synthesis" bei der Bildung neuer Sätze aus zunächst durch "Abstraktion" gewonnenen Teilen spricht.

drücken "Satz" und "Wort" ja nicht gelöst.

Freilich spricht einiges dafür, daß diese empirischen Annahmen auch noch problematische begriffliche Implikationen beinhalten. Bei CHOMSKY zeigt sich dies besonders in seiner biologistischen Deutung eines den Spracherwerb im Rahmen der Ontogenese steuernden "impliziten Wissens".

Dabei ist es nicht unbedingt so, daß, wie z.B. HARMAN (1975) CHOMSKY vorgeworfen hat, auf diese Weise ein infiniter Regreß bei Erklärungen des für den Sprachbesitz kennzeichnenden Regelwissens entsteht: Es mag ja sein, daß die Entstehung einer solchen "angeborenen Kompetenz" in der Tat noch auf der Ebene der Evolution der Gattung erklärt werden kann (auch wenn dies beim heutigen Kenntnisstand noch ausgeschlossen zu sein scheint: CHOMSKY, 1975, dt.S.113f.). Bei etwas wohlwollender Interpretation wird man CHOMSKY auch nicht vorwerfen können, daß er nicht hinreichend zwischen einem sich sprachlich artikulierenden Wissen und einem sich durch die Sprachfähigkeit lediglich ausdrückenden Wissen, zwischen "know that" und "know how", unterscheide: Schließlich hat er betont, daß die "geistigen Fähigkeiten", aus deren "Interaktion" sich der Spracherwerb vielleicht erklären lasse (gemeint sind insbesondere common-sense-Vorstellungen über die Unterschiede von Gattungen und Arten innerhalb der jeweiligen Umwelt, sowie die Fähigkeiten, "semantische Verknüpfungen" zwischen diesen Vorstellungen und einem Teil eines phonologischen Systems einer Sprache herzustellen), unserem Bewußtsein nur sehr schwer - wenn überhaupt - zugänglich seien (1975, dt.S.60).

Entscheidend vielmehr ist, daß die Grundgegenstände der Biologie bzw. der Verhaltensphysiologie einerseits und die der Linguistik andererseits, unserem üblichen begrifflichen Verständnis nach, sich in energetischer Hinsicht stark unterscheiden: Die Aktualisierung eines biologisch erfaßbaren Ablaufs z.B. kann im Prinzip unter Bezug auf gattungsspezifische Steuerungsfaktoren (was endogene Momente betrifft) erklärt werden, die Aktualisierung einer humansprachlichen Handlung hingegen nicht. CHOMSKY hat daher eingestanden, daß Probleme der Performanz sprachlicher Aktivitäten bisher innerhalb des von ihm vorgeschlagenen Ansatzes nicht gelöst werden könnten. Eigentümlicherweise hat ihn das aber nicht zu dem naheliegenden Schluß geführt, daß die (von ihm freilich sehr viel vorsichtiger als von z.B. KATZ formulierte) These von der "Angeborenheit" kognitiver Grundfähigkeiten aus diesem Grunde besser aufgegeben werden sollte[1]. Vielmehr hat er versucht, Erklärungen für die Entstehung sprachlicher Kompetenzen so aufzufassen, als ergäben sich aus ihnen keine unmittelbaren Konsequenzen für eventuelle Erklärungen der Aktualisierung ("Performanz") jener Kompetenzen. Eben das scheint jedoch äußerst problematisch.

Das begriffliche Problem ähnelt in gewisser Hinsicht einem, das hier bereits an früherer Stelle diskutiert wurde: Dem

---

1) Vgl. jedoch jetzt die - freilich noch sehr vorsichtige - Diskussion der "Stufentheorie" PIAGETS in CHOMSKY (1975, dt.S.146ff.). Eine knappe, abgewogene Darstellung der Transformationsgrammatik aus der Sicht der PIAGET-Schule gibt SINCLAIR-DE-ZWART (1969, dt.S.84ff.).

Problem, in welcher logischen Beziehung Kognitions- und Intentionsausdrücke zueinander stehen. Entsprechend ähnlich fällt auch der Vorschlag aus, den ich hier machen möchte. Der wesentlichste Ausgangspunkt dieses Vorschlags besteht darin, "Wort" und "Satz" (genauso wie "jemand glaubt, daß p" bzw. "jemand will, daß p") als Ausdrücke zweiter Stufe zu betrachten, und zwar insbesondere als Ausdrücke, mit denen bestimmte getrennte Aspekte eines begrifflich bereits artikulierbaren Sachverhalts unterschieden werden können: Des Sachverhalts "jemand vollzieht eine satzsprachliche Handlung"[1]. Die Erklärung für den Gebrauch dieser Ausdrücke erfolgt daher in beiden Fällen völlig unabhängig voneinander - mag aber durchaus zur Folge haben, daß die beiden soeben notierten Charakteristika ihrer üblichen Verwendung sich bis zu einem gewissen Grade aus ihr ergeben.

Daß dies in der Tat der Fall ist, zeigt eine kurze Überlegung. Den bisherigen Ausführungen entsprechend liegt es nahe, den Ausdruck "Satz" zu erklären als die Gesamtheit der Zeichen i. e.S., die in den jeweiligen Teilhandlungen einer einheitlichen Handlung wie "etwas aussagen", "etwas mitteilen" usw. verwendet werden. Der Ausdruck "Wort" hingegen mag sich in seinem Gebrauch erklären lassen, indem man auf die einzelnen Zeichen i. e.S. verweist, welche im Rahmen einer solchen Gesamthandlung, beim Vollzug einer zu dieser gehörenden Teilhandlung, verwendet werden. Aus dieser Erklärung folgt dann nämlich zunächst, daß ein Handlungsschema spezieller Art, z.B. ein Laut, wirklich erst im Zusammenhang mit der Äußerung eines Satzes als Wort erkannt werden kann. Es folgt aber auch aus ihr, daß ein Sprecher durchaus selbst strukturell neue und gleichwohl verständliche Sätze formen kann: Er hat seinen Gebrauch einzelner Wörter dieser Erklärung nach ja weder "induktiv" aus bereits gehörten bzw. gar von ihm selbst gebildeten Sätzen "abgeleitet", noch ist er durch in ihm bereits "angelegte" Regeln in seiner zukünftigen Rede vordeterminiert.

---

1) Der Gebrauch dieses speziellen Terminus impliziert an dieser Stelle selbstverständlich keinen Erklärungszirkel auf der begrifflichen Ebene. Statt von "satzsprachlicher Handlung" ließe sich ja auch, beispielsweise, von "geltungssprachlicher Handlung" reden, und die gemeinte Erklärung für "Satz" und "Wort" nähme denselben Verlauf.

Strukturell neue Sätze entstehen innerhalb des mit unserer Erklärung Sagbaren vielmehr zunächst dadurch, daß die präverbalen Zeichen, die den jeweiligen Wörtern "zugrunde" liegen, in immer neuen Konstellationen mit anderen präverbalen Zeichen auftauchen mögen, und sich so in Wörter neuartiger Sätze verwandeln. Dafür, daß diese Sätze als solche prinzipiell verständlich sind, genügt es auf den elementareren Stufen der Sprachfähigkeit, wenn jene Konstellationen innerhalb des allgemeinen Rahmens bleiben, der mit dem Begriff einer satzsprachlichen Handlung i.A. abgesteckt ist. Erst mit der Entwicklung komplexerer sprachlicher Mittel, die jeweils spezifischere grammatische Regeln implizieren, verengt sich der Spielraum verstehbarer Sätze. Auch dann verhält es sich aber immer so, daß der Bereich des Verstehbaren, folgt man der hier vorgeschlagenen Konzeption der für diesen Zusammenhang relevanten Grundbegriffe, jeweils weiter ist als der des auf einer Sprachstufe grammatisch Korrekten - und das allein erlaubt ja erst die Rede von "kreativen" Sprachgebräuchen.

- Zu der "Synthesis", die der hier vertretenen Auffassung nach für das Zusammentreten von zunächst partikulären Momenten zu den Teilen eines Satzes verantwortlich ist, muß nicht mehr viel gesagt werden. Auch an dieser Stelle kommen die in diesen Überlegungen insgesamt entscheidenden Prinzipien zum Tragen: Daß man nämlich zwischen den durch zufälliges Auftreten neuer Varianten und durch Selektionsdruck entstehenden sprachlichen Evolutionen einerseits und den begrifflichen Re-Strukturierungen auf der Ebene philosophischer Argumentationen andererseits unterscheiden müsse.

Selbstverständlich wirft die Rede vom "Selektionsdruck" in diesem Zusammenhang, wie bereits früher zugestanden, eine Reihe von Fragen auf. Schließlich ist es nicht sehr einleuchtend, unmittelbare Vorteile für den Fortbestand einer Gattung darin zu sehen, daß ihre Individuen, statt lediglich zeichensprachliche Handlungen vollziehen zu können, auch noch zum Vollzug von satzsprachlichen Handlungen fähig sind. Ich möchte solchen, die Logik von Evolutionstheorien betreffenden Problemen hier aber nicht weiter nachgehen.

- Der hier vorgeschlagenen Auffassung nach sind elementare Sätze immer mindestens aus zwei Wörtern bestehende Sätze, die darüber hinaus auch noch ganz bestimmter Art sein müssen. Das scheint u.a. im Widerspruch damit zu stehen, daß wir gelegentlich auch dort von Sätzen zu sprechen gewöhnt sind, wo lediglich ein Wort verwendet wird, wie z.B. in "Feuer!", "Halt!" usw. Doch läßt sich dieser scheinbare Widerspruch auflösen.

Nehmen wir an, wir beobachteten, wie ein Individuum einen Laut ausspricht, dessen phonetische Wiedergabe unserem "halt" entspricht. Nehmen wir des weiteren an, wir kämen nach genaueren Ermittlungen zu der Auffassung, daß dieser Laut im Rahmen eines Befehls, einer imperativisch-permissiven Handlung innerhalb der hier vorgeschlagenen Klassifikation von Sprachhandlungen also, geäußert wurde. Dann läßt ein solcher Schluß immer noch zwei wesentlich verschiedene Deutungen dieser Situation zu: Es kann einmal sein, daß der Befehl von einem Subjekt erteilt worden ist, dessen Identität sich in der Fähigkeit zu eben solchen Handlungen erschöpft; und es kann so sein, daß wir es hier mit einem Subjekt zu tun haben, dessen Identitätskriterien sich aus der Fähigkeit zum Vollzug sehr viel komplexerer sprachlicher Handlungen als der einer imperativisch-permissiven Aktivität i.e.S. ableiten. Je nachdem, welcher dieser beiden Fälle vorliegt, verändert sich auch die korrekte Deutung des Lautschemas "halt": Im ersten Fall liegt lediglich ein Zeichen i.e.S. vor, wobei nur die Identität des Lautschemas mit dem eines für uns geläufigen Worts einen anderen Sachverhalt vortäuschen mag. Im zweiten Fall hingegen mag man durchaus von einem "Wort" bzw. einem "Satz" sprechen, aber diese Redeweise ist dann logisch davon abhängig, daß das betreffende Subjekt dieses verbale Zeichen in anderen Zusammenhängen zunächst im Rahmen von Sätzen im strengen Sinn, und das heißt: Von mindestens aus zwei Wörtern bestehenden Sätzen, zu verwenden fähig ist.

Interessanterweise können "unechte" Sätze - Lautäußerungen, deren phonetische Identität mit Wörtern die Auffassung nahelegen könnte, es nicht bloß mit Zeichen i.e.S. sondern schon mit Satzteilen zu tun zu haben - logisch gesehen durchaus schon mehrgliedrig sein, d.h. also aus mehreren Pseudo-Wörtern bestehen. So z.B., wenn in der "Kindersprache" imperativisch-permissive Äußerungen vollzogen werden mit "Sätzen" wie "mehr Milch", "auch Ball", usw., oder wenn lediglich einfache zei-

chensprachliche Äußerungen zur Bekundung einer Absicht oder einer Wahrnehmung mit Sätzen wie "Bär schläft", "Pappa Hut" usw. realisiert werden.
Kennzeichnend für alle diese Pseudo-Sätze ist, daß es ihnen noch an speziellen Zeichen fehlt, mit denen syntaktische, semantische und pragmatische "Kommentare" zu etwas bereits für sich sprachlich Artikulierbarem ausgedrückt werden können; es fehlt also beispielsweise an logischen Partikeln, an raum-zeitlichen Situierungen mit Hilfe von Indikatoren, an geschlechtsbezogenen Artikeln, usw. In der empirischen Sprahherwerbsforschung ist man auf diese Eigentümlichkeiten frühzeitig aufmerksam geworden. BROWN und FRASER (1963) z.B. haben deswegen hier von dem Vorliegen einer "telegraphischen Rede" (telegraphic speech) gesprochen, für die es kennzeichnend sei, daß sie nur aus "contentives" bestehe und keine "functors" kenne.

Entscheidend für diese Überlegungen ist ersichtlich u.a. die generelle These, daß sich einem Subjekt, dessen Identitätskriterien aus seiner Fähigkeit zum Vollzug einer bestimmten komplexeren Art von Handlungen ableitbar sind, durchaus Prädikate einfacheren Typs zuschreiben lassen; daß die Bedeutung des so gebildeten Satzes dann aber nicht mit der Bedeutung eines Satzes verwechselt werden darf, in dem zwar dasselbe Prädikat, aber mit einem Subjektbegriff anderer Komplexitätsstufe, verwendet wird. In anderen Zusammenhängen ist das, wie bereits früher angesprochen, eine Trivialität: Niemand wird den Ausdruck "sich bewegen" in "eine Billardkugel bewegte sich auf die Bande zu" und "der Mörder bewegte sich aufsein Opfer zu" eng miteinander verknüpfen wollen, obwohl das Geschehnisprädikat, für sichgenommen, in beiden Fällen dasselbe zu sein scheint. Unter Bezug auf verschiedene Arten sprachlichen Handelns fällt eine gegebenenfalls erforderliche Differenzierung gleicher Art aber nicht so sehr ins Auge, einfach weil wir nicht gewohnt sind, hier ebenfalls so schnell und so deutlich kategoriale Unterschiede in der Art der jeweils zur Sprache kommenden grammatischen Subjckte und Objekte zu sehen. -

Ich möchte damit die Hinweise auf die eine und andere Folge der hier vorgeschlagenen Erklärung für "jemand vollzieht eine satzsprachliche Handlung" abschließen und mich einem komplexeren Begriff sprachlichen Handelns zuwenden.

c) Für die folgenden Überlegungen zum Begriff der <u>reflexionssprachlichen Handlung</u> möchte ich nicht nur den Begriff satzsprachlicher Handlungen als bereits hinreichend geklärt voraussetzen, sondern auch den der Begründungshandlungen. Details eines Explikationsversuchs letzteren Begriffs lassen sich unschwer aus dem bisher Gesagten ableiten und sind weitgehend mit dem üblichen Verständnis des Begriffs einer Begründung für eine Behauptung vereinbar: Kommt es zu einem (kognitiven) Konflikt, so darf die satzsprachliche Handlung, die Anlaß für diesen Konflikt ist, statt als bloße "Aussage", "Erzählung", "Bericht" usw. als "Behauptung" bezeichnet werden. Die Auflösung des Konflikts erfolgt durch den Vollzug mindestens zweier weiterer satzsprachlicher Handlungen, unter denen die eine - traditionell die "propositio minor" - zusätzliche Informationen vermittelt, und die andere - traditionell die "propositio maior" - die Auffassung artikuliert, daß dann, wenn das in der propositio minor Gesagte akzeptiert wird, auch das in der Behauptung Gesagte Geltung beanspruchen dürfe.

Allerdings ist diese Deutung der propositio maior kontrovers; ich übergehe diesen Punkt hier jedoch, weil er für den im Moment zu betrachtenden Fragenkomplex zweitrangig ist.

Entscheidender sind zwei andere Punkte. Man kann sie sich vielleicht am deutlichsten vor Augen führen, wenn man sich noch einmal kurz vergegenwärtigt, was für Folgen der Übergang von Begriffen sensomotorischer Handlungen zu Begriffen zeichensprachlicher Handlungen für die Rede von den "Bedeutungen von etwas" hat.

Es entspricht einem durchaus geläufigen Wortgebrauch, bereits auf der Ebene sensomotorischer Aktivitäten davon zu reden, daß derartige Lebensäußerungen "etwas bedeuten". So mag zum Beispiel das Heben eines großen Astes "bedeuten", daß der so Handelnde jemanden aus seiner Nähe fortscheuchen will; das mehrfache Hin- und Herfahren mit der flachen Hand über einen Gegenstand mag "bedeuten", daß der so Handelnde das Empfinden hat, etwas Glattes zu berühren, und daß ihm diese Berührung angenehm ist, usw. Kennzeichnend für alle diese Fälle ist freilich, daß diese Bedeutungen immer nur für einen Beobachter des jeweils Handelnden, auf jeden Fall also für uns, erkennbar sind, für ihn, den Handelnden hingegen aus logischen Gründen nicht. Mit dem Bezug auf sprachliche Aktivitäten selbst der einfachsten Art ändert sich dies aber, wie wir gesehen haben: Wir haben guten Grund, von nun an davon zu reden, daß der jeweilige Handlungsvollzug hier nicht nur für uns, die Beobachter, sondern auch für ihn die Bedeutung hat, daß ein bestimmtes Individuum glaubt, empfindet, will, daß p, usw. Um es zu wiederholen: Es ist dieser Umstand, der uns zu der Auffassung geführt hat, die traditionelle These: Sprechen impliziere ein gewisses Moment an Selbstreflexivität, sei zutreffend. Wir haben zudem gesehen, daß Beobachtungen zumindest ähnlicher Art einen Autor wie GRICE dazu geführt haben, genau an einer solchen Stelle den Unterschied zwischen "natürlicher" und "nicht-natürlicher" Bedeutung anzusetzen.

Interessanterweise bringt diese Zunahme begrifflicher Komplexität es nun aber durchaus nicht schon mit sich, daß die Bedeutungen, die für den Handelnden und für uns mit dem Vollzug einer sprachlichen Handlung verknüpfbar sind, sich zur Gänze decken. Die Verwendung eines bestimmten Zeichens durch A mag zwar für ihn wie für uns gemeinsam u.a. bedeuten, daß er glaubt, daß es an einem Ort 1 Wasser gibt (wobei dann freilich immer noch die Differenz zwischen Beschreibungssprache und beschriebener Sprache berücksichtigt werden muß, auf die weiter oben hingewiesen wurde). Darüber hinaus gilt zunächst aber nur für uns, daß der Vollzug einer solchen Handlung auch bedeutet: A glaubt, daß er glaubt, daß es an einem Ort 1 Wasser gibt. Es ist daher z.B. logisch ausgeschlossen, daß ein nur zu zeichensprachlichen Handlungen i.e.S. fähiges Subjekt einem anderen Subjekt zu verstehen gibt, es glaube, es wolle, daß p.

Man sieht, woher dieser Unterschied rührt: In dem einen Fall ist mit "Bedeutung" die der jeweiligen Teilhandlungen gemeint, d.h. also: Die der jeweils vorliegenden Zeichenverwendung. Und im anderen Fall ist die Bedeutung der jeweiligen Gesamthandlung gemeint. Folgt man den bisher hier vorgetragenen Überlegungen, so beinhält "Sprechen können" keineswegs schon von vornherein, daß das jeweilige Handlungssubjekt auch eine Bedeutung des zweiten Typs einzusehen imstande ist. Eine solche Fähigkeit ist vielmehr erst das Resultat einer weiter ge-

gehenden sprachlichen Evolution - ich werde darauf in einem der folgenden Kapitel noch kurz eingehen[1].

Damit ist der erste Punkt erwähnt, auf den ich aufmerksam machen wollte. Der zweite betrifft die Art der psychologischen Prädikatoren, die sich mit dem Beginn des Bezugs auf sprachliche Aktivitäten in ihrem Gebrauch verständlich machen lassen. Es ist weiter oben zu zeigen versucht worden, daß bestimmte psychologische Prädikatoren gut geeignet zu sein scheinen, den einen oder anderen Aspekt an Begriffen sensomotorischer Handlungen zu unterscheiden. Eine vergleichbare Funktion können psychologische Prädikatoren auch bei Begriffen sprachlicher Handlungen erfüllen - und erfüllen sie de facto auch bereits zum großen Teil in unserer alltagssprachlichen Rede. Man muß nur sehen, daß die Kriterienbasis sich in beiden Fällen grundsätzlich unterscheidet: Im Fall sensomotorischer Handlnngen ist beispielsweise ein unter gewissen Umständen zu erwartendes, auf bestimmte Weise strukturiertes Handeln gegenüber der jeweiligen Umwelt eines der Indizien dafür, daß der Betreffende glaubt/weiß, daß p. Im Fall sprachlicher Handlungen hingegen ist dies ein unter gewissen Umständen zu erwartender, auf bestimmte Weise strukturierter Vollzug einer sprachlichen Handlung. Mit erheblicher Verkürzung ausgedrückt: Wem als sprachfähiges Subjekt zugesprochen wird, er glaube, daß p, von dem darf man u.a. erwarten, daß er, sobald ihm dies wichtig erscheint, gegenüber Anderen die Auffassung artikulieren wird, daß p. Mit anderen Worten: Nicht mehr unmittelbar der Umgang mit Gegenständen (einschließlich des eigenen Körpers) läßt hier einen bestimmten psychischen Zustand vermuten, sondern der Gebrauch bestimmter Zeichen i.w.S.

Dieser Umstand ist selbstverständlich bedeutsam für das Verhältnis zwischen "theoretischem" und "praktischem" Bezug auf Objekte; wir werden deswegen später noch etwas auf ihn eingehen müssen. Im Moment interessiert allerdings mehr, was sich aus ihm für den Übergang von den Begriffen für satzsprachliche

---

1) In der empirischen Spracherwerbsforschung ist es seit SCHLESINGER (1971) üblich, jene Bedeutung, die eine Äußerung "für es", d.h. für das heranwachsende Kind, wie für uns, die Beobachter, gemeinsam hat, konzeptuell in Zusammenhang zu bringen mit einer von seiten des Kindes ausgehenden "semantischen Intention". Vgl. dazu auch SLOBIN (1973) sowie MILLER (1976, S.77ff.).

Handlungen i.w.S., insbesondere von denen der Begründungshandlungen, zu den Begriffen reflexionssprachlicher Handlungen ableiten läßt.

Stellen wir uns erneut vor, wir beobachteten eine Gruppe von miteinander handelnden Individuen. Diese Individuen besäßen die Fähigkeit, Behauptungen aufzustellen und sie zu begründen - und damit natürlich auch die Fähigkeit zum Vollzug aller der Handlungsarten, deren Begriff in dem der Begründungshandlung als Teilbegriff enthalten ist. U.a. seien sie auch in der Lage, sich wechselseitig psychologische Prädikatoren zuzusprechen, deren Gebrauch daran gebunden ist, daß das Individuum, auf das sie appliziert werden, sprachfähig ist. A1 könne also von B1 sagen, daß dieser etwas bestimmtes empfinde, wolle, sehe, glaube, usw., und B1 könne dasselbe von A1 sagen, jeweils unter Bezug auf bestimmte sprachliche Handlungen von A1 bzw. von B1 - allerdings könnten sie diese Prädikatoren sich noch nicht selbst mit Sinn zusprechen.

Stellen wir uns zudem wiederum vor, A1 schicke sich an, seine Meinung zu artikulieren, daß es in l Wasser gebe. Diese Meinung, so sei in dem im Augenblick betrachteten Fall zu erwarten, wird von den anderen an der Situation beteiligten Subjekten kaum ohne Widerspruch hingenommen werden. Bevor es aber dazu kommt, daß gegenteilige Auffassungen ausgesprochen werden, mögen zwei weitere sprachliche Handlungen vollzogen werden, einmal noch von dem Subjekt A1, und, im zweiten Fall, durch ein "weiteres" Subjekt A2: A1 bringe den mit einem bestimmten Satz artikulierten Sachverhalt "Wasser in l" nämlich in eine Beziehung zu einer Kognition eines Sprechers - rede also z.B. davon, daß jemand namens X glaube oder wisse, daß es Wasser in l gibt -; und A2 behaupte - oder sage schlicht aus -, daß jenes X mit dem Subjekt des Sprechers des Ganzen identisch sei.

In abgekürzter Form[1] kann es also zu einer Äußerung eines Satzes wie "ich glaube, weiß, usw., daß es Wasser in 1 gibt" kommen - was uns, vorausgesetzt, eine solche Handlungskonstellation tritt wiederholt auf, von einer neuen Stufe sprachlichen Handelns reden lassen mag, eben der der reflexionssprachlichen Handlungen.
Was ist an einem solchen Fall so besonderes, um hier vom Erreichen einer neuen Stufe der Selbstreflexivität, und damit der Berechtigung zum Übergang zu einer neuen Art von Begriffen sprachlichen Handelns zu reden?

Keineswegs schon, daß das Personalpronomen "ich" verwendet wird - derartige Fälle sind auch schon mit den begrifflichen Mitteln artikulierbar, die zur Stufe der satzsprachlichen Handlungen i.e.S. gehören. Nichts steht nämlich dem Versuch im Wege, die Äußerung eines Satzes wie z.B. "ich werde dir meinen Ball nicht geben" zur Klasse der Aussagen, Mitteilungen usw. zu zählen. Auch die Verwendung eines psychologischen Ausdrucks allein reicht noch nicht aus, sofern dieser vom Sprecher eine anderen Person zugesprochen wird: Selbstreflexivität liegt in einem solchen Fall ja ebenfalls nur innerhalb des bereits abgesteckten logischen Rahmens vor. Das Eigentümliche an dem soeben skizzierten Fall ist vielmehr, daß das redende Subjekt sich selbst einen Ausdruck zuschreibt; damit - wie immer in solchen Fällen - einen bestimmten Geltungsanspruch erhebt; und durch den Vollzug der weiteren Gesamtäußerung zugleich eines der Kriterien dafür erfüllt, daß dieser Geltungsanspruch zu Recht erhoben wurde.

Der Grund dafür liegt ersichtlich in der speziellen Logik sprachhandlungsbezogen verwendeter psychologischer Begriffe: Zur Bedeutung z.B. eines derart aufgefaßten Kognitionsbegriffs gehört es, den oben angestellten Überlegungen nach, daß das Subjekt, dem der Ausdruck zugesprochen wird, gegebenenfalls den von ihm angeblich geglaubten, gewußten usw. Sachverhalt sprachlich zum Ausdruck bringen kann. Und eben dieses Kriterium wird hier von dem Subjekt, auf das der Kognitionsprädikator appliziert wird, sogleich erfüllt - was freilich

---

1) Es scheinen sich durchaus Belege dafür finden zu lassen, daß die hier unterschiedenen Stufen mehrerer Handlungen in der Tat nicht, wie heute, sogleich lautlich in abgekürzter Form auftreten, sondern sehr viel deutlicher zunächst als isolierte Handlungen identifizierbar sind. Archaische Formen der indirekten Selbstbezeichnung mögen sich so erklären lassen.

nur dadurch innerhalb ein und derselben Gesamthandlung logisch möglich ist, daß das den Prädikator zusprechende Subjekt und das Kriterien erfüllende Subjekt identisch sind.

Besonders deutlich wird der "dokumentierende" Aspekt einer solchen Handlung an den für diese Begriffsklasse geradezu paradigmatischen Fällen eines "Geständnisses" vor Gericht: Durch seine "Aussage" - d.h. durch eine der entsprechenden Teilhandlungen eines Geständnisses - "beweist" der Täter zugleich, daß er von einem bestimmten Sachverhalt Kenntnis hat. Zwar mochte ihm bisher auch schon von Anderen zugeschrieben worden sein, daß er "etwas wisse", auch mochten sich dafür bestimmte "Indizien" anführen lassen - die gleiche logische Dignität wie ein "Geständnis" hat ein solcher "Indizienbeweis" auf keinen Fall.

7. Legitimierende und kausale Erklärungen

Es gibt eine deutliche Parallele zwischen dem Übergang von Begriffen für zeichensprachliche Handlungen i.e.S. zu denen für satzsprachliche Handlungen einerseits und dem soeben skizzierten "Evolutionsschritt" andererseits: In beiden Fällen kommt es zu einer Verschränkung von zunächst isolierten Handlungsschemata, im Rahmen derer sich, metaphorisch gesprochen, davon reden läßt, daß mit einer der von uns als solcher gesehenen Teilhandlungen der mit der jeweiligen anderen Teilhandlung erhobene Geltungsanspruch "kommentiert" wird. In beiden Fällen kommt es zudem infolge dieses "Kommentars" dazu, daß eventuelle Versuche zur Einlösung jenes Anspruchs in eine bestimmte Richtung gewiesen werden. Der Unterschied zwischen diesen beiden Fällen liegt lediglich darin, daß die "Kommentierung" innerhalb einer satzsprachlichen Handlung i.e.S. allein darauf zielt, Geltungseinlösungen auf der Ebene des artikulierten Sachverhalts einen Weg zu zeigen, während die "Kommentierung" innerhalb einer reflexionssprachlichen Handlung darüber hinaus auf das Subjekt, das diesen Geltungsanspruch erhebt, aufmerksam macht. Dort wird auf die Gegenstände "verwiesen", hier hingegen wird deutlich gemacht, daß man sich an das redende Subjekt halten möge.

Das hat bestimmte Konsequenzen für den Fall, daß es auf der Stufe reflexionssprachlicher Handlungen zu einem kognitiven Konflikt kommt. Aus der weiter oben skizzierten Klassifikation von Sprachhandlungsbegriffen läßt sich bereits ableiten, daß die Auflösung eines solchen Konflikts der hier vertretenen Auffassung nach den Vollzug einer Erklärungshandlung verlangt. Folglich zeigen sich jene Konsequenzen insbesondere an Versuchen, innerhalb des in unserem Ansatz vorgeschlagenen Rahmens einige Besonderheiten des sinnvollen Gebrauchs des Erklärungsbegriffs zu verstehen. Ich möchte das im Folgenden kurz erläutern, da der Erklärungsbegriff, wie bereits früher angedeutet, in einem gewissen Sinne den Schlußstein für die Stufen "elementarer" Begriffe sprachlichen Handelns insgesamt abgibt.

Ein kognitiver Geltungsanspruch im strengen Sinne wird innerhalb einer reflexionssprachlichen Handlung nur dann erhoben, wenn das Subjekt dieser Handlung sich zuspricht, es _wisse_, daß p. In allen anderen Fällen, bei der Selbstzuschreibung von "glauben", "meinen" usw., tritt jener Anspruch nur eingeschränkt auf; ich konzentriere mich daher im Folgenden auf jenen Fall.

Vergegenwärtigen wir uns die Ausgangssituation: Was muß geschehen, damit ein kognitiver Konflikt, der dadurch entsteht, daß jemand von sich behauptet, etwas bestimmtes zu wissen, und ein Anderer ihm dies bestreitet, behoben werden kann? - Ersichtlich hängt die Beantwortung dieser Frage davon ab, was man unter "Wissen" im Allgemeinen verstehen sollte: Gelingt es dem Sprecher, nachzuweisen, daß er die Kriterien erfüllt, die den korrekten Gebrauch jenes Ausdrucks charakterisieren helfen, so hat er seine mit der anfänglichen Äußerung angemeldeten Geltungsansprüche legitimiert. Rekapitulieren wir also kurz die wesentlichen Kriterien für den Gebrauch jenes "epistemischen" Prädikators.

Zwei von ihnen, die sich auf die mit solchen Ausdrücken involvierten zeitlichen Verschränkungen beziehen, haben wir in den bisherigen Überlegungen bereits kennen gelernt: Von einem Individuum läßt sich nur dann sagen, es "wisse, daß p", wenn es u.a.:

- in der Vergangenheit die eine oder andere Wahrnehmung, daß p, gemacht hat; und wenn es
- in Zukunft die eine oder andere Handlung, aus der die Berücksichtigung des Sachverhalts p hervorgeht, unter bestimmten Umständen vollziehen würde.

Aus dem im voraufgegangenen Kapitel Gesagten ergab sich bereits, daß die in der zweiten Bedingung angeführte "Handlung" bei sprachbezogenen Kognitionsbegriffen aus einer sprachlichen Aktivität bestehen müsse.

Mit diesen beiden Kriterien ist freilich nur die Klasse der Kognitionsbegriffe i.A. umrissen. Um darüber hinaus einzelne Kognitionsbegriffe voneinander unterscheiden zu können, ist noch ein drittes Kriterium erforderlich. Wir scheinen ja die differentielle Zuschreibung von z.B. "jemand glaubt, daß p" und "jemand weiß, daß p" u.a. auch davon abhängig zu machen, ob _wir_, die Zusprechenden, die betreffende Auffassung teilen oder nicht. In ersterem Fall wird dies zumindest offen gelassen, im zweiten hingegen drücken wir mit dem Zusprechen zugleich unsere Zustimmung aus.

Man kann im übrigen, das sei kurz nebenbei erwähnt, diese drei Kriterien verwenden, um die gesamte Klasse der umgangssprachlich geläufigen Kognitionsbegriffe auf eine bestimmte Weise zu strukturieren. Das folgende Schema mag das verdeutlichen:

Ein Zusammenhang der zukünftigen Handlung mit einer vergangenen Erfahrung:	die Kognition wird vom Zusprechenden: geteilt	nicht geteilt	(ist offen)
besteht	wissen, daß p	irrtümlich meinen, daß p	die Hypothese vertreten, vermuten, daß p
besteht nicht	erraten haben, daß p	den Wahn hegen, daß p	glauben I, daß p[1]
ist unklar	ahnen, daß p[2]	spekulieren, daß p[3]	glauben II, daß p[4]; meinen, daß p

Doch kehren wir zu unserem kognitiven Konflikt auf der Ebene von reflexionssprachlichen Handlungen zurück. Aus dem soeben Ausgeführten folgt: Ein solcher Konflikt läßt sich dann beheben, wenn es dem jeweiligen Sprecher gelingt, seinem Gegenüber u.a. plausibel zu machen:

- Daß er, der Sprecher, in der Vergangenheit eine bestimmte Wahrnehmung, daß p, gemacht hat; und
- daß letzterer Umstand auch für den Angesprochenen ein hinreichender Grund ist, um die in Rede stehende Überzeugung zu teilen.

Eben dies zu gewährleisten ist die Funktion einer Erklärungshandlung in dem im Augenblick gemeinten Sinne.

M.a.W.: Von einer solchen Erklärungshandlung läßt sich dann sprechen, wenn ein Subjekt auf einen kognitiven Konflikt des

---

1) Religiöser Begriff des Glaubens.
2) Diesem Begriff der "Ahnung" dürfte der in der deutschen Romantik verwendete Ausdruck am nächsten kommen.
3) Im umgangssprachlichen heutigen Sinne - nicht etwa im Sinne des HEGELSCHEN Ausdrucks.
4) Im umgangssprachlichen Sinne.

im Moment relevanten Typs hin mindestens zwei weitere sprachliche Handlungen vollzieht: Eine z.B., mit der es sich selbst zu echt zuspricht, eine für das Bestehen des Sachverhalts "p" sprechende Erfahrung gemacht zu haben ("ich habe gesehen, daß es Wasser in 1 gibt"; vielleicht auch, aber das ist strittig: "ich habe gehört, daß C gesagt hat, daß es in 1 Wasser gibt"); und eine weitere Handlung, mit der der Angesprochene z.B. dazu "motiviert" werden soll, die betreffende Kognition zu teilen ("ich bin ein vertrauenswürdiger Augenzeuge", "du kannst dich nach 1 begeben, indem du folgenden Weg einschlägst: ..., und wirst dann selbst sehen, daß ...")[1].

Dieser Ansatz zur Erklärung der Bedeutung eines sinnvollen Erklärungsbegriffs ist zugestandenermaßen noch zu unspezifisch, um zahlreichen, vom Stand der bisherigen Diskussion ableitbaren Bedenken gerecht werden zu können[2]. Ich möchte mich hier jedoch auf die Diskussion eines einzigen Punkts beschränken, der für den in diesen Überlegungen verfolgten Fragenkomplex besonders bedeutsam ist: Das Verhältnis zwischen einer Erklärung im bisher angedeuteten Sinne - die wir weiter oben als "legitimierende Erklärung" bezeichnet haben - und einer Kausalerklärung.

Seit den Arbeiten POPPERS (1934) und HEMPELS (1965) ist es üblich geworden, Kausalerklärungen als eine spezielle Art von Argumentation aufzufassen, im Rahmen derer das Eintreten eines bestimmten Sachverhalts (der "Wirkung", des "Explanandum") im Paradigmafall dadurch "erklärt" wird, daß mindestens zwei Prämissen (das "Explanans") angegeben werden, aus denen sich das Explanandum logisch ableiten läßt. Dabei besteht die eine dieser Prämissen aus dem Hinweis auf das zeitlich früher als das Explanandum liegende Eintreten eines weiteren Sachverhalts (der "Ursache", dem "Antecedens"), und die zweite Prämisse be-

1) Vgl. dazu AUSTIN (1946) und STEGMÜLLER (1956).
2) U.a. ist zu erwägen, ob es nicht noch einer dritten Teilhandlung bedarf, im Rahmen derer die Auffassung artikuliert wird, daß dann, wenn das in den bisher zur Erklärung angeführten beiden Prämissen Gesagte akzeptiert wird, auch das mit der anfänglich bestrittenen reflexionssprachlichen Handlung Artikulierte zu Recht Geltung beanspruchen darf. Eine solche Prämisse hätte freilich den gleichen kontroversen Status wie die propositio maior in der oben angedeuteten Explikation des Begriffs einer Begründungshandlung.

steht aus der Artikulation des Schemas eines Ereigniszusammenhangs (eines "Verlaufsgesetzes"), mit Hilfe dessen es möglich ist, die für sich genommen nur isoliert dastehenden beiden Geschehnisse als eine miteinander zusammenhängende "Ursache" einer "Wirkung" aufzufassen.

Allerdings hat die bisherige Diskussion gezeigt, daß sich einem solchen Ansatz im Detail einige recht gravierende Probleme stellen. Auf eines dieser Probleme stößt man, wenn man dieses Verständnis des Begriffs einer Kausalerklärung als einer speziellen Art von Argumentation mit unserem generellen Verständnis des Argumentationsbegriffs in Beziehung zu setzen versucht.

Für Argumentationen im allgemeinen ist es ja kennzeichnend - und entsprechend ist auch hier bisher verfahren worden -, daß sie damit beginnen, daß ein bestimmtes Subjekt einen Geltungsanspruch erhebt, daß dieser Anspruch sodann von einem oder mehreren Anderen bestritten wird, und daß man schließlich versucht, jenen Anspruch einzulösen. Derartiges nun liegt im Fall einer Kausalerklärung, folgt man dem soeben skizzierten Verständnis, nicht vor: Ein Geltungsanspruch wird hier keineswegs erhoben; daß der Sachverhalt, dessen Eintreten "erklärt" werden soll, besteht, ist vielmehr in der Regel bereits unterstellt. Zu einem Dissens, einem "kognitiven Konflikt", kommt es daher hier allem Anschein nach gar nicht.

Für das angemessene Verständnis des Begriffs einer Kausalerklärung führt das nun zu einer gewissen Schwierigkeit. In den hier bisher vorgetragenen Überlegungen war der Bezug auf einen Konflikt ein wichtiges Hilfsmittel, um die Einheit (des Begriffs) einer komplexen sprachlichen Handlung abgrenzen zu können. Diese Möglichkeit scheint hier nun zu fehlen. Es verwundert daher nicht, daß es in den "klassischen" Untersuchungen von POPPER, HEMPEL und STEGMÜLLER zum Erklärungsbegriff keine befriedigenden Antworten auf die Frage gibt, anhand welcher Kriterien sich die Teile des Begriffs einer Kausalerklärung als Teile eines Ganzen eindeutig identifizieren lassen.[1]

---

1) Dieser Umstand ist allerdings, über den skizzierten Sachverhalt hinaus, noch dadurch begünstigt worden, daß insbesondere HEMPEL sich von der empiristischen Tradition den problematischen Begriff einer allein "semantisch-syntaktischen" Analyse des Erklärungsbegriffs vorgeben lassen hat. STEGMÜLLER ist hier vorsichtiger verfahren und hat die Möglichkeit, auf sogenannt "pragmatische" Aspekte des Erklärungsbegriffs einzugehen, offen gelassen.

Der Vorschlag zur Behebung dieser Schwierigkeit, den ich im Folgenden vortragen möchte, läuft auf zweierlei hinaus: Zum einen, so soll gezeigt werden, läßt sich der Begriff der Kausalerklärung durchaus als ein Ausdruck für eine Handlung verstehen, die bis zu einem gewissen Grade mit legitimierenden Erklärungen funktional äquivalent ist (was das Problem der Einheitsabgrenzung einer Kausalerklärung lösen kann). Darüber hinaus aber kann m.E. nachgewiesen werden, daß einige besondere legitimierende Erklärungshandlungen funktional gesehen "doppelschichtig" sind; daß diese Doppelschichtigkeit es erlaubt, Erklärungen spezieller Art zu vollziehen, die sich nur auf eine dieser beiden "Schichten" beziehen; und daß diese spezielle Art von Erklärungen - die gerade die kausalen Erklärungen in dem im Augenblick gemeinten Sinne sind - sich aufgrund des soeben erwähnten Umstands aus dem "eigentlichen" Funktionszusammenhang leicht lösen läßt und daher dann scheinbar selbständig vollzogen werden kann (was den vermeintlich von Geltungsfragen abgelösten Argumentationscharakter von Kausalerklärungen verständlich werden lassen mag).

Die Rede von einer "Funktion" hat, das ist aus den gesamten bisher hier vorgetragenen Überlegungen hoffentlich deutlich geworden, nur dann Sinn, wenn sie auf die mögliche Aufhebung der Abweichung eines Gegenstands von seinem artspezifischen Sollzustand bezogen ist - zumindest, was hier relevante Kontexte betrifft. Zum "Sollzustand" sprachfähiger Individuen gehört es, wie zu zeigen versucht worden ist, daß sie ihren je-individuellen psychischen Zustand i.w.S. sich selbst und anderen darzustellen vermögen. Abweichungen von dieser "Norm" drohen u.a. dann, wenn die Selbstdarstellung, d.h. die Kundgabe eines Teils dessen, was das betreffende Individuum ist, woraus seine Identität besteht, von Anderen nicht anerkannt wird. Tritt die fehlende Anerkennung im Rahmen eines "Konflikts" auf, so ist es für das "bedrohte" Individuum freilich logisch möglich, sich auf der Basis einer prinzipiell gewährten Anerkennung die im einzelnen zunächst versagte Zustimmung doch noch zu verschaffen: Eben das ist die "Funktion" intentional wie kognitiv bezogener legitimierender Sprachhandlungen i.A., folgt man dem hier vorgeschlagenen Ansatz.

Die Darstellung eines je-eigenen psychischen Zustands ist, je nach dem, welche der drei hier unterschiedenen Entwicklungsstufen elementarer sprachlicher Fähigkeiten aktiviert werden kann, verschieden weit differenziert: Mit dem Übergang von der Kompetenz zum Vollzug bloßer zeichensprachlicher Handlungen zu der zum Vollzug von satzsprachlichen Handlungen, und mit dem Übergang von letzteren zu reflexionssprachlichen Handlungen können z.B. jeweils mehr eigenständige Zeichen zur Hervorhebung bestimmter Aspekte der betreffenden Selbstdarstellung verwendet werden. Es wird daher nicht verwundern, daß auch die Legitimierungshandlungen, die jeweils beim Auftreten eines bestimmten Konflikts vollzogen werden können, verschieden weit differenziert sind. Das gilt auch für die drei oben bereits terminologisch unterschiedenen, auf einen kognitiven Konflikt bezogenen Legitimierungshandlungen: Die des Zeigens, des Begründens und legitimierenden Erklärens. Ich gehe darauf im Folgenden kurz ein, denn das genauere Verhältnis zwischen kausalen und legitimierenden Erklärungen läßt sich vielleicht am besten vor der Folie einfacherer kognitiver Legitimierungshandlungen einsehen.

Generell betrachtet gilt: Begründungshandlungen unterscheiden sich von Zeigehandlungen, und legitimierende Erklärungshandlungen von Begründungshandlungen, u.a. dadurch, daß mit der jeweils komplexeren Handlung auch jeweils einer der drei weiter oben hervorgehobenen Aspekte des Wissensbegriffs mehr zum Gegenstand spezieller sprachlicher Aktivitäten gemacht wird. Im Einzelnen:

Kommt es, auf der Stufe zeichensprachlicher Handlungen i.e.S., dazu, daß ein Subjekt zur Einlösung des von ihm erhobenen Anspruchs, etwas bestimmtes zu wissen, eine Zeigehandlung vollzieht, so wird damit streng genommen nur eine Dimension des Wissensbegriffs zum unmittelbaren Gegenstand der sprachlichen Bemühung: Die der Übereinstimmung in den von zwei Individuen vertretenen Überzeugungen. Man kann ja nicht sagen, daß A noch spezielle sprachlich artikulierte Bemühungen anstellt, um B davon zu überzeugen, daß A die von ihm zuvor artikulierte Auffassung aufgrund einer von ihm realisierten Wahrnehmung gewonnen hat; auch spielt es für die Anstrengungen A's noch keine direkte Rolle, ob B in Zukunft gegebenenfalls seinerseits sprachliche Handlungen vollziehen würde, in denen der als existierend dargestellte Sachverhalt "p" berücksichtigt ist. In einem gewissen Sinne ist beides auch gar nicht erforderlich, denn wenn die Zeigehandlung gelingt, stellt sich der Konnex zur Wahrnehmungssituation ja per se ein, genauso wie die Verbindung zu den Handlungen A's bzw. B's, in denen die Existenz von "p" berücksichtigt wird.

Wird hingegen, auf der Stufe satzsprachlicher Handlungen, eine Begründung für eine Behauptung gegeben, so spielen in diese sprachliche Aktivität bereits zwei Dimensionen des Wissensbegriffs mit hinein: Der Sprecher ist selbstverständlich weiterhin bemüht, seinen Gegenüber zur Zustimmung zu bringen; aber er tut das nicht mehr dadurch, daß er ihn schlicht in die Situation zu leiten versucht, auf die sich die strittige Überzeugung bezieht, sondern dadurch, daß er ihn auf einen Teil der vom Opponenten selbst vertretenen Überzeugungen aufmerksam macht, aus denen dann das anfänglich von diesem Bestrittene - der Intention A's nach jedenfalls - folgt. Hier kommt also über den Bezug auf die Konsensherstellung hinaus noch das sprachlich artikulierte Bemühen hinzu, eine Übereinstimmung mit den Handlungen B's (und natürlich auch A's) herzustellen, in denen "p" i.w.S. "berücksichtigt" ist. Ohne zusätzliche sprachliche Thematisierung bleibt hier allerdings weiterhin der vergangenheitsbezogene Aspekt des Wissensbegriffs - was wiederum in einem gewissen Sinne auch nicht erforderlich ist, denn wenn es A gelingt, seine Behauptung in eine logische Verbindung mit Überzeugungen B's zu stellen, ist damit für B ja auch die in der Vergangenheit fundierte Deckung dieser Behauptung nicht mehr weiter problematisch.

Auf der Stufe der reflexionssprachlichen Handlungen wird dann allerdings, bei dem Vollzug einer Erklärungshandlung, auch noch dieser dritte und letzte Aspekt des Wissensbegriffs thematisiert: Die Legitimation zielt weiterhin darauf ab, einen Konsens herzustellen; sie tut dies auch weiterhin, indem ein Anschluß an die Überzeugungen des jeweiligen Gesprächspartners hergestellt wird; aber sie erinnert zusätzlich auch noch an eine Erfahrung, die nach des Sprechers Ansicht ein hinreichender Grund ist, die von ihm zuvor artikulierte Auffassung in der Tat zu vertreten.

Man kann sich den, in seiner Bedeutung kaum zu unterschätzenden, Unterschied zwischen Begründungen und legitimierenden Erklärungen zusätzlich verdeutlichen, wenn man die aus der Philosophiegeschichte geläufige Gegenüberstellung von "Vernunftgründen" und "Seinsgründen" heranzieht. "Vernunftgründe", so der Sinn dieser Gegenüberstellung, sind Gründe, die sich heranziehen lassen, um jemandem die Geltung einer bestimmten Überzeugung plausibel zu machen; "Seinsgründe" (oder "Ursachen") hingegen sind Gründe, unter Bezug auf welche sich das Eintreten eines bestimmten Sachverhalts plausibel machen läßt. Auffallenderweise werden mit Begründungen im hier gemeinten Sinne nämlich nur Vernunftgründe angegeben; mit legitimierenden Erklärungen hingegen werden sowohl Vernunft- wie Seinsgründe benannt: Der Sprecher weist ja nach, daß er u.a. aufgrund einer bestimmten Eigengeschichte jemand ist, der einen bestimmten Geltungsanspruch zu Recht erheben darf. D.h. seine Argumentation enthält einen Hinweis auf die Entwicklung, die ihn in gewisser Hinsicht so werden lassen hat, wie er ist (einen kausalen Aspekt mithin); und einen Hinweis darauf, daß die jeweiligen Opponenten sich ihm, dem Sprecher, mit gutem Grund in dieser einen Hinsicht angleichen sollten (wie auch sonst, einen geltungsbezogenen Aspekt).

Natürlich stehen diese begrifflichen Eigenheiten, wie vorhin bereits betont, in einem engen Konnex mit den **Grundmerkmalen** reflexionssprachlicher Handlungen im Allgemeinen. Erst dadurch, daß ein Individuum fähig wird, eine bestimmte Überzeugung relativ zu seiner je-einzelnen Perspektive zu artikulieren - indem es sagt "ich weiß, daß p" - wird z.B. die bei Begründungen noch unproblematische, vergangenheitsabgeleitete Erfahrungsfundierung geteilter Überzeugungen thematisierungsbedürftig.

Versuchen wir jetzt zu verstehen, wie es dazu kommen kann, daß der eine dieser beiden Aspekte von Erklärungshandlungen sich so verselbständigt, daß man zu der Auffassung gelangen mag, es mit einer Argumentation eigenen Rechts, ohne Bezug auf weitere Zusammenhänge, zu tun zu haben. Der spezielle

Fall, der den logischen Ausgangspunkt für eine solche Entwicklung darstellt, ist eine Situation, in der die von einem Sprecher einem bestimmten Gegenstand zugesprochene Einzel-Identität von einem seiner Gesprächspartner bestritten wird.

Nun können derartige Fälle freilich zunächst auch durchaus im Rahmen von einfachen satzsprachlichen Handlungen auftreten, wo sie dann zum Vollzug einer Begründung, d.h. zur Angabe ausschließlich von Vernunftgründen, nötigen. Nehmen wir an, ein Sprecher A behaupte von einem in der Redesituation anwesenden Gegenstand "dies ist x". Eine Begründung auf entsprechende Einwände von seiten seines Gesprächspartners B könnte die folgende Form haben: A erinnert B zunächst daran, daß alle Gegenstände, die die Merkmale p, q und r haben, x sind; und er verweist B dann darauf, daß sich an dem vor ihm befindenden Gegenstand in der Tat die Eigenschaften p, q und r feststellen lassen, usw.

Zu einem wesentlich anderen Diskussionsverlauf kommt es indes, wenn die Artikulation eines analogen Sachverhalts in eine reflexionssprachliche Äußerung eingebettet ist, wenn A also z.B. sagt: "Ich weiß, daß dies x ist", und es zu einem kognitiven Konflikt kommt. Die Selbstzuschreibung des psychologischen Prädikators "wissen" verlangt in einem solchen Fall, wie üblich, u.a. den Rekurs auf die Entstehungsgeschichte dieses Wissens - und eigentümlicherweise nötigt dies, anders als bei der Begründung für eine vergleichbare Behauptung, dazu, auch noch einen Teil der Genese des Gegenstands zu referieren, dessen Identität gemeinsam mit dem beanspruchten Wissen von dieser Identität in Frage gestellt wurde.

Natürlich ist dieser anders geartete Argumentationsverlauf u.a. auch ein Indiz dafür, daß der kognitive Konflikt, den aufzulösen er bestimmt ist, nicht ganz denselben Charakter hat wie im zuerst genannten Fall. Innerhalb einer satzsprachlichen Handlung i.e.S. kann es dann zu einem Konflikt über eine Identitätszuschreibung kommen, wenn für die am Gespräch Beteiligten zunächst nicht dieselben Merkmale des von ihnen gleichermaßen Gesehenen für die Identifizierung relevant sind. Dieser Fall ist zwar innerhalb von Äußerungen auf der Stufe reflexionssprachlicher Handlungen ebenfalls logisch möglich (und führt dann seinerseits zu Argumentationen sui generis). Aber daneben - und diese Doppeldeutigkeit ist kennzeichnend für diesen Fall, und zudem Quelle zahlreicher philosophischer Mißverständnisse - ist es auch möglich, daß zumindest bezogen auf einen bestimmten Zeitpunkt hin alle Sprecher dieselben Identifizierungsmerkmale herangezogen haben, daß einer von ihnen aber noch nicht erfahren hat, daß der zu identifizierende Gegenstand sich inzwischen verändert hat, und es deswegen zu einem Konflikt kommt.

In einem solchen Fall hat derjenige, dessen Äußerung bestritten worden ist, auf zwei verschiedenen Ebenen "Seinsgründe" anzugeben: Er muß zum einen auf für die Gesprächspartner überzeugende Weise aufdecken, wie er zu der Meinung kommen konnte, daß "dies hier x ist"; und das gelingt u.a. nur dann, wenn zum anderen auch der Versuch erfolgreich ist, den Weg anzugeben, wie aus dem x mit den identifizierenden Merkmalen p, q, r usw. ein x mit den identifizierenden Merkmalen p, q, non-r usw. geworden ist. Um den auf der Metaebene des Gesamtsatzes ausgesprochenen Anspruch einzulösen, jemand zu sein, der etwas bestimmtes weiß, muß hier nicht nur die Entstehungsgeschichte dieses Wissens, sondern auch die (teilweise) Entstehungsgeschichte des auf der Objektebene angesprochenen Gegenstands mitgeteilt werden.

Eben dieser Sachverhalt war gemeint, als weiter oben von der Doppelschichtigkeit des funktionalen Bezugs einiger Arten von legitimierenden Erklärungen gesprochen wurde.

Die weiteren, für das Verständnis unseres üblichen Begriffs der Kausalerklärung erforderlichen Schritte sind nun ohne weiteres einsichtig: Sind Argumentationsfertigkeiten des skizzierten Typs einmal entstanden, so bedarf es nur noch der Entwicklung von Fähigkeiten zur Verwendung von Fragepronomen besonderer Art, um Überlegungen darüber, wie ein Gegenstand der Objektebene so geworden sein mag, wie er jetzt erscheint, in isolierter Form auszutauschen. Das Schwergewicht der Argumentation liegt dann nicht mehr auf Fragen der Identitätsfixierung insgesamt, sondern auf einem bestimmten Teilaspekt von solchen Fragen - was die späteren Versuche zum genauen Verständnis des Begriffs solcher Art von Überlegungen naturgemäß solange behindern muß, wie dieser Teil nicht als solcher erkannt und als Ganzes genommen wird.

8. Drei Phasen der Sprachentwicklung

In einem gewissen Sinne stellen die neun Klassen von Begriffen sprachlichen Handelns, die in den voraufgegangenen Bemerkungen in dem einen und anderen Aspekt charakterisiert wurden, eine abgeschlossene Gruppe von Ausdrücken dar. Das heißt freilich selbstverständlich nicht, daß es über die mit ihnen bezeichenbaren Stufen der Entwicklung sprachlicher Fähigkeiten hinaus nichts mehr geben könne. Ich möchte auf die in diesem Zusammenhang erforderlichen begrifflichen Differenzierungen hier jedoch nicht mehr ausführlich eingehen, sondern nur noch auf einen möglichen Klassifikationsversuch pauschal verweisen. Die entscheidende Variable zur Klassifikation ist auch hier wieder das jeweils erreichte Maß an Selbstreflexion.

Streng gesehen ist die Rede von "Selbstreflexion" auf den bisher erwähnten Stufen sprachlichen Handelns immer noch metaphorisch gewesen. Gewiß sind die damit gemeinten Beziehungen zwischen Teilmomenten wesentlich komplexer als beispielsweise bei sensomotorischen Handlungen. Aber: "Sich auf sich selbst beziehen", das ist schließlich, nimmt man es wörtlich, ein Ausdruck für nicht nur durch uns, die Betrachter, identifizierbare Relationen, sondern für eine bestimmte Handlung.

Zudem gelten für diese Handlung bestimmte Qualifikationen recht anspruchsvoller Art (zumindest, wenn man den Begriff innerhalb der mit KANT einsetzenden Tradition der Reflexionsphilosophie sieht): Das Subjekt dieser Handlung muß wissen können, was es mit dem Vollzug dieser Handlung tut, und es muß sie willentlich vollziehen können; und darüber hinaus muß es auch noch gegebenenfalls legitimieren können, daß es diese seine Handlung auf gerade diese Weise interpretiert, und sie unter gerade dieser Zielsetzung vollzieht.

Handlungsfähigkeiten in einem so extensiven Sinne nun sind mit den bisher erwähnten Begriffen sprachlicher Aktivitäten gewiß noch nicht gegeben. Wir haben ja bereits weiter oben in Kap.6c gesehen: Daß ein bestimmtes Subjekt A einem anderen Subjekt B gegenüber ein Zeichen gibt, ihm etwas mitteilt, einen Vorschlag macht, etwas erklärt usw. sind Bestimmungen, die hier zunächst noch allein für uns, die Betrachter, einsichtig sind. Lediglich das mit der jeweiligen Zeichenhandlung zum Ausdruck gebrachte Wissen, Wollen, Empfinden usw. besteht hier in einem gewissen Sinn nicht nur für uns sondern auch für den jeweiligen Sprecher.

Diese eingeschränkte Form der Selbstreflexivität erweitert sich mithin erst dann, wenn auch die Fähigkeit erworben wird, sich Begriffe sprachlichen Handelns selbst zuzuschreiben und so die Art der jeweils mit einer Äußerung vollzogenen Aktivität einem eventuellen Gesprächspartner gegenüber zu interpretieren: Erst von jetzt an ist die Möglichkeit gegeben, davon zu sprechen, daß ein Subjekt nicht nur - relativ zu der gesamten von ihm vollzogenen Handlung gesehen - etwas tut, sondern daß es glaubt bzw. weiß, daß es mit diesem Tun die eine oder andere Art von Handlung vollzieht[1]. Wie man sieht, ist diese Entwicklung damit verbunden, daß die Bedeutungen einer Äußerung für den Sprecher und für uns sich allmählich zu decken beginnen - was zuvor ja keineswegs der Fall war.

Trotz dieser deutlichen Erweiterung der Reflexionsfähigkeiten erfüllt aber auch diese Entwicklungsstufe noch nicht alle der oben erwähnten Merkmale des Begriffs einer selbstreflexiven Handlung im vollen Wortsinn. Ein Subjekt dieser Art vermag nämlich zwar seinen Glauben zu artikulieren, mit einer bestimmten Äußerung eine bestimmte Art sprachlichen Handelns vollzogen zu haben; es mag ihm sogar gelingen, mit dieser Selbstbeschreibung unsere Zustimmung zu erwerben, so daß sich von ihm mit einer gewissen Berechtigung sagen läßt, es wisse, was es redet. Doch müßte sich ein solcher Konsens auf diesem Evolutionsniveau noch kontingent einspielen. Es mag ja beispielsweise ein Fall eintreten, in dem wir behaupten, der Sprecher habe mit einer bestimmten Handlung einen rechtskräftigen Vertrag abgeschlossen, während er vorgibt, in der fraglichen Situation nur mit der Möglichkeit dazu gespielt zu haben - und dann steht eine Deutung der anderen auf zunächst un-

1) Es ist diese Stufe, die AUSTIN bekanntlich zur Rede von "speech acts", von "Sprechhandlungen", geführt hat. Die bisher vorgetragenen Überlegungen dürften deutlich gemacht haben, warum dieser Ausdruck, obwohl dies häufig geschieht, nicht synonym verwendet werden sollte mit dem Begriff einer sprachlichen Handlung: Letzteres ist der allgemeinere Begriff, ersterer bezieht sich nur auf sprachliche Handlungen, deren Subjekt bereits über die von AUSTIN sogenannten "performativen" Artikulationsfähigkeiten verfügt.

vermittelbare Weise gegenüber.

Hat man nach den zuvor vorgetragenen Überlegungen zunächst grob zwischen zwei großen Phasen der Sprachbeherrschung unterschieden: Einer ersten, auf der zwar gesprochen wird, aber ohne daß die redenden Subjekte die Art ihrer Rede zu benennen fähig sind, und einer zweiten, auf der dies möglich ist, so empfiehlt es sich jetzt also, zusätzlich von einer dritten Phase auszugehen. Innerhalb dieser letzten Entwicklungsstufe ist ein Subjekt dann auch noch fähig, den Begriff dessen, was es mit seiner jeweiligen Äußerung tut, zur Zufriedenheit seiner eventuellen Gesprächspartner sowie zur Zufriedenheit von uns, den Philosophen, zu explizieren. Zu einer selbstbezüglichen Handlung im extensiven, nicht-metaphorischen Sinn - so, wie oben angedeutet - kann es ersichtlich erst kommen, wenn diese Stufe erreicht ist (und es ist auch erst diese Stufe, unter Bezug auf die sich das Paradigma für einen sinnvollen Begriff philosophischer Rede exemplifizieren läßt). -

Mit dem Übergang zu Phase II bzw. Phase III der Sprachbeherrschung verändert sich nicht nur, wie sich unschwer zeigen ließe, die mit dem jeweiligen Begriff sprachlichen Handelns verknüpfte Art der Selbstreflexivität; auch in den anderen, oben (Kap.2) erwähnten Dimensionen des Sprachbegriffs, also auch z.B. in der der "Konstitution" von Objekten für Subjekte, kommt es dabei zu einem Wandel. Um diese Veränderungen zu verstehen, wäre es allerdings erforderlich, die hier verstärkt einsetzenden Wechselbeziehungen zwischen den einzelnen Dimensionen zu berücksichtigen. Das setzt voraus, daß man einen hinreichend genauen Überblick über die sprachlich artikulierbaren Kognitionsfähigkeiten von Subjekten besitzt, die zunächst nur zu elementaren Sprachhandlungen fähig sind. Die im folgenden vorzutragenden Überlegungen sollen dazu dienen, das eine oder andere einem solchen Überblick vielleicht dienliche Material zu liefern. Diese Ausführungen haben freilich bestenfalls einen nur vorbereitenden Charakter. Eingehendere Untersuchungen würden es beispielsweise erfordern, die grundlagentheoretisch relevanten Überlegungen mit zu diskutieren, die vor allem in den letzten zwei Jahrzehnten im Zusammenhang mit empirischen Spracherwerbsforschungen entwickelt worden sind. Eben das wäre mit dem verhältnismäßig hohen Abstraktionsgrad, auf dem sich unsere bisherigen Überlegungen bewegt haben, jedoch nur schwer zu vereinbaren. Ich werde mich daher im Folgenden, was diesen Punkt betrifft, auf den einen oder anderen Hinweis beschränken.

9. Elementare Sprachhandlungsbegriffe und Objektkonstitution

Von einer relativ hohen Abstraktionsstufe aus gesehen unterscheiden sich die Begriffe elementarer zeichensprachlicher, satzsprachlicher und reflexionssprachlicher Handlungen vor allem in einem Punkt: In Bezug auf die Möglichkeit, daß ein Sprecher einen Sachverhalt so artikulieren kann, daß dieser getrennt von dem jeweiligen psychischen Zustand des Sprechers gegenüber dem Sachverhalt bezeichenbar wird.

Es ist weiter oben (Kap.4.3.4) zu zeigen versucht worden, daß ein entscheidender Mangel mancher sprachtheoretischer Ansätze darin besteht, anzunehmen, diese Differenzierung sei von vornherein auch schon mit dem einfachsten Konzept sprachlichen Handelns verknüpft. Aus jener Stufenfolge nun läßt sich ablesen, über welche logischen Schritte hinweg erst eine solche Fähigkeit ausgemacht werden kann: Begriffe zeichensprachlichen Handelns i.e.S. implizieren noch den Bezug auf Zeichen, deren Bedeutung immer zugleich den Bezug auf einen Sachverhalt gemeinsam mit einer bestimmten psychischen Haltung eines Subjekts gegenüber diesem Sachverhalt beinhält. Sätze i.e.S. hingegen erlauben bereits die Artikulation von Sachverhalten, die losgelöst von dem jeweiligen psychischen Zustand eines Subjekts artikuliert werden können. Die Verwendung von Sätzen innerhalb von satzsprachlichen Handlungen i.e.S. schließt allerdings nicht auch schon ein, daß der dabei in jedem Fall ja weiterhin vorliegende psychische Zustand des Sprechers gegenüber diesem Sachverhalt durch eigens dafür geeignete wortsprachliche Mittel artikuliert werden kann: Das ist logisch erst möglich auf der Stufe der reflexionssprachlichen Handlungen.

Über diese generellen Unterschiede hinaus ist mit jenen drei Klassen von Sprachhandlungsbegriffen natürlich eine Fülle weiterer logischer Differenzen verknüpft. Ich möchte mich im Folgenden darauf beschränken, auf Unterschiede aufmerksam zu machen, die sich relativ zu drei Variablen feststellen lassen: Relativ zu den logisch möglichen Fähigkeiten der jeweiligen Sprecher,

- raum-zeitliche Bestimmungen des jeweils zum Ausdruck Gebrachten auf gesonderte Weise, durch den Gebrauch

speziellerer Zeichen, vortragen zu können;
- bereits Artikulierbares als in der einen oder anderen Art von Zusammenhang miteinander stehend darstellen zu können; und
- kognitive und intentionale Aspekte der Stellung des Sprechers gegenüber dem von ihm zur Sprache gebrachten Sachverhalt mit Hilfe eigens dazu geeigneter Zeichen in differenzierter Weise artikulieren zu können.

Die beiden ersten dieser Variablen sind absichtlich gewählt worden, um Vergleiche mit den weiter oben vorgetragenen Bemerkungen zu den kognitiven Implikationen von Begriffen sensomotorischer Handlungen zu ermöglichen. Die letzte Variable wurde hinzugefügt, weil es ja, unseren bisherigen Überlegungen nach, zu den auffälligsten Merkmalen von Sprachhandlungsbegriffen gehört, daß sich die kognitiven und intentionalen Momente, die bei sensomotorischen Aktivitäten so eng miteinander verschränkt sind, von einander zu entfernen beginnen.

Im Einzelnen nun scheint sich Folgendes sagen zu lassen:

a) Auf der Stufe der Fähigkeit zum Vollzug von allein zeichensprachlichen Handlungen i.e.S. gilt:

Räumlich-zeitliche Bestimmungen einerseits und qualitative andererseits sind hier noch nicht voll ausdifferenziert. Das bedeutet: Zum einen kann die je-singuläre raum-zeitliche Situierung des mit einem Zeichen Ausgedrückten hier nur mit Hilfe des Kontextes erschlossen werden[1]. Und zum anderen kann das mit Hilfe des Zeichens artikulierte Schema zugleich mit qualitativen Aspekten auch räumliche (oder sogar zeitliche) in noch ungeschiedener Weise enthalten: Was auf diese Weise ausgedrückt wird, kann z.B., statt bloß das Wissen-von-Wasser, oder die Wahrnehmung-von-Milch, das Wissen-von-Wasser-in-dem-Ort-1, das Wissen-von-sich-sogleich-näherndem-Wasser, die Wahrnehmung-von-hier-Milch, usw. sein.

Die Gründe für diese beiden Eigentümlichkeiten, auf die zum

---

1) Das sollte freilich nicht dazu führen, die Komplexität der hier logisch möglichen Situationen zu unterschätzen, die sich insbesondere dann zeigt, wenn nicht mehr vorkonventionelle sondern konventionelle Zeichen verwendet werden. Reiches Anschauungsmaterial liefern die empirischen Untersuchungen zum Spracherwerb von Kindern in MILLER (1976, S.214ff.). Vgl. auch die Literaturübersicht in HÖRMANN (1976, S.339ff.) sowie in BLOOM und LAHEY (1978).

Teil schon an früherer Stelle hingewiesen wurde (vgl. Kap. 6b), werden deutlich, sobald man sich nochmals die Erklärung der Bedeutung eines Ausdrucks für eine zeichensprachliche Handlung ansieht.

Folgt man den weiter oben skizzierten Überlegungen, so stellt jedes als einzelnes identifizierbare Zeichen auf dieser Stufe nichts anderes dar, als ein - durch weitere Handlungen "desselben" Subjekts "betontes" - mehr oder weniger ausgedehntes Fragment einer Handlung, die ihrerseits Teil einer sensomotorischen Gesamthandlung ist. Das macht als erstes verständlich, warum es hier noch nicht zu einer im strengen Sinne mit Hilfe von Zeichen realisierbaren räumlich-zeitlichen Situierung des Ausgedrückten kommen kann: Eine solche Situierung mit Hilfe eines eigenständigen Zeichens müßte sich ihrerseits zunächst als eine einzelne, für sich isoliert abgrenzbare zeichensprachliche Handlung erkennen lassen können. Daß derartiges eintritt, ist zwar durchaus nicht logisch ausgeschlossen - nur ergibt sich dann die Schwierigkeit, wie man diese zweite Handlung mit der ersten in einen eindeutigen Zusammenhang bringen kann. Dazu bedürfte es ja eines Einheit stiftenden Kriteriums, und ein solches Kriterium liegt hier noch nicht vor[1].

Und als zweites ist zu bedenken, daß jene sensomotorische Gesamthandlung, "für die" das Zeichen steht, ohne weiteres die Berücksichtigung von räumlichen oder sogar zeitlichen Aspekten

---

1) Die auf den ersten Stufen des frühkindlichen Sprachgebrauchs beobachtbaren Zwei- und Dreiwortsätze sind daher m.E. auch noch keine "Sätze" im strengen Sinn. Für die strenge Bedeutung von "Satz" ist ja kennzeichnend, daß er aus auf eigenständige Weise identifizierbaren Teilen, den "Wörtern" besteht, die nach relativ festen Regeln untereinander kombiniert werden können - und eben das ist hier noch nicht gegeben.
Diese Schlußfolgerung scheint sich zwanglos durch eine Beobachtung GRUBERS (1967) exemplifizieren zu lassen. GRUBER weist darauf hin, daß die "Kombination" von "Wörtern", die innerhalb einer bestimmten Altersstufe zu beobachten ist, noch recht chaotisch verläuft. Zwar ließe sich von uns aus gesehen jeweils unterscheiden zwischen einem "Thema" ("topic") und einem "Rhema" ("comment") zu dem Thema (wie in "girl, go bye-bye", oder "car, broken"). Aber diese "Topikalisierung", wie GRUBER sie nennt, folgt, im Gegensatz zur Prädikation auf der satzsprachlichen Stufe, keinen bestimmten Regeln. Mit den Worten G.A.MILLERS (1970, dt.S.219): "Es ist, als ob das Kind einen komplexen Gedanken im Kopf hat, von dem es jeden Teil als Thema auswählen könnte, in jeder beliebigen Anordnung."

der jeweils handlungsrelevanten Prä-Objekte erkennen lassen kann: Von einem Prä-Subjekt der entsprechenden sensomotorischen Stufe läßt sich ohne logische Bedenken sagen, es handle gegenüber "Wasser-am-Ort-l1" anders als gegenüber "Wasser-am-Ort-l2", gegenüber "gleich-nahendem-Wasser" anders als gegenüber "morgen-sich-näherndem-Wasser". Diese Verschränkung räumlich-qualitativer Aspekte geht dann, infolge des Zusammenhangs zwischen sensomotorischen Handlungsbegriffen und zeichensprachlichen, in das Zeichen<u>schema</u> mit ein - was erklärt, warum ein solches einzelnes Zeichen neben rein qualitativen Momenten durchaus auch räumlich-zeitliche Aspekte enthalten kann.

Dieser Befund besitzt im übrigen, wie auch die anderen noch zu behandelnden Punkte, eine deutliche Parallele zum Begriff der sensomotorischen Sensationen, als Metaprädikator zu dem Begriff sensomotorischer gegenstandsgebundener Handlungen. Bei der obigen (Kap.3.2) Diskussion über den Begriff jener Sensationen ist zwar nur auf das Auftreten rein qualitativer Empfindungen eingegangen worden, d.h. auf Empfindungen, die keine räumlichen oder zeitlichen Aspekte enthalten. Aber das war lediglich eine Folge dessen, daß dort aus Einfachheitsgründen von eventuellen Verschränkungen sensomotorischer Sensationsbegriffe mit verhaltensphysiologischen Aspekten abgesehen wurde.

Mit dem oben Gesagten ist bereits angedeutet, daß und warum einfache zeichensprachliche Handlungen lediglich <u>kontingente Verknüpfungen</u> mehrerer der mit ihnen ausgedrückten psychischen Zustände i.w.S. erlauben. Es ist hier logisch noch nicht möglich, daß ein Sprecher einen Zusammenhang zwischen den einzelnen Inhalten anzeigt, die er mit je-einer einfachen zeichensprachlichen Handlung artikuliert, genausowenig, wie er bereits Zusammenhänge zwischen diesen Zeichen anzusprechen vermag.

Und schließlich ist festzuhalten, daß <u>intentionale</u> und <u>kognitive Aspekte</u> innerhalb des mit diesen einfachen zeichensprachlichen Handlungen Sagbaren noch kaum voneinander geschieden sind. Auf den Grund dafür wurde an früherer Stelle (Kap.4.3.4) bereits kurz verwiesen: Der Ausdruck einer Kognition ist hier - in einem gewissen Gegensatz dazu, daß Kognitionsbegriffe an sich semantisch gesehen dispositionale Begriffe sind - noch daran gebunden, daß ein Fragment einer kognitiv vermittelten Handlung <u>vollzogen</u> wird, und dieses Fragment ist, infolge der speziellen logischen Beziehung zwischen Intentions- und Kognitionsbegriffen, zugleich auch immer ein Anzeichen (bzw. hier: Ein Zeichen) für eine Intention. Was hier als Gegenstand des Wissens, Glaubens usw. ausgedrückt wird, wird in einem Zuge als Gegenstand einer bestimmten Intention zur Sprache gebracht.

b) Auf der Stufe der Fähigkeit zum Vollzug von satzsprachlichen Handlungen i.e.S. gilt:

Das von nun an verwendbare Schema von Zeichen zerfällt für den Sprecher selbst in Teile, von denen eines geeignet sein kann, den jeweils zu artikulierenden Sachverhalt raum-zeitlich zu situieren. Weiter oben (Kap.6b) ist bereits etwas ausführlicher auf den Grund dafür eingegangen worden, warum sich derartiges hier sagen läßt; ich kann auf eine Erklärung dieses Umstands hier also verzichten.

Des weiteren ist es innerhalb satzsprachlicher Handlungen i. e.S. logisch möglich, daß ihr Subjekt nicht-kontingente Zusammenhänge zwischen den von ihm verwendeten Zeichen erkennen läßt und schließlich gar selbst artikuliert.

Der Grund dafür liegt in der bereits angesprochenen Erklärung von "Satz" als einem Komplex, der aus für den Sprecher selbst variierbaren Teilen (den Wörtern) besteht. Nehmen wir kurz ein Beispiel, um uns diesen Zusammenhang zu veranschaulichen[1].

Gesetzt den Fall, wir hätten eine Gruppe von Subjekten beobachtet, die u.a. einen Ausdruck wie "Wasser" in einer der unsrigen Verwendungsweise wesentlich nahestehenden Form zu gebrauchen gewöhnt sind. Bei der Anwendung dieses Ausdrucks in vollständigen Sätzen kommt es, unseren bisherigen Überlegungen nach, jeweils zur Verknüpfung mit räumlichen und/oder zeitlichen Indikatoren, man spricht also beispielsweise von "Wasser hier", "Wasser, gleich" usw. Nehmen wir nun darüber hinaus noch an, diese Sprecher fügten in solche Sätze gelegentlich einen weiteren Laut ein, etwa "top", so daß Lautfolgen wie "top Wasser hier" usw. entstehen. Dieser zusätzliche Laut mag für uns zunächst keine erkennbare Bedeutung haben, bei genauerer Überprüfung stelle sich aber heraus, daß die von uns be-

---

1) Ich schließe mit dem Folgenden an einen bereits von KUNO LORENZ (197o, S.194ff.) vorgetragenen Gedankengang an.

obachteten Sprecher Sätze wie "top Wasser, hier", "top Wasser, dort" usw. unter ganz bestimmten eingeschränkten Bedingungen verwenden: Nämlich nur dann, wenn sie genausogut ein einmal von ihnen bereits mit sprachlichen Mitteln räumlich und/oder zeitlich situiertes Wasser nochmals raum-zeitlich situieren würden, und diese zweite Situierung für sie variabel sein kann, auch wenn die erste konstant bleibt.

Was liegt in einem solchen Fall vor? Offensichtlich verändern die raum-zeitlichen Indikatoren in einem gewissen Sinne hier teilweise ihre Funktion. Der erste Indikator in "Wasser dort, hier", "Wasser dort, dort" usw. rückt, nachdem er zur räumlichen Situierung von Wasser "insgesamt" gedient hat, mit diesem Wasser zu einem Gesamtschema zusammen, und dieses Schema wird dann als solches in seinem eventuellen Auftreten nochmals raum-zeitlich situiert: Ein räumlich abgegrenzter Teil des raum-zeitlich zunächst diffusen Gegenstands "Wasser" ist als Gegenstand sui generis sprachlich artikulierbar geworden - und hat, wie die von uns festgestellte wechselseitige Überführbarkeit von "top Wasser, hier" in Sätze wie "Wasser hier, hier" usw. zeigt, zur Prägung eines speziellen Ausdrucks geführt.

Fälle wie diese zeigen also zunächst, wie gesagt, daß es bestimmte Zusammenhänge zwischen den einzelnen Wortgebräuchen von Subjekten geben kann, die zu satzsprachlichen Handlungen fähig sind. Darüber hinaus erlauben solche Befunde es uns ersichtlich, uns bestimmte sprachtheoretische Grundbegriffe in ihrer Logik verständlich zu machen: Ein Laut wie "top" erfüllt bei solchen Sprechern ja allem Anschein nach semantisch gesehen die Rolle eines "Individuators", ähnlich wie "Tropfen" oder "Schluck" in "Wassertropfen" bzw. "Schluck Wasser" im Deutschen.

Ganz analog zu solchen Fällen von i.e.S. semantischen Beziehungen zwischen den verschiedenen Zeichengebräuchen ist es im Rahmen satzsprachlicher Handlungen im hier gemeinten Sinne auch logisch möglich, daß es zu syntaktischen und kategorialen Zusammenhängen kommt: Lassen die von uns beobachteten (besser sollte man hier im übrigen allmählich sagen: Die von uns beobachteten und befragten) Subjekte erkennen, daß sie mehrere

Sätze gemeinsam mit bestimmten Lauten zu äußern pflegen, und der von ihnen zugestandene Gebrauch dieser Laute mit den Wahrheitswerten der betreffenden Sätze variiert, so erlaubt das, nach dem in der Metalogik seit WITTGENSTEIN einschlägigen Verfahren, vom Vorliegen bestimmter logischer Partikel zu reden, von Ausdrücken also, die unseren "und", "oder" usw. entsprechen, und mit denen mehrere Sätze miteinander "verknüpft" werden können. Lassen jene Subjekte darüber hinaus erkennen, daß sie bestimmten Gegenständen, denen sie zunächst ein Prädikat wie z.B. "Ball" zugesprochen haben, in jedem Fall auch ein Prädikat wie "hat eine bestimmte Farbe", "ist farbig" o.ä., zuzusprechen für korrekt halten würden, so erlaubt das, davon zu reden, daß hier die Anfänge zur Artikulation von verschiedenen Klassen von Gegenständen vorliegen, usw.

Als dritter und letzter Punkt, der aus der Logik satzsprachlicher Handlungen folgt, sei hervorgehoben, daß kognitive Aspekte (d.h. das, was gewußt, geglaubt usw. wird) hier so darstellbar sind, daß sie nicht auch schon Gegenstand einer Intention sind.

Der Grund für diesen, recht einschneidenden Unterschied gegenüber den Begriffen zeichensprachlicher Handlungen ist zum Teil bereits in der Differenzierung zwischen kognitiven und intentionalen Konflikten auf der einfachsten Sprachstufe angelegt. Weil der jeweilige "Kommunikationspartner" verschieden agiert, wenn er sich einmal dem kognitiven und einmal dem - vielleicht vorhandenen - intentionalen Intersubjektivitätsanspruch des Sprechers entgegenstellt, ist von diesem auch eine unterschiedliche Reaktion verlangt, um jenen von seiner Weigerung abzubringen.

Weiter oben wurde versucht, verständlich zu machen, wie dies im kognitiv bezogenen Fall zu Handlungskomplexen führen kann, die man als "Zeigehandlungen" bezeichnen mag. Da diese Art von sprachlichen Handlungen dann ihrerseits als notwendiger Teil des Übergangs zu satzsprachlichen Handlungen fungiert, setzt sich die Ablösung der dargestellten kognitiven Gehalte vom Vorliegen der einen oder anderen Absicht damit fort.

Im Detail gesehen ist diese Entwicklung interessanterweise - und in deutlicher Parallele zum Übergang von sensomotorischen Handlungsbegriffen zu solchen für zeichensprachliche Handlungen (vgl.Kap.4) - u.a. ein Resultat der Verschränkung von objektbezogenen und Kommunikationspartner-bezogenen Intentionen, die jeweils als Teil in den Komplex der neuen Art von Gesamthandlung eingebettet werden: Zunächst stellt A z.B. seinen Glauben dar, daß es in 1 Wasser gebe. Diese Darstellung ist zugleich eine Artikulation seiner Absicht I, sich z.B. nach einem Ort 1 zu begeben, um dort zu trinken. Kommt es zu einem kognitiven Konflikt, und vollzieht A eine entsprechende Zeigehandlung, so ist bei deren Vollzug sodann auch die Darstellung der Intention II enthalten, B nach 1 oder einem 1-nahen Ort zu bringen. Um diese Intention II verwirklichen zu können, muß A aber fähig sein, die Realisierung der auf den gemeinten Sachverhalt gerichteten Intention I vorerst suspendieren zu können: Der kognitive Aspekt des Artikulierten löst sich hier also von dem intentionalen.

Diese "energetische Distanzierung" erklärt, warum es unter Bezug auf sprachfähige Subjekte nicht nur eines anderen Kognitions-, sondern auch eines anderen Intentionsbegriffs bedarf, eines Begriffs, der es zuläßt, daß die Zuschreibung einer bestimmten Absicht gegenüber einem Subjekt A nicht äquivalent damit ist, daß A diese Intention augenblicklich realisieren würde, sofern sich ihm nicht externe Hindernisse in den Weg stellen - was im Fall eines nur zu sensomotorischen Handlungen fähigen Individuums ja sehr wohl zutrifft.

HAMPSHIRE (1959, S.97f.) hat auf diese Eigentümlichkeit verschiedener Intentionsbegriffe hingewiesen: "It is senseless to speak of what a dog intended to do before it was interrupted or prevented or changed its mind, unless 'He intended to do so-and-so next' is taken to mean the same as 'He would have done so-and-so next, if he had not been prevented.' To say of a person 'He intended to do so-and-so-next' is certainly not equivalent to the statement that he would have done so-and-so if he had not been prevented. (...) one might believe that someone had seriously and sincerely intended to do something, and at the same time be very doubtful whether he would in fact have done it, or even have tried to do it, if and when the occasion for action occurred."

Keineswegs erlaubt dieser Umstand aber ohne weiteres, davon zu sprechen, daß der Begriff der Intention ohne Bezug auf sprachfähige Individuen "leer" sei, wie HAMPSHIRE (ebd., S.98) behauptet. Man mag allenfalls dafür plädieren, den Ausdruck terminologisch auf die eine oder andere Weise einzugrenzen, aber das ist schließlich eine vergleichsweise uninteressante Frage (so bereits BENNETT, 1976, S.30f.).

Diese Befunde legen im übrigen bestimmte Schlüsse zu einer Reihe von sprachphilosophischen Fragenkomplexen nahe, die ich, da sie hier schon nicht explizit behandelt werden können, doch zumindest kurz erwähnen möchte:

- Die Überlegungen im Zusammenhang mit der Differenzierung zwischen Kontinuativa wie "Wasser" und Individuativa wie "Wassertropfen" haben hoffentlich deutlich machen können, daß wir, im Gegensatz zu QUINES Auffassung (vgl. oben, Kap.4.3.3), sehr wohl über "Beobachtbares" verfügen, um hinreichend präzise Abgrenzungen des Gebrauchs von grammatischen Funktoren in einer uns zunächst fremden Sprache treffen zu können. Bereits LOCKE hatte erklärt, daß man, um zu einer intersubjektiven Bedeutungskontrolle von i.w.S. logischen Ausdrücken zu kommen, "das Verhalten des Geistes genau beobachten" müsse. Von dieser Bemerkung ausgehend braucht es nur noch den einen Schritt, dieses "Verhalten" mit den von uns als "Metahandlungen" interpretierten Aktivitäten sprechender Individuen gleichzusetzen, um dem Solipsismus à la QUINE entgehen zu können.
- Mit der ersten verbal artikulierbaren Klassenbildung ist für uns zugleich die Möglichkeit verbunden, davon zu sprechen, daß die beobachteten Subjekte den Beginn der syntaktischen Differenzierung zwischen "Adjektiven" und "Substantiven", bzw. die pragmatische Differenzierung zwischen sprachlich artikulierbaren "Gegenständen" (Substanzen) und "Eigenschaften" (Akzidentien) erkennen lassen. Dabei versteht es sich, daß in logischer Hinsicht keinerlei Vorentscheidung darüber festliegt, welche Sinnesdimension sich als Grundlage für das "gegenständliche Substrat" entwickelt, und welche als Lieferant für variierende Merkmale: Zwar mögen physiologische Artbesonderheiten, wie im humanspezifischen Fall, den optisch-taktilen Bereich als Kandidaten für das jeweilige Substrat begünstigen, aber da derartige Gegebenheiten sich nicht unmittelbar im Sprachhandeln niederschlagen, und sprachordnende Intentionen der redenden Subjekte hier noch nicht auftreten können, ist empirisch eine gewisse Variationsbreite innerhalb einer einzelnen Sprache, bzw. zwischen verschiedenen Sprachen, zu erwarten: Formen wie "klingendes Glas" mögen neben solchen wie

"gläserner Klang" stehen, in dem Fall einer Sprache mögen "Dinge" als Grundsubstanz gelten, in dem einer anderen "Bewegungen" bzw. "Ereignisse" usw. (vgl. STRAWSON, 1959). Diese logisch zu erwartende Vielfalt wird durch die Ergebnisse der Ethnolinguistik ja exemplifizierbar, Ergebnisse, die WHORF bekanntlich zu der Formulierung eines "linguistischen Relativitätsprinzips" geführt haben[1].

- Treffen die oben skizzierten Überlegungen zum Verhältnis zwischen Begriffen zeichensprachlichen Handelns i.e.S. und Begriffen satzsprachlichen Handelns zu, so läßt sich aus ihnen eine Bestätigung der traditionellen These ableiten, daß elementare Sätze im genuinem Sinne aus mindestens einem singulären und mindestens einem generellen Term bestehen, mit anderen Worten ausgedrückt: Daß sie aus Teilen bestehen, die zum einen der "Referenz" und zum anderen der "Prädikation" dienen[2]. Allerdings ist aus ihnen nichts darüber abzuleiten, welcher Art diese generellen Terme im einzelnen sind.

Zunächst ist festzuhalten, daß es sich bei den generellen Ausdrücken durchaus auch um Wörter zur Bezeichnung eines und nur eines Gegenstands handeln kann, um Eigennamen also. Und darüber hinaus ist es wichtig, zu betonen, daß die generellen Terme, sofern sie Prädikatoren darstellen, in gewisser Hinsicht auch dann nicht "elementar" sein müssen, wenn sie im Rahmen der ersten Sätze, die ein Individuum hervorzubringen lernt, auftreten. Es kann sich bei ihnen logisch gesehen zwar um Ausdrücke handeln, die z.B. in qualitativer Hinsicht eine elementare Unterscheidungsstufe darstellen, doch ist das Gegenteil davon ebensogut logisch möglich und empirisch gesehen sogar weitaus wahrscheinlicher. So mag das "erste" erlernte Prädikat im strengen Sinne, statt z.B. eine "einfache" Sinnesqualität wie "weich" oder "laut" zu bezeichnen, auch ein Ausdruck für ein Einzelding sein ("Ball"), der darüberhinaus auch noch in einer bestimmten qualitativ-kategorialen Hierarchie

---

1) Vgl. dazu die umsichtige Darstellung der im Anschluß an WHORF aufgetretenen Debatten bei GIPPER (1972).

2) Eine gute Möglichkeit zum Vergleich des hier gewählten Verfahrens mit dem in der "Sprechakttheorie" üblichen bietet sich auf der Grundlage der Schwierigkeiten an, die SCHNEIDER (1979) bei SEARLES (1969) Versuch der Charakterisierung des sprachtheoretischen Grundbegriffs "Prädikation" exemplarisch nachgewiesen hat.

steht ("Hase", bei Applikation nur auf Lebendiges, das ein Fell besitzt).

Der Grund dafür liegt in den Beziehungen zwischen Zeichen i.e.S. und Wörtern. Beim Übergang von zeichensprachlichen Handlungen zu satzsprachlichen, und damit bei der Umwandlung von Zeichen in Wörter, werden jene zwar in einen anderen Kontext überführt und erhalten so in mehrfacher Hinsicht einen anderen Charakter als zuvor. Das besagt aber nicht, daß sie die von der Ebene der zeichensprachlichen und z.T. auch noch von der der sensomotorischen Handlungen herrührenden Bedeutungsimplikationen gänzlich verlieren müßten. Ein Zeichen, das als solches verwendet wurde, um eine Kognition bezüglich eines bestimmten Individuums auszudrücken, mag mithin, sobald es als Wort zum Teil einer satzsprachlichen Handlung geworden ist, als "Eigenname" fungieren; ein Zeichen, das als solches verwendet wurde, um eine Kognition gegenüber räumlich-zeitlich abgegrenzten Einzeldingen auszudrücken, mag, sobald es sich zu einem Wort transformiert, als, von der Perspektive des Sprechers aus gesehen, "elementares" Individuativum fungieren, usw.

Selbstverständlich sind diese Ausdrücke als Eigennamen bzw. als Individuativa dann noch nicht relativ zu eventuellen anderen Sprachmitteln erkennbar, die ein solches Subjekt besitzt, sondern nur relativ zu Unterscheidungen, die wir, die Beobachter, anwenden. Man kann die Kriterien dafür, ob z.B. ein Eigenname oder eine Bezeichnung für ein Einzelding verwendet wird, daher hier auch noch nicht unter Bezug auf andere vom jeweiligen Subjekt verfügbaren Ausdrücke formulieren, sondern muß sich auf Merkmale stützen, die mit seinen zeichensprachlichen bzw. nicht-sprachlichen Handlungen gegeben sind. Das verändert sich partiell erst dann, wenn sich ein komplexeres Subjekt entwickelt, das die Fähigkeit besitzt, Zusammenhänge zwischen einzelnen, durch Wörter artikulierbaren Unterscheidungen darzustellen.

Um nicht in logische Konfusionen zu geraten, empfiehlt es sich also, bei der Rede von "Eigennamen" und "elementaren Prädikaten" jeweils die Perspektive mit zu berücksichtigen, relativ zu der gesprochen wird. Unter Bezug auf uns, die wir z.B. als Wissenschaftler an möglichst unzweideutig interpretierbaren Eigennamen interessiert sind, mag es beispielsweise einen guten Grund haben, Eigennamen im Sinne FREGES in ihrem Gebrauch mit einer einzigen, ganz bestimmten Kennzeichnung gleichzusetzen. Relativ zum Blickwinkel von allmählich erst komplexere Sprachmittel erwerbenden Individuen hingegen geht das noch nicht an: Dort kann es zu einem ersten Gebrauch von Eigennamen kommen, wenn deren Bezug sich noch aus zeichensprachlichen Aktivitäten herleitet; ein zweiter, etwas komplexerer Fall von Eigennamen mag auftreten, wo deren Gebrauch äquivalent ist mit dem ostensiv eingegrenzten Gebrauch eines bestimmten Prädikators ("dieser Mensch, hier", "dieser Mensch, dort" usw. als äquivalent mit "Hans, hier", "Hans, dort" usw.) - das scheint der Fall zu sein, den RUSSELL in seiner "theory of acquaintance" vor Augen hatte. Und ein dritter, noch komplexerer Fall schließlich mag dort eintreten, wo der Gebrauch eines bestimmten Eigennamens ausgetauscht werden kann mit einem "Bündel", einer "Familie" von Kennzeichnungen, von denen keine für sich genommen "notwendig" ist, die insgesamt aber hinreichen, um die Referenz des Ausdrucks von der anderer Eigennamen abzugrenzen - was der Auffassung WITTGENSTEINS und SEARLES von Eigennamen nahe kommen dürfte[1].

Aus dem soeben Gesagten geht bereits hervor: Die syntaktischen, semantischen und pragmatischen Beziehungen zwischen einzelnen wortsprachlichen Elementen einer sich allmählich bildenden Sprache, wie sie zunächst beispielsweise an Individuatoren, Präpositionen, Suffixen, Flexionen, Generaindikatoren usw. sichtbar werden, müssen keineswegs zur Gänze bereits dem entsprechen, was _wir_ als für eine systematisch geordnete Sprache wesentlich betrachten würden. Es wäre daher völlig verfehlt, anzunehmen, man könnte einen eventuellen Dissens bezüglich der _logisch_ gesehen elementarsten sprachlichen Mittel dadurch entscheiden, daß man die in empirischen Untersuchungen zum Spracherwerb konstatierten "ersten" Wörter ermittelt: Allen-

---

1) Vorschläge zu einer zwischen verschiedenen Fällen differenzierenden Behandlung von Eigennamen sind in den letzten Jahren bekanntlich insbesondere von KRIPKE (1971; 1972) vorgetragen worden.

falls mag das Verhältnis zwischen einer ontogenetisch (oder auch phylogenetisch) ersten Sprache und einer syntaktisch, semantisch und pragmatisch für uns wohlgeordneten Sprache dem ähneln, welches zwischen der "Einleitung" und der "Ausführung" philosophisch-begrifflicher Argumentationen gilt: Jene Beziehungen können im Idealfall aus zunächst kontingenten Gründen eine Ordnung besitzen, die wir bei retrospektiver, methodischer Betrachtung als sinnvoll ansehen würden. Nur schließt das eben mit aller Wahrscheinlichkeit ein, daß man empirisch gesehen auf zahlreiche Stufen von Sprachentwicklungen stoßen wird, die ein solches Charakteristikum gerade nicht besitzen, ja, die nicht einmal als "Vorstufen" zu ihm sondern als "Fehlentwicklungen" zu bezeichnen wären. Die gegenteilige Auffassung müßte mit HEGEL unterstellen, daß sich in jedem "Logischen", d.h. hier: In jedem Sprachelement, welches eine Strukturierung von verbalen Zeichen untereinander zu erkennen erlaubt, "das Übernatürliche", der "Geist", niederschlägt[1] - und die für eine solche Auffassung kennzeichnenden Aporien in Kauf nehmen. -

c) Auf der Stufe der Fähigkeit zum Vollzug von reflexionssprachlichen Handlungen gilt:

Raum-zeitliche Bestimmungen können von nun an in perspektivisch differenzierter Weise getroffen werden. Was das bedeutet, wird am besten anhand einer Gegenüberstellung mit Möglichkeiten der Perspektivenzuschreibung auf den beiden vorausgegangenen Stufen sprachlichen Handelns sichtbar.

Auf der Stufe der zeichensprachlichen Handlungen ist die sprachliche Artikulation einer bestimmten Perspektive noch diffus egozentrisch: Der Sprecher ist noch nicht in der Lage, eine andere als seine eigene Perspektive zum Ausdruck zu bringen, wobei zudem, infolge der noch fehlenden Differenzierung zwischen der Darstellung einer bestimmten Art von psychischem Zustand und Sachverhalt, problematisch ist, ob man überhaupt schon von der Darstellung einer Perspektive i.e.S. sprechen sollte. Auf der Stufe der satzsprachlichen Handlungen ist es

1) HEGEL (1934, S.9f.)

zwar logisch möglich, daß der Sprecher einem fremden Subjekt zuschreibt, an einer bestimmten Stelle etwas wahrzunehmen. Aber dabei ist zu bedenken, daß jenes Subjekt als ein fremdes in einem gewissen Sinne immer noch nur für uns, die Beobachter, erscheint - einfach weil zum korrekten Verständnis des Begriffs des "fremden" auch das des Begriffs des "eigenen" gehört, und eben dies auf einer solchen Ebene der Sprachevolution noch nicht ausgebildet ist. Man mag das dadurch kennzeichnen, daß man davon spricht, die Perspektivenzuschreibung werde hier als solche zwar schon realisiert, sie befinde sich jedoch noch auf einer Stufe diffuser Allgemeinheit.

Egozentrismus und Allgemeinheit im skizzierten Sinne also sind logisch gesehen überwindbar, sobald sich die Fähigkeit zum Vollzug reflexionssprachlicher Handlungen entwickelt hat: Von nun an ist es z.B. möglich, daß A dem B zuschreibt, daß dieser etwas sehe, was er, A, nicht sehe, usw.

Auch unter Bezug auf die Möglichkeiten der Verwendung von miteinander im Zusammenhang stehenden Zeichen bzw. der Darstellung von miteinander im Zusammenhang stehenden Sachverhalten lassen sich auf dieser Stufe charakteristische Erweiterungsmöglichkeiten beobachten.

Wir haben gesehen, daß auf der satzsprachlichen Stufe, nachdem es innerhalb von zeichensprachlichen Handlungen nur kontingente Verknüpfungen von Zeichen geben konnte, die Möglichkeit besteht, daß Sprecher erkennen lassen, daß sich einzelne Wörter bzw. ganze Sätze für sie in einem bestimmten Zusammenhang miteinander befinden. Jetzt ist es einem Sprecher darüber hinaus logisch möglich, die Verknüpfungen zwischen Zeichen i.w.S. als Gegenstand seines Wissens bzw. seiner Absichten darzustellen. Zwar darf nicht erwartet werden, daß dies bereits in methodischer Form geschieht - schließlich hat man es hier, im Einklang mit dem in Kap. 8 Gesagten, noch mit einer Stufe zu tun, auf der noch keine Möglichkeit besteht, ein Verständnis des eigenen Tuns beim Reden zu artikulieren -; auch wird man damit rechnen müssen, daß begriffliche Zusammenhänge noch nicht von terminologischen geschieden werden; ja, es wird noch nicht einmal gewährleistet sein, daß überhaupt zwischen veränderten

Konzeptualisierungen und gewünschten/abgelehnten Veränderungen von Sachverhalten, deren Konzeptualisierung unangetastet bleibt, unterschieden wird, so daß zunächst alle Formen der Magie, Beschwörung usw. auftreten mögen. Gleichwohl ist damit, im Gegensatz zu den zuvor betrachteten Stufen, ein Evolutionsniveau erreicht, das alle jene Differenzierungen zumindest logisch zuläßt.

Rechnet man die Fähigkeit, Erklärungshandlungen vollziehen zu können, der Kompetenz zur Realisierung von reflexionssprachlichen Handlungen hinzu, so ergibt sich außerdem, daß es von nun an logisch möglich ist, mehrere, als solche identisch bleibende Sachverhalte sowohl als einzelne wie als in einem Zusammenhang miteinander stehende darzustellen.

Wiederum ist ein Vergleich mit einer voraufgehenden Stufe am geeignetsten, um das eigentümlich Neue dieses Evolutionsstands besser sehen zu können. Soweit es innerhalb des Vollzugs von satzsprachlichen Handlungen zu der Darstellung von Zusammenhängen zwischen Sachverhalten kommt, liegen dem ausschließlich logische Beziehungen in Form von Klasseninklusionen zugrunde. Das schließt in einem gewissen Sinne aus, den jeweils zur Sprache gebrachten Sachverhalt als einen von anderen Sachverhalten eindeutig separierbaren darzustellen: Wenn es hier Zusammenhänge für einen Sprecher gibt (und daß dies der Fall ist, wird empirisch gesehen selbstverständlich nur bis zu einem bestimmten Ausmaß der Fall sein), so nur in der Weise, daß der jeweilige spezifischere Sachverhalt immer zugleich als eine bloße Variante des allgemeineren aufgefaßt wird.

Eben dies nun kann sich logisch gesehen auf der Stufe der reflexionssprachlichen Handlungen, mit dem Erwerb der Fähigkeit, Erklärungen abgeben zu können, ändern: Über die bloße Darstellung von logischen Zusammenhängen hinaus kommt es hier ja auch zur Artikulation von kausalen, d.h. raum-zeitlichen Verschränkungen, und diese erlauben es, die jeweiligen Sachverhalte in ihrem Besonderheitscharakter zu belassen, auch wenn sie in einem Konnex miteinander stehen sollen.

Auf das auf dieser Stufe neu einsetzende Verhältnis von dargestellten <u>kognitiven und intentionalen Aspekten</u> schließlich wurde schon verwiesen: Kognitionen und Intentionen können hier zum ersten mal als psychische Zustände des Sprechers, getrennt von propositionalen Gehalten, benannt werden. Und das läßt es logisch zu, daß das, was geglaubt, angenommen, vermutet usw. wird, im Prinzip auch noch als Gegenstand einer speziell benannten Intention auftreten kann.

1o. Resüme

Einer traditionsreichen Auffassung nach kann man sich, so der Ausgangspunkt unserer gesamten bisherigen Überlegungen, bei der Rede von "Objekten" bzw. "Sachverhalten", denen ein "Subjekt" gegenübersteht, auf zwei verschiedene Ebenen beziehen: Auf die des "praktischen" Umgangs mit ihnen, und auf die des "theoretischen" Sprechens über sie. Beide Ebenen können, wie hinzuzufügen war, statt mit Handlungsbegriffen auch mit psychologischen Begriffen bezeichnet werden: Der des Empfindens und Wahrnehmens (und gegebenenfalls des "praktischen" Wissens und Denkens) ist dann häufig die des "theoretischen" Wissens und Denkens gegenübergestellt worden. Ganz gleich freilich, ob man den Bezug auf Handlungen oder den auf Psychisches in den Vordergrund gestellt hat: Strittig ist seit jeher gewesen, in welcher genaueren Beziehung jene beiden Ebenen zueinander stehen. Ziel der von uns vorgetragenen Ausführungen war es, den einen oder anderen Gesichtspunkt zu umreißen, der zu einer Schlichtung dieser Kontroverse verhelfen mag.

Grob resümiert, bestand der Hauptpunkt des Dargelegten zum einen in dem Versuch des Nachweises, daß ein Großteil bisheriger Ansätze zur Beantworung der hier auftauchenden Einzelfragen aus einem bestimmten <u>methodologischen</u> Grund zu Aporien geführt hat: Weil man nämlich bei der Bestimmung des Verhältnisses jener beiden Ebenen zueinander allzuhäufig versäumt hat, die <u>dritte</u> Ebene dessen, der derartige Verhältnisbestimmungen auszuarbeiten versucht, in seine Überlegungen mit einzubeziehen. Dabei läßt sich, so wurde zu zeigen versucht, bereits anhand einer einfachen Überlegung zeigen, daß dies zwangsläufig zu Schwierigkeiten führt. Denn zum einen wird kaum jemand bestreiten wollen, daß auch die Beziehung zwischen dem "**Erkenntnistheoretiker**" und dessen "Untersuchungsgegenstand" in irgendeinem Sinne unter die allgemeine Rubrik "Beziehungen zwischen Subjekt und Objekt/Sachverhalten" fallen sollte. Und zum anderen bestreitet auch der hartnäckigste Empirist kaum noch, daß in alle derartigen Beziehungen nicht nur der "Objektpol", sondern auch der "Subjektpol" jener Relation, in einem wenn auch vielleicht nur sehr rudimentären Ausmaß, einen gewissen "Einfluß" ausübt. Wenn das aber zugestanden ist, was liegt dann näher, als diesen "Einfluß" von seiten des Subjekts des Epistemologen auch für die Behandlung grundlagentheoretischer Probleme in Anschlag zu bringen? Eben das ist hier versucht worden.

Die zunächst wichtigste Überlegung innerhalb unserer i.e.S. "inhaltlichen" Ausführungen war sodann der Versuch, einige Argumente dafür bereitzustellen, daß es zwischen unseren Begriffen für naturhafte Geschehen, einschließlich derer für verhaltensphysiologische Abläufe, und unseren Begriffen sprachlichen Handelns einer vermittelnden Stufe bedarf: Der der Begriffe sensomotorischen Handelns. Im Anschluß daran wurde dann versucht, eine bestimmte Klassifikation dieser Begriffe vorzustellen und zumindest ansatzweise zu begründen; und wir waren bemüht, nachzuweisen, daß sich bestimmte psychologische Begriffe - verdeutlicht an dem einer sensomotorischen Intention und Kognition - als Begriffe zur Artikulation von Teilaspekten von Konzepten sensomotorischen Handelns verstehen lassen.

Mit den Resultaten dieser Ausführungen waren wir der "Nahtstelle", an der Begriffe komplexer sensomotorischer Handlungen mit denen einfacherer sprachlicher Handlungen miteinander verzahnt sind, bereits recht nahe gekommen. Die daran anschließenden Überlegungen verfolgten das Ziel, diesen Übergang zunächst etwas genauer darzustellen, die sich aus ihm ergebenden Folgen für einige traditionell dem Konzept sprachlichen Handelns zugeschriebenen Merkmale zu umreißen, und sodann, gewissermaßen als vorläufiges Resüme, die in ihm enthaltenen Konsequenzen für zwei "radikale" Positionen bezüglich des Verhältnisses von "sprachlichem" und "handlungsmäßigem" Umgang mit Objekten/Sachverhalten herauszustellen: Für die "Etikettentheorie" und die "Konstitutionstheorie" der Sprache.

Man kann das Ergebnis dieser Überlegungen, was das Verhältnis vorsprachlicher Kognitionen zu sprachlich artikulierbaren Kognitionen betrifft, auf eine relativ einfache, allerdings recht abstrakte Formel bringen: Es sprechen eine Reihe guter Gründe dafür, psychologische Begriffe überhaupt, einschließlich also des Kognitionsbegriffs, als von Handlungsbegriffen i.w.S. ableitbare Begriffe zu verstehen. "Ableitbar" heißt in diesem Zusammenhang: Derartige Begriffe sollten aufgefaßt werden als Bezeichnungen für bestimmt geartete Konstellationen von Handlungsschemata, deren Aktualisierung durch das Subjekt, dem ein solcher Ausdruck zugesprochen wurde, nicht notwendig unmittelbar erfolgt, sondern davon abhängt, daß das betreffende Subjekt in diesem Zusammenhang relevant werdende energetische Faktoren selbst zu beeinflussen vermag. Sprachlich vermittelte Kognitionen nun unterscheiden sich von vorsprachlichen, d.h. sensomotorischen, dadurch, daß erstere letztere als Teile eines komplexen Ganzen enthalten - wobei die dabei ablaufende Integration von Handlungsschemata es mit sich bringt, daß die energetische Abhängigkeit der Aktualisierung eines bestimmten Schemas von der inneren oder äußeren Natur des betreffenden Individuums noch mehr gelockert wird, als dies bei komplexeren sensomotorischen Kognitionen ohnehin schon der Fall ist.

Versucht man, von diesen Überlegungen ausgehend, alltägliche und wissenschaftliche Beschreibungen von Handlungsverläufen zu interpretieren, ist es allerdings erforderlich, eine bereits mehrfach hier kurz angesprochene Eigenheit der in solchen Zusammenhängen gegebenenfalls auftretenden Sätze mit Subjekt- und Prädikatverknüpfungen nicht aus den Augen zu verlieren. Wir sind in unseren bisherigen Ausführungen jeweils so vorgegangen, daß wir die "kategoriale" Interpretation des Subjektbegriffs, der uns jeweils interessierte, von den Handlungsprädikaten i.w.S. abhängig gemacht haben, die sich im komplexesten Fall zu einer Einheit zusammenfügen ließen. Das besagt aber selbstverständlich nicht, daß ein auf solche Weise interpretierter Subjektbegriff nicht im Zusammenhang mit einem Handlungsbegriff verwendet werden dürfte, der einer logisch gesehen weniger komplexen Stufe entstammt: Es vollzieht dann eben ein zu gegenstands<u>reflektierenden</u> Handlungen fähiges Prä-Subjekt als ein solches z.B. eine gegenstands<u>gebundene</u> Handlung wie "ein Stück Fell streicheln", "einen glänzenden Stein ansehen", usw.

Mit der Formel "als ein solches" ist angedeutet, daß die jeweils durch das Prädikat des gesamten Satzes angegebene Handlung hier von einem Individuum realisiert wird, welches die ihm qua seiner Definition zukommenden Eigenschaften in den Handlungsvollzug mit einbringt. Analoges nun gilt selbstverständlich auch bei dem Vollzug einer sensomotorischen Handlung - sagen wir z.B.: "Eine Grube ausheben", "eine Unterkunft herstellen", "jemanden zu einem bestimmten Ort führen", usw. -, die von einem sprachfähigen Subjekt als einem solchen realisiert wird. In diesen Fällen nicht-sprachlicher, aber, wie ich sagen möchte, "sprachlich vermittelter" Handlungen liegt ersichtlich eine andere Beziehung zwischen Schemata nicht-sprachlicher Handlungen und Schemata sprachlicher Handlungen vor als in dem oben erwähnten Fall.

Eine genauere Behandlung solcher Beziehungen müßte Gegenstand einer weiteren Untersuchung sein. Ich möchte im Moment nur kurz darauf hinweisen, daß Überlegungen in diesem Zusammenhang u.a. dazu dienen können, zwei verschiedene Begriffe von "jemand denkt darüber nach, wie ... bzw. ob ..." in ihrem Gebrauch zu erhellen.

Im Fall sensomotorischer Handlungsbegriffe läßt sich, wie unschwer gezeigt werden könnte, ein Denkbegriff explizieren, mit dem jeweils allein ein bestimmter Zusammenhang zwischen den vom jeweiligen Prä-Subjekt "erinnerten" Wahrnehmungen und eventuellen "probeweise" vollzogenen Teilhandlungen einer Gesamthandlung bezeichnet ist: "Denken" läuft hier darauf hinaus, daß die Relevanz einer bestimmten Kognition für den augenblicklich verfolgten Handlungszweck überprüft wird[1]. Im zweiten Fall hingegen kann "denken" einen Zusammenhang zwischen einer bestimmten überkommenen Überzeugung und einem eventuellen "experimentellen" Handlungsvollzug anzeigen: Der Begriff schließt hier nicht so sehr die Prüfung der Relevanz einer als solcher nicht problematisierten Kognition ein, sondern,

---

1) Anschauliche Beispiele dafür liefern die bekannten Schimpansenexperimente KÖHLERS (1919). - Im übrigen kommt der Wissensbegriff, der in der Tradition des Pragmatismus entwickelt worden ist, dieser Konzeption von kognitiven Leistungen ersichtlich am nächsten.

zumindest tendenziell, daß die Geltung einer Interpretation eines Sachverhalts als ein "so und so verhält es sich" überprüft wird.

KOHLBERG, YAEGER und HJERTHOLM (1968) haben im Anschluß an die Sprachtheorie MEADS versucht, das Auftreten monologischen Redens bei Kindern bestimmter Sprachstufen als Vorstadium von Denkfähigkeiten zu charakterisieren, die ganz im Sinne des zweiten der hier angedeuteten Denkbegriffe interpretiert sind. Wie es scheint, lassen sich dadurch die zunächst divergierenden Deutungen PIAGETS (1926) und WYGOTSKIS (1969) für diese Art des privaten Redens in einen Zusammenhang miteinander bringen. -

Es ist für das Verständnis der hier vorgetragenen Auffassung entscheidend, sich des Unterschieds zwischen ihr und allen jenen Positionen bewußt zu sein, die in irgendeiner Weise in der Nähe des "klassischen" Abbildmodells der Sprache stehen. Die Attraktivität dieses Modells beruht offensichtlich zu einem großen Teil darauf, daß es sich scheinbar zwanglos mit unserem "natürlichen" Selbstverständnis als unsere Umwelt aus selbst gewählter Distanz erschauende Individuen vereinbaren läßt. Nun ist es zwar nicht so, daß an diesem Selbstverständnis nicht ein wahrer Kern wäre. Man muß nur berücksichtigen, daß eine solche Beziehung zwischen Subjekten und Welt einem sehr späten Stadium der menschlichen Evolution entspricht, und daß sie, wenn überhaupt, nur unter ausführlichster Legitimierung unser Verständnis auch von den einfachsten Formen sprachlichen Umgangs mit Objekten bzw. Sachverhalten bestimmen dürfte. Alle bisher zur Verfügung stehenden Überlegungen verweisen freilich darauf, daß eine solche Legitimierung sich kaum wird geben lassen, und daß der "haltbare Kern" jenes "Kontemplationsmodells des Erkennens" auf andere Weise begrifflich verständlich gemacht werden muß.

Die im letzten Teil dieser Arbeit vorgetragenen Überlegungen: Der Versuch, eine bestimmte Klassifikation zunehmend komplexerer (aber immer noch elementarer) Begriffe sprachlichen Handelns vorzutragen und ansatzweise zu legitimieren; der in groben Zügen gegebene Überblick über einige der mit diesen Begriffen logisch verknüpften sprachlich artikulierbaren Kognitionsfähigkeiten; und die Bemühungen, auf die eine und andere

Querverbindung dieser Überlegungen zu zentralen Themen der Sprachphilosophie hinzuweisen, das alles mag als Schritte auf dem Wege gelesen werden, jenes genauere Verständnis des "Kontemplationsmodells" zu erreichen.

Erwähnte Literatur

Apel, K.-O. (1963): Die Idee der Sprache in der Tradition des Humanismus von Dante bis Vico. Bonn (=Archiv für Begriffsgeschichte, Bd.8)

ders., (1976): Transformation der Philosophie. Frankfurt/M.

Armstrong, D.M. (1971): Meaning and Communication. In: Philosophical Review vol.8o, S.427-47

Austin, J.L. (1946): Other minds. In: Proceedings of the Aristotelian Society. Suppl.vol.xx. Abgedr. in: Ders., Philosophical Papers. London, Oxford, New York [2]197o, S.76-116

ders., (1962): How to Do Things With Words. Oxford. dt.: Zur Theorie der Sprechakte. Stuttgart 1976

Bennett, J. (1964): Rationality. An Essay Towards an Analysis. London. Dt.: Rationalität. Versuch einer Analyse. Frankfurt /M. 1967

ders. (1966): Kant's Analytic. Cambridge

ders. (1976): Linguistic Behaviour. Cambridge

Bernstein, R.J. (1971): Praxis and Action. Philadelphia

Bloom, L. und M.Lahey (1978): Language Development and Language Disorders. New York usw.

Brown, R. und C.Fraser (1963): The acquisition of syntax. In: Cofer, C.N. und B.Musgrave, Hrsg.: Verbal behavior and learning: problems and processes. New York. S.158-2o1

Carnap, R. (1956): The Methodological Character of Theoretical Concepts. In: H.Feigl und M.Scriven, Hrsg.: The Foundations of Science and the Concepts of Psychology and Psychoanalysis. Minneapolis [5]1964 (=Minnesota Studies in the Philosophy of Science. Vol.1) S.38-76

Cassirer, E. (1923-1929): Philosophie der symbolischen Formen. Erster Teil: Die Sprache. Zweiter Teil: Das mythische Denken. Dritter Teil: Phänomenologie der Erkenntnis. Berlin. Neuaufl.: Darmstadt 1954, [7]1977

ders. (1938): Zur Logik des Symbolbegriffs. In: Theoria. Göteborg. Abgedr. in: ders., Wesen und Wirkung des Symbolbegriffs. Darmstadt 1956, [5]1972, S.2o1-23o

Chomsky, N. (1959): Review of Skinners 'Verbal Behavior'. In: Language vol.35, S.26-58. Abgedr. in: Fodor, J.A. und J.J. Katz, Hrsg.: The Structure of Language. Readings in the Philosophy of Language. Englewood Cliffs N.J. 1964

ders. (1964): Current Issues in Linguistic Theory. The Hague

ders. (1966): Cartesian Linguistics. New York. Dt.: Cartesianische Linguistik. Tübingen 1971

ders. (1975): Reflections on Language. New York. Dt.: Reflexionen über die Sprache. Frankfurt/M. 1977

Coseriu, E.(1967/1968): L'arbitraire du signe. Zur Spätgeschichte eines aristotelischen Begriffs. In: Archiv für das Studium der neueren Sprachen und Literaturen. 119.Jg., Bd. 2o4, S.81-112

Dewey, J. (1925): Experience and Nature. La Salle/Ill.

Dingler, H. (1955): Die Ergreifung des Wirklichen. München. Kap. I-IV neu herausgeegeben von Kuno Lorenz und J.Mittelstraß. Frankfurt/M. 1969

Dummet, M. (1973): Frege. Philosophy of Language. London

Eigen, M. (1971): Selforganization of Matter and the Evolution of Biological Macromolecules. In: Die Naturwissenschaften 58/1o, S.465-528

ders., und R.Winkler (1975): Das Spiel. Naturgesetze steuern den Zufall. München, Zürich

Fann, K.T. (Hrsg.) (1969): Symposium on J.L.Austin. London

Frege, G. (1884): Die Grundlagen der Arithmetik. Eine logisch-mathematische Untersuchung über den Begriff der Zahl. Breslau. Neudr. Breslau 1934, Darmstadt u. Hildesheim 1961

Gerber, G. (1884): Die Sprache und das Erkennen. Berlin

Gipper, H. (1972): Gibt es ein sprachliches Relativitätsprinzip? Untersuchungen zur Sapir-Whorf-Hypothese. Stuttgart

Green, O.H. (1968/1969): Intentions and Speech Acts. In: Analysis 28, S.1o9-112

Grice, H.P. (1957): Meaning. In: Philosophical Review 66, S. 377-388. Abgedr. in: P.F.Strawson, Hrsg.: Philosophical Logic. Oxford 1967, S.39-48

Grice, H.P. (1968): Utterer's Meaning, Sentence-Meaning, and Word-Meaning. In: Foundations of Language 4, S.225-242

ders. (1969): Utterer's Meaning and Intentions. In: Philosophical Review 78, S.147-177

Gruber, J.S. (1967): Topicalization in Child Language. In: dations of Language, vol.3. S.37-65

Habermas, J. (1971): Vorbereitende Bemerkungen zu einer Theorie der kommunikativen Kompetenz. In: Ders. und N.Luhmann: Theorie der Gesellschaft oder Sozialtechnologie - Was leistet die Systemforschung? Frankfurt/M., S.1o1-141

Hampshire, St. (1959): Thought and Action. London

Harman, G. (1975): Language, Thought, and Communication. In: K.Gunderson, Hrsg.: Language, Mind, and Knowledge. Minneapolis (=Minnesota Studies in the Philosophy of Science, vol.VII), S.27o-298

Hegel, G.W.F. (1934): Wissenschaft der Logik. Hrsg. von Lasson, Leipzig, ^{2}1951

Hempel, C.G.(1965): Aspects of Scientific Explanation and other Essays in the Philosophy of Science. New York. Dt. Übersetzung des Schlußkapitels: Aspekte wissenschaftlicher Erklärung. Berlin, New York 1977

Hennigfeld, J. (1976): Sprache als Weltansicht. Humboldt - Nietzsche - Whorf. In: Zs. für philosophische Forschung 3o, S.435-451

Herder, J.G. (196o): Sprachphilosophische Schriften. Ausgew. u. hrsg. v. E.Heintel. Hamburg, 2., erw.Aufl.1964

Hörmann, H. (1976): Meinen und Verstehen. Grundzüge einer psychologischen Semantik. Frankfurt/M.

Huxley, J.S. (1948): Evolution: The Modern Synthesis. London

Kang, W. (1976): G.H.Meads' Concept of Rationality: A Study of the Use of Symbols and other Implements. The Hague, Paris

Katz, J.J. (1966): The Philosophy of Language. New York. Dt. Philosophie der Sprache. Frankfurt/M. 197o

Kempson, R.M. (1975): Presupposition and the Delimitation of Semantics. Cambrigde

Humboldt, W.v. (1827-1829): Ueber die Verschiedenheiten des menschlichen Sprachbaues. Abgedr. in: Schriften zur Sprachphilosophie (=Werke in fünf Bänden, Bd.III), Darmstadt [3]1963, S.144-367

ders. (1830-1835): Über die Verschiedenheit des menschlichen Sprachbaues und ihren Einfluss auf die geistige Entwicklung des Menschengeschlechts. Abgedr. in: Schriften zur Sprachphilosophie (=Werke in fünf Bänden, Bd.III), Darmstadt [3]1963, S.368-756

Kambartel, F. (1976): Vernunft, nicht-dogmatisch verstanden. Zum Dogma des Dogmatismusvorwurfs gegen Begründungsansprüche. In: Ders.: Theorie und Begründung. Frankfurt/M.

Kanngießer, S. (1976): Sprachliche Universalien und diachrone Prozesse. In: K.-O.Apel, Hrsg.: Sprachpragmatik und Philosophie. Frankfurt/M. S.273-393

Köhler, W. (1917): Intelligenzprüfungen am Anthropoiden. Berlin

Kohlberg, L.; J.Yaeger, E.Hjertholm(1968): Private Speech: Four Studies and a Review of Theories. In: Child Development 39, S.691-736. Dt. in: L.Kohlberg: Zur kognitiven Entwicklung des Kindes. Frankfurt/M. 1974, S.256-333

Kripke, S.(1971): Identity and Necessity. In: M.Munitz, Hrsg.: Identity and Individuation. New York, S.135-164. Dt.: Identität und Notwendigkeit. In: M.Sukale, Hrsg.: Moderne Sprachphilosophie. Hamburg 1976, S.190-215

ders. (1972): Naming and Necessity. In: D.Davidson, G.Harman, Hrsgg.: Semantics of Natural Language. Dordrecht, S.253-355

Kutschera, F.v. (1975): Sprachphilosophie. 2.neu bearb. u. erw. Auflage, München

Lanigan, R.L. (1977): Speech Act Phenomenology. The Hague

Lenneberg, E.H. (1967): Biological Foundations of Language. New York. Dt.: Biologische Grundlagen der Sprache. Frankfurt/M. 1972, 1977

Lepenies, W. (1976): Das Ende der Naturgeschichte - Wandel kultureller Selbstverständlichkeiten in den Wissenschaften des 18. und 19.Jahrhunderts. München. Frankfurt/M. 1978

Leuninger, H., und M.H.Miller, F.Müller (Hrsg.) (1974): Linguistik und Psychologie. Bd.1: Psycholinguistische Untersuhhungen sprachlicher Performanz. Bd.2: Zur Psychologie der Sprachentwicklung. Frankfurt/M.

Lewis, D. (1969): Convention. A Philosophical Study. Cambridge/ Mass. Dt.: Konventionen. Eine sprachphilosophische Abhandlung. Berlin, New York 1975

Locke, J. (169o): An Essay Concerning Human Understanding. London. Zit. nach: A.C.Fraser, Hrsg., New York 1894, 2 Bde. Dt.: Hamburg [3]1976 (= Philosophische Bibliothek Meiner 75/76)

Lorenz, Konrad (1973): Die Rückseite des Spiegels. Versuch einer Naturgeschichte des menschlichen Erkennens. München, Zürich

Lorenz, Kuno (197o): Elemente der Sprachkritik. Eine Alternative zum Dogmatismus und Skeptizismus in der Analytischen Philosophie. Frankfurt/M.

ders. (1972): Der dialogische Wahrheitsbegriff. In: neue hefte für philosophie, 2/3, S.111-123

ders. (1977): Der Entwurf einer Semiotik bei Richard Gätschenberger. Einleitung zu: R.Gätschenberger: Zeichen, die Fundamente des Wissens. Stuttgart-Bad Cannstatt. S.VII-XXXII

ders., und J.Mittelstraß (1967): Die Hintergehbarkeit der Sprache. In: Kantstudien 58, S.187-2o8

Lorenzen, P. u. O.Schwemmer (1973): Konstruktive Logik, Ethik und Wissenschaftstheorie. Mannheim usw.

Mead, G.H. (1924-1925): The Genesis of The Self and Social Control. In: The International Journal of Ethics, XXXV, S.251-277. Abgedr. in: G.H.Mead, Selected Writings, ed. A.J.Reck, Indianapolis usw. Dt.: Die Genesis des sozialen Selbst und die soziale Kontrolle. In: G.H.Mead, Philosophie der Sozialität. Frankfurt/M. 1969, S.69-1o1

ders. (1934): Mind, Self and Society. From the standpoint of a social behaviorist. Chicago. Dt.: Geist, Identität und Gesellschaft aus der Sicht des Sozialbehaviorismus. Frankfurt/M.1968, [2]1975

ders. (1938): The philosophy of the act. Hrsg. von Ch.W.Morris. Chicago, London, [7]1972

Miller, G.A. (197o): Four philosophical problems in psycholinguistics. In: Philosophy of Science S.183-199. Dt. in: H.Leuninger, M.H.Miller, F.Müller (1974, Bd.2) S.214-238

Miller, M. (1976): Zur Logik der frühkindlichen Sprachentwicklung. Empirische Untersuchungen und Theoriediskussion. Stuttgart

Morris, Ch.W. (1946): Signs, Language and Behavior. New York. Dt.: Zeichen, Sprache und Verhalten. Düsseldorf 1973

Müller, F.M. (1888): Das Denken im Lichte der Sprache. Leipzig

ders. (1892/93): Die Wissenschaft der Sprache. 2 Bde. Hrsg. von R.Fick und W.Wischmann. Leipzig

Piaget, J. (1926): The language and thought of the child. New York. Dt.: Sprechen und Denken des Kindes. Düsseldorf 1972

ders. (195o): La construction du réel chez l'enfant. Neuchâtel Dt.: Der Aufbau der Wirklichkeit beim Kinde. Stuttgart 1974 (=Ges.Werke Bd.2)

ders. (1959): La formation du symbole chez l'enfant. Imitation, jeu et rêve - Image et représentation. Neuchâtel. Dt.: Nachahmung, Spiel und Traum. Die Entwicklung der Symbolfunktion beim Kinde. Stuttgart 1969, 1975 (=Ges.Werke, Bd.5)

ders. (1967): Biologie et connaissance. Paris. Dt.: Biologie und Erkenntnis. Über die Beziehungen zwischen organischen Regulationen und kognitiven Prozessen. Frankfurt/M.1974

Pitt, J.C., Hrsg. (1978): The Philosophy of Wilfrid Sellars: Queries and Extensions. Dordrecht, Boston, London

Plessner, H. (1928): Die Stufen des Organischen und der Mensch. Einleitung in die philosophische Anthropologie. Berlin, Leipzig . Neudr. Berlin, New York 1975

Ploog, D. (1972): Kommunikation in Affengesellschaften und deren Bedeutung für die Verständigungsweisen der Menschen. In: H.-G.Gadamer, P.Vogler (Hrsg.): Neue Anthropologie. Bd.2. Stuttgart, S.98-178

Popper, K.R. (1934): Logik der Forschung. Wien. 2.erw.Aufl. Tübingen 1966, 4.erw.u.verbesserte Aufl.1971, 1973

Quine, W.V. (1959): Meaning and Translation. In: R.A.Bower, Hrsg On Translation. Cambridge/Mass., S.148-172. Dt. in: M.Sukale, Hrsg.: Moderne Sprachphilosophie. Hamburg 1976, S.83-1o3 ders. (196o): Word and Object. Cambridge/Mass.

ders. (1961): Two Dogmas of Empiricism. In: ders., From a Logical Point of View. Cambridge/Mass. S.2o-46. Dt.in: J. Sinnreich, Hrsg.: Zur Philosophie der idealen Sprache. München 1972, S.167-194

ders. (1969): Ontological Relativity and Other Essays. New York. Dt.: Ontologische Relativität und andere Schriften. Stuttgart 1975

ders. (197o): On the Reasons for the Indeterminacy of Translation. In: Journal of Philosophy

ders. (1973): The Roots of Reference. La Salle/Ill. Dt.: Die Ursprünge der Referenz. Frankfurt/M.1976

ders. (1977/78): Reply to Lycan and Pappas. In: Philosophia 7. 3/4, S.637-638

Radermacher, H. (1977): Indeterminiertheit und Sprache. In: Zs. f. philosophische Forschung 31, S.4o1-413

Ros, A. (1979): Philosophie und Methode. Zu Aporien bei Kant, Piaget, Wittgenstein und dem Philosophischen Konstruktivismus, nebst einem Alternativvorschlag. Königstein/Ts.

ders. (im Erscheinen): Einige Bemerkungen zur Methodologie philosophischer Argumentationen, unter besonderer Berücksichtigung moralphilosophischer Überlegungen und skeptischer Einwände. In: C.F.Gethmann, Hrsg.: Theorie des wissenschaftlichen Argumentierens

Russell, B.(19o5): On Denoting. In: Mind 14, S.479-493. Abgedr. in ders., Logic and Knowledge. Essays 19o1-195o. Hrsg. von R.Ch.Marsh. London, New York [3]1966, S.41-56

ders. (1912): The Problems of Philosophy. Oxford. Dt.: Probleme der Philosophie. Frankfurt/M.1967

Russman, Th.A. (1978): The Problem of the two images. In: J. C.Pitt, Hrsg. (1978), S.73-1o3

Sapir, E.(1921): Language. New York. Dt.: Die Sprache. Eine Einführung in das Wesen der Sprache. München 1961)

ders. (1931): Conceptual Categories of Primitive Languages. In: Science 74

Schaff, A. (1964): Sprache und Erkenntnis. Wien-Frankfurt-Zürich. (Polnisches Original: Warszawa 1964)

Schelling, Th.C. (196o): The Strategy of Conflict. Cambridge/ Mass.

Schiffer, St.R. (1972): Meaning. Oxford

Schlesinger, I.M.(1971a): Production of utterances and language acquisition. In: D.I.Slobin, Hrsg., The ontogenesis of language. New York. S.63-1o1

ders. (1971b): Learning grammar: from pivot to realization rule. In: R.Huxley, E.Ingram, Hrsg.: Language acquisition: models and methods. New York u. London, S.79-94

Schmidt, S.J. (1968): Sprache und Denken als sprachphilosophisches Problem von Locke bis Wittgenstein. Den Haag

Schneider, H.J. (1979): Ist die Prädikation eine Sprechhandlung? Zum Zusammenhang zwischen pragmatischen und syntaktischen Funktionsbestimmungen. In: Kuno Lorenz, Hrsg.: Konstruktionen versus Positionen. Bd.2. Berlin, New York 1979, S.23-36

Searle, J.R. (1969): Speech acts. Cambridge. Dt.: Sprechakte. Frankfurt/M.1971

ders. (1973): Linguistik und Sprachphilosophie. In: R.Bartsch u. Th.Vennemann, Hrsg.: Linguistik und Nachbarwissenschaften. Kronberg/Ts., S.113-125

Sellars, W. (1963a): Empiricism and the Philosophy of Mind. In: ders., Science, Perception and Reality. London [3]1968, S. 127-196

ders. (1963b): Philosophy and the Scientific Image of Man. In: ders., Science, Perception and Reality. London [3]1968, S. 1-4o

Sinclair-de-Zwart, H. (1969): Developmental Psycholinguistics. In: D.Elkind, J.H.Flavell, Hrsg.: Studies in Cognitive Development. Essays in Honor of Jean Piaget. New York, S. 315-336. Dt.in: H.Leuninger, M.H.Miller, F.Müller (1974), Bd.2, S.73-92

dies. (197o): The transition from sensory-motor behavior to symbolic activity. In: Interchange, 1,3, S.119-126. Dt.in: H.Leuninger, M.H.Miller, F.Müller (1974), Bd.2, S.93-1o9

dies. (1973): Language acquisition and cognitive devlopment. In: Moore, T.E., Hrsg.: Cognitive development and the acquisition of language. New York und London S.9-26

Skinner, B.F. (1953): Science and Human Behavior. New York

ders. (1957): Verbal Behavior. New York

Skjervheim, H. (1959): Objectivism and the Study of Man. Oslo

Slobin, D.I. (1973): Cognitive prerequisites for the development of grammar. In: Ch.A.Ferguson und D.I.Slobin, Hrsg., Studies of child language development. New York, S.175-276. Dt. in: H.Leuninger, M.H.Miller, F.Müller (1974), Bd.2, S. 122-165

Stegmüller, W. (1956): Glauben, Wissen und Erkennen. In: Zs. f.philosophische Forschung. S.5o9-549

ders. (1975): Hauptströmungen der Gegenwartsphilosophie. Eine kritische Einführung. Bd.2. Stuttgart

Strawson, P.F. (1959): Individuals. An Essay in Descriptive Metaphysics. London. Dt.: Einzelding und logisches Subjekt. Stuttgart 1972

ders. (1964): Intention and convention in speech acts. In: The Philosophical Review 73, S.439-46o. Abgedr. in: Ders., Logico-Linguistic Papers. London 1971, S.149-169

Strich, W. (1961): Telos und Zufall. Ein Beitrag zu dem Problem der biologischen Erfahrung. Tübingen

Topitsch, E. (1961): Motive und Modelle der Kantischen Moralmetaphysik. In: ders., Sozialphilosophie zwischen Ideologie und Wissenschaft. Neuwied am Rhein, Berlin, S.227-26o

Toulmin, St. und J.Goodfield (1965): The Discovery of Time. London

Tugendhat, E. (1976): Vorlesungen zur Einführung in die sprachanalytische Philosophie. Frankfurt/M.

Uexküll, J. (192o): Theoretische Biologie. Berlin, [2]1928, Neudr.Frankfurt/M.1973

ders. (194o): Bedeutungslehre. Leipzig. Neudr.: Frankfurt/M. 197o

ders., und G.Kriszat (1934): Streifzüge durch die Umwelten von Tieren und Menschen. Ein Bilderbuch unsichtbarer Welten. Berlin. Neudr.: Frankfurt/M.197o

Vandamme, F.J. (1976): Language, Logic and Thinking. In: R. Pinxten, Hrsg.: Universalism versus Relativism in Language and Thought. Proceedings of a Colloquium on the Sapir-Whorf Hypotheses. The Hague, Paris, S.69-84

Verschueren, J. (1978): Pragmatics. An annotated bibliography. Amsterdam

Waismann, F. (1976): Logik, Sprache, Philosophie. Hrsg. von G.P.Baker, B.McGuinness, u. Mitwirkung von J.Schulte. Stuttgart

Weizsäcker, V.v. (194o): Der Gestaltkreis. Theorie der Einheit von Wahrnehmen und Bewegen. Leipzig. Neudr.: Frankfurt/M. 1973

Whorf, B.L. (1956): Language, Thought, and Reality. Selected Writings, Hrsg. von J.B.Carroll. New York, London. Dt. (in Auswahl): Sprache, Denken, Wirklichkeit. Beiträge zur Metalinguistik und Sprachphilosophie. Hrsg. von P.Krausser, Hamburg 1963

Wilson, E.O. (1975): Sociobiology: The New Synthesis. Cambridge/Mass.

ders. (1978): On Human Nature. Cambridge/Mass.

Wittgenstein, L. (1921): Tractatus logico-philosophicus. Logisch-philosophische Abhandlung. Dt.-englische Ausgabe (revidiert) London 1922, 2.rev.Aufl. 1933. Abgedr. in: Schriften, Bd.1, Frankfurt/M.196o

ders. (1953): Philosophische Untersuchungen. Dt.-englische Ausgabe Oxford, Hrsg. von G.E.M.Anscombe und R.Rhees. Abgedr. in Schriften, Bd.1, Frankfurt/M.196o

Wunderlich, D. (1974): Grundlagen der Linguistik. Hamburg

Wygotski, L.S. (1969): Denken und Sprechen. Frankfurt/M.